周易

상괘 하괘	건 ䷀	태 ䷹	리 ䷝	진 ䷲	손 ䷸	감 ䷜	간 ䷳	곤 ䷁
건	중천건 091	택천쾌 319	화천대유 162	뇌천대장 275	풍천소축 135	수천수 113	산천대축 232	지천태 146
태	천택리 141	중택태 397	화택규 294	뇌택귀매 376	풍택중부 412	수택절 407	산택손 310	지택림 193
리	천화동인 156	택화혁 351	중화리 252	뇌화풍 381	풍화가인 289	수화기제 422	산화비 210	지화명이 284
진	천뢰무망 226	택뢰수 183	화뢰서합 204	중뢰진 361	풍뢰익 315	수뢰준 102	산뢰이 237	지뢰복 221
손	천풍구 324	택풍대과 242	화풍정 356	뇌풍항 266	중풍손 392	수풍정 346	산풍고 188	지풍승 337
감	천수송 119	택수곤 342	화수미제 428	뇌수해 305	풍수환 402	중수감 248	산수몽 108	지수사 124
간	천산돈 270	택산함 261	화산려 387	뇌산소과 417	풍산점 371	수산건 299	중산간 366	지산겸 168
곤	천지비 151	택지취 329	화지진 280	뇌지예 177	풍지관 199	수지비 129	산지박 216	중지곤 096

흐름에 맞게 나를 지켜내는
인생의 공식 64

일러두기

- 이 책에서 혼용한 《주역》과 《역경》은 맥락에 따라 다양하게 호명했을 뿐, 같은 의미로 쓰였다.
- 이 책에서 각 괘의 순서는 〈서괘전〉을 바탕으로, 괘의 형상은 〈상전〉을 바탕으로 정리했다.

흐름에 맞게 나를 지켜내는

인생의 공식

64

장경
지음

청림출판

아버지는 꿈을 꾸고 나면
전장인 바다 너머를
하염없이 바라보셨다.

그렇게 소금기에 젖어 돌아오시면

한참 동안 주역점을 짚으셨다.

당신에게 삶이란,

당신이 어찌할 수 없는

거대한 파도였기 때문이다.

인간이 내일을 내다보는 까닭은
잔인한 내일에 휘둘리지 않기 위해서다.

아버지께서는 말씀하셨다.

다가오는 두려움을 들여다볼 수 있다면

거친 흐름 앞에서도 당당해질 수 있다고.

나의 아버지,
이순신은 전장에 나설 때
《주역》을 펼치셨다.

그렇게
오만하지도
비굴하지도 않게,
아버지는
사나운 시절을
감당하셨다.

빗속에 홀로 앉아 아들 면(葂)의 병세를 걱정했다.

주역점을 치니 '왕을 뵙는다'는 괘를 받았다.

다시 짚으니 '밤에 등불을 얻는다'는 괘가 나왔다.

두 괘가 모두 길하니 마음이 조금 놓인다.

류성룡 정승에 대해서도 보니, '바다에서 배를 얻는다'는 괘가 나왔다.

두 번째 점에서는 '의심 중에 기쁨을 얻는다'는 괘를 받았다.

다행이다. 저녁 내내 비가 내렸다.

_갑오년(1594년) 7월 기축(13일), 《난중일기》 중에서

알면
두렵지 않다

설령 읽지 못했더라도《논어》,《맹자》와 같은 사서삼경의 이름만큼은 우리에게 퍽 친근하고, 그만큼 접근하기도 쉽다. 그러나 사서삼경의 하나임에도《역경易經》은 여러 가지 이유에서 시작하지 못하는 이들이 많다. 현대 학문에 비유하자면 다른 경전은 인문학인 반면 온갖 부호와 색다른 용어가 등장하는《역경》은 그 사이에 물색없이 끼어든 자연과학처럼 이질적으로 느껴지기 때문이다. 하지만 마음먹고 조금만 들춰보면《역경》만큼 재미있는 경전이 없다. 다른 경전도 그렇지만《역경》은 시대를 막론하고 우리의 삶과 가장 밀접하고 끈끈하게 유착되어 있는 학문이기 때문이다.

이상견빙지履霜堅氷至라는 말이 있다. 주역 64괘 가운데 곤괘坤卦 초효에 대한 설명에 나오는 글로, 서리를 밟게 되면 곧 단단한 얼음을 보게 될 징조로 여기라는 뜻이다. 우리는 일상을 살면서 지금 이곳의 위험성이 무엇인지, 앞으로 다가올 미래가 어떠한 것인지 숱한 징조들을 만난다. 그럼에도 그것을 깨닫지 못하는 까닭은 우리가 오롯이 지금 여기에 집중을 하지 못하기 때문이다.

학교에서 보다 좋은 성적표를 받는 것, 직장에서 승진하는 것, 보다 좋은 조건을 가진 사람과 교제하는 것 등 늘 지금까지와는 다른 어떤 상태를 바라는 욕심이 현재로부터 우리 자신을 괴리시킨다. 그리고 그것은 우리가 미래를 예측할 수 있는 조짐을 읽어낼 수 있는 직관을 흐리게 만든다. 우리는 잃어버린 직관을 회복해야 한다.

직관을 회복한다는 것은 일상을 회복한다는 것이기도 하다. 그리고 《역경》은 이러한 직관을 회복하는 데 도움을 주고자 쓰인 책이다. 《역경》은 고고한 유학자들의 이야기가 아니라, 유학자들이 등장하기 전부터 존재했던 절절한 우리 삶에 대한 이야기이기 때문이다.

《역경》은 세 가지 면에서 효용성을 가지고 있다. 첫째, 세상만사의 이치를 예순 네 가지의 변화로 선명하게 정리해 알려준다. 둘째, 직관을 발휘할 수 있는 잠재의식으로 가는 집중력을 기를 수 있다. 셋째, 소인이 아닌 군자의 길로 가고자 하는 명확한 지향을 부여해준다. 여기서 언급하는 군자는 유학에서 이야기하는 성인聖人이라기보다 강한 내면의 힘을 가진 현인賢人 정도로 받아들이면 좋겠다.

주역이 우리를 군자의 길로 인도할 수 있는 까닭은 군자의 점占과 소인배의 점이 다르기 때문이다. 같은 점괘라도 소인배와 군자에게 다르게 적용된다. 좋은 괘도 다르지만, 특히 나쁜 괘일 경우에는 같은 소인이라도 피해의 정도가 다르게 되고 군자에게는 오히려 좋은 결과를 맞이할 징조가 될 수도 있다. 같은 상황이라도《역경》을 통해 차고 기우는 세상의 이치를 배움으로써 과거를 되짚고 미래를 내다볼 줄 아는 군자는 일반적인 경우와 다르게 판단하고 행동하며 변화를 이끌어내기 때문이다. 그 방법을《역경》에서, 그리고《역경》을 풀어쓴 이 책에서 찾을 수 있을 것이다.

우리는 살아가며 때로 전쟁과 같은 상황을 피할 수 없게 되는데, 그때 이 책이 위기를 헤쳐 나가는 데 많은 도움이 될 것이다. 지금의 형국을 정확하게 읽을 수 있다면, 현명한 판단을 내릴 수 있기 때문이다.《손자병법》〈군형편〉에 나오는 말이다.

> 용병에 능한 장수는 전반적인 형세를 갖춤에 있어 먼저 불패의 조건을 구축한다. 적이 강한 기세로 침범해도 스스로를 충분히 지킬 수 있는 태세를 갖춰 적으로 하여금 곤란하게 만든다. 적의 형세가 월등하다면 적의 보급과 기세를 둔하게 하는 계책으로 전세를 뒤집는다. 이것이 선승구전先勝求戰이다.

선승구전은 먼저 이기고 난 후에 전투에 임한다는 뜻이다. 승패는 전투가 시작되기 전에 이미 어느 정도 결정된다. 승산을 가늠하지도 못하면서 일단 전투부터 하는 장수는 요행을 바라는 것이니 이기기 어렵다. 적을 얕보거나 반대로 과대평가해 무리하게 전투를 치르고 치명적인 실수를 범한다.

우리 삶도 마찬가지다. 요행수로 삶이라는 전장에 뛰어들어서는 좋은 결과를 얻기 힘들고, 상황에 휘둘리는 인생이 되기 쉽다. 반대로 평소 내면의 힘을 길러 어떤 상황에서든 변화를 주도하는 지혜를 발휘할 수 있다면 삶의 고비마다 이겨야 할 때에는 이기고, 질 수밖에 없을 때에도 스스로를 온전히 갈무리한 채 전투를 마무리 지을 수 있다. 그것이 바로 선승구전이며,《역경》의 지혜다.

즉《역경》의 지혜란 자기 내부의 스승을 찾아, 오직 스스로의 힘과 지혜로 능동적이며 주도적인 삶을 사는 것이다. 그 내부의 스승이자 힘, 그것을 요약한 개념이 바로 직관이다.

우리네 삶에서 오늘이 재미없고 내일이 두려운 까닭은 지금까지 살아온 인생에 대해서 잘 모르고 살아갈 미래가 변화불측해 막연하기 때문이다. 알면 두렵지 않다.《역경》은 우리에게 인생과 미래에 대해서 알려주고, 그 결과 인생을 재미있게 만들어준다. 그 역할을 하지 못한다면《역경》의 존재 가치는 없는 것이나 마찬가지다.

이 책을 읽기 시작했다는 것은 적어도 더 이상 삶에 끌려 다니지 않고, 살아가고자 하는 방향으로 인생의 방향키를 돌렸다는 것이니 그 자체로도 큰 의의가 있다. 이 책을 읽다 보면《주역》이 결코 따분하고 고리타분한 옛날이야기가 아니라, 헐떡이며 숨을 쉬는 지금의 살아 있는 이야기라는 것을 알 수 있을 것이다.

64괘에 대해 오랫동안 천착한 끝에 64괘가 거대한 호흡임을 알게 되었다. 반복해서 주역 64괘를 되새기는 동안, 64괘의 운동 방식이 우주라는 거대한 생명체가 숨 쉬는 과정처럼 느껴졌다. 64괘의 흐름은 거대한 유기체가 크게 숨을 들이마시며 가슴과 배가 부풀어 올랐다가 다시 숨을 내쉬면서 배가 꺼지고 몸이 작아지면서 이완되었다가 다시 숨을 들이마시는 모습의 반복이다. 이것이 바로 64괘의 도이니, 바로 주역의 가장 근본철학인 일음일양지위도다. 한 번 음하고 한 번 양하는 것이 도이며, 한 번 숨을 들이마시고 한 번 숨을 내뱉는 것이 도다.

이 64괘의 호흡은 크게 네 가지로 나뉘는데, 이는 《주역》을 공부하며 그 이치를 한눈에 파악하고 쉽게 이해할 수 있도록 독창적인 방식으로 정리한 것이다. 이 네 가지 호흡을 각각의 이야기 형태로 풀어갈 것이니 《주역》을 공부하는 데 많은 참고가 되기를 바란다.

살고 싶은 대로 살았던 사람은 인류 역사를 통틀어도 손에 꼽을 것이다. 그러나 지금부터 스스로를 갈고닦아 밝고 강력한 자기 내면의 힘으로 살아갈 마음을 먹었다면 적어도 어제보다 즐거운 삶을, 타인에게 휘둘리지 않고 작은 일마다 일희일비하지 않는 단단한 삶을 살 수는 있을 것이다.

2019년 다시 봄에서
장경

3부 두 번째 호흡 축적과 양육
세속에서 다양한 경험을 쌓은 다음 성인의 도를 세상에 실현하다

세 번째 호흡 사랑과 축제
부부가 가문을 일으켜 왕국을 만들고 축제를 벌이다

5부 네 번째 호흡 여행과 다시 여행
길을 떠난 왕자, 세상의 끝까지 여행하다

1부

내 안의 스승, 주역을 만나다

《주역》을 배운 자는
주역점을 치지 않는다

왜 우리는 점을 치는 것일까?

방을 나설 때 문지방을 밟지 않는다거나, 꿈자리가 뒤숭숭하면 괜히 위축되는 식으로 살아가면서 징크스 하나 없는 이는 드물 것이다. 우리는 인공지능이 인간을 바둑으로 이기는 지금에도 여전히 새해가 되면 토정비결을 보고, 결혼에 대한 이야기가 오가면 사주로 궁합을 본다.

그러나 이러한 태도를 마냥 비이성적인 나약한 태도로 매도할 수만은 없다. 다음을 기약할 수 없는 전장의 군인과, 한 순간의 선택으로 모든 것을 거는 스포츠 선수나, 차라리 재난에 가까운 파도와 싸우는 선원들이 사소한 미신 하나에 흔들리는 까닭은 그들의 마음이 나약해서가 아니라, 그 반대로 그들이 처한 환경이 거칠고 험하기 때문이다.

점을 치는 까닭은 불안하기 때문이다. 《주역》의 의의는 바로 여기에 있다. 《주역》은 현학적인 이야기나, 반대로 뒷골목의 점술이 아니라 자신이 어디에 놓여 있으며 어디로 가는지를 가늠하는 구체적인 삶의 기술이다. 이처럼 오늘을 진단하고 내일을 가늠할 수 있다면, 더 이상 두려워하지 않아도 된다.

그간의 오해와는 다르게 《주역》은 점술이 필요 없는 단단한 사람이 되는 길, 군자의 마음을 권유한다.

1장

갈림길에서 만난
안내자

《역경》을 처음 접하고선 한동안 아침마다 역점을 치면서 등교했다. 그 모습을 보고 어머니는 혀를 차셨지만 열일곱 살에 접한 역易은 나의 인생을 바꿔놓았다. 재미있었기에 매일 접했고, 매일 접했기에 어느새 익숙한 내 삶의 일부가 되었다. 비록 역점에서 출발했지만,《역경》은 점점 거대한 지혜를 가진 스승으로 다가왔다. 그리고 어느새 삶이 곧 역이라는 것을 깨닫게 되었다.

《역경》과 가까워지는 첩경은 삶의 모든 순간을 64괘로 나눠볼 수 있고, 거기에 대한 해답을 들여다보는 흥미진진한 과정이어야 한다. 어렸을 적 동화에서 위기에 처할 때마다 스승이 열어보라고 주신 빨간 주머니, 파란 주머니 풀어보듯이 말이다. 그 과정은 결코 어렵지 않으며, 오히려 재미있기까지 하다.

주역은 단순한 점술이 아니거니와 현실과 동떨어진 학문도 아니다. 수천 년 동안 의도치 않게 비인부전非人不傳 즉 바로 적합한 '그 사람'이 아니면 전하지 않게 된, 눈을 연 자만 볼 수 있었던 지극히 실용적인 삶의 기술이다. 나아가 군자의 덕성과 현인의 지혜를 얻게 하는 도학道學이다.

중국 고대 하상주夏商周 시대부터 이미 역은 군주에서 필부에 이르기까지 그 지혜를 각자의 그릇만큼 활용했다. 군주는 국사를 결정하는 스승처럼 활용했고, 현자는 삶의 비밀을 캐내는 지혜로 활용했으며, 내일의 밥벌이를 걱정하는 범부는 조짐을 읽는 수단으로 활용했으니 각자의 필요에 따라 다양한 방법으로 변용되면서 인류의 태곳적 역사와 함께했다.

이러한 《역경》의 지혜는 정리되지 않은 채 마치 유령처럼 앞날이 캄캄한 유정有情(중생)의 보이지 않는 수호신처럼 떠돌다 주나라 문왕 때에 이르러 비로소 64괘의 주석이 마련되었다. 그래서 역은 주나라의 '주周'라는 글자를 붙여, 주역周易이라는 학문으로 정립되었다. 역에 대한 체계화된 매뉴얼이 만들어진 셈이다.

우리의 역사와 결부시켜 보면 《주역》은 조선 중기 한반도의 수호자였던 이순신 장군을 비롯해 다산 정약용과 같은 대학자에 이르기까지 문무를 가리지 않고 현인들의 위대한 스승 역할을 했다. 《난중일기》를 보면 이순신 장군이 전쟁에 앞서 《역경》에서 지혜를 얻는 모습이 적지 않게 등장하며, 신들린 듯하다는 평가를 받은 다산의 《역경》 해석은 《여유당전서》의 주요한 내용이기도 하다. 다산의 형이자 지기지우知己之友였던 정약전은 다산의 《역경》 주해를 보고 감복해 '네가 이런 경지에 이른

것을 너 자신조차 알지 못할 것'이라고 했다. 다산 자신도《역경》을 공부
할 때 매일 깨달음을 얻었으니 신명이 깨우쳐주는 것 같은 느낌을 받았
다고 했다.

이치를 알고 있다면 변화가 두렵지 않다

공자가 여러 나라를 주유하다 위나라 광이라는 지방에 이르렀을 때 일
이다. 한 무리의 장정들이 공자를 양호라는 악인이라고 착각하고 공자
를 둘러싸며 곧 해칠 것처럼 위협했다.

공자는 이에 전혀 흔들림이 없이 평온함을 유지하며 낯빛 하나 바뀌
지 않았다. 사로잡혀 있는 동안 공자의 제자 중 용맹하기로 이름난 자로
가 물었다.

"스승님은 두렵지 않으십니까?"
"그렇다. 자로야. 내가 이야기를 해주마. 물속에 들어가서 이무기를 만나
도 두려워하지 않는 것이 어부의 용기다. 산 속에서 호랑이를 만나도 무
서워하지 않는 것이 사냥꾼의 용기다. 전쟁터에서 무기를 두려워하지 않
는 것이 장수의 용기다. 운명이 궁하면 통한다는 것을 알기에 큰 고난을
맞아도 두려워하지 않는 것, 그것이 바로 성인의 용기다."
얼마간의 시간이 흐른 후 무리 중에서 한 장수가 나와 공자에게 무례를
사과하고 포위를 풀었다.

시운이 맞지 않을 때는 성인도 어려움에 처한다. 다만 어려움이 닥쳤을 때 어떻게 대처하느냐가 그 사람이 누구인가를 말한다. 예를 들어 천지비天地否라는 괘는 하늘과 땅이 서로 자신만 주장하면서 멀어지고 있는 형국이다. 이렇게 시운이 좋지 않을 때에는 아무리 현인이라도 위기에 처한다. 이때의 선택이 중요하다.

극즉반極則反이라는 말이 있다. 만물의 이치가 극에 달하면 반드시 반대의 상황이 벌어진다. 가장 중요한 주역의 지혜는 바로 이것이다. 궁즉변 변즉통窮則變 變則通이니, 궁한 즉 변하고, 변한 즉 통한다는 것이다.

우리가 자신이 마주하는 모든 상황에 대처할 수 있는 자신만의 해답을 갖고 있다면, 혹은 어떤 상황이든 자신의 선택을 믿을 수 있는 직관을 갖고 있다면, 앞으로 다가올 일이나 지금 자신이 처한 상황을 두려워하지 않을 것이다. 두려워하지 않으면 도리에 어긋나는 일을 하지 않고, 적절한 행동을 취하거나 차분히 때를 기다릴 수 있다.

우리 삶을 한 발 물러서서 보면 가장 안타까운 점이 바로 그것이다. 두려워하기 때문에 문제를 더 복잡하게 만들고, 극단적인 선택을 하는 것이다. 그래서 문제가 지나간 이후에도 새로운 문제를 만들거나 후회할 일을 남기는 것이다.

성인이나 현인, 군자는 초인이 아니다. 우리와 다를 바 없는 평범한 사람이다. 다만 차이가 있다면 바로 이 역易(바뀔 역)의 이치, 즉 변화의 이치를 알고 있기 때문에 매사에 가장 적절한 선택을 할 수 있는 것이다.

선택을 위한 실용적 기술,《주역》

《주역》은 선택의 길 앞에 선 고독한 인간을 위한 학문이다.

철학자 사르트르Jean-Paul Sartre는 인생이란 B와 D사이의 C라고 말했다. Birth(태어남)와 Death(죽음) 사이에서 끊임없이 Choice(선택)하는 것이 삶이라는 것이다. 삶은 선택의 연속이며, 우리는 그 선택 앞에서 고독하다. 삶이 어려운 가장 큰 이유 가운데 하나가 이러한 선택의 순간과 무수하게 맞닥뜨리기 때문이다. 사르트르의 말처럼 우리는 자유롭도록 저주받은 존재다. 하지만 선택이 어렵지 않다면 자유는 더 이상 저주가 아니게 될 것이다.

선택을 우리가 힘들어하는 이유는 후회하는 것을 지독하게 싫어하기 때문이다. '그때 왜 그랬을까'라는 후회는 평생을 따라다니면서 괴롭힌다. 그런 후회는 다시 선택의 순간을 맞았을 때 주저하고 오판하게 만드는 악순환으로 이어지기도 한다. 하지만 다시 우리는 살아가는 한 아무리 미뤄두더라도 언젠가는 반드시 선택할 수밖에 없으며, 그 괴로운 순간에서 최종적인 결정은 오롯이 나의 몫이기에 책임도 내가 질 수밖에 없다는 고독과 직면할 수밖에 없다.

때로 우리는 이러한 선택의 어려움을 피하기 위해 자신의 선택을 다른 존재에게 맡겨버리기도 한다. 하지만 그것은 진정한 자신의 삶이라고 할 수 없다. 그래서 '어떻게 하면 주체적으로 살면서 선택의 괴로움에서 해방될 수 있을까?'에 대한 답은 인류의 오랜 숙원이었다.

고대의 군주들도 여기에서 예외일 순 없었다. 무소불위의 권력을 가진 왕 또한 인간이었기에 마찬가지로 선택 앞에서 어려움을 겪었다. 국사를 결정해야 한다는 사명, 그 무거운 짐이 아니라도 모든 선택은 힘겹다. 설령 일신의 안위와 쾌락만을 추구한 폭군이었다 하더라도 그 또한 숱한 선택에서 힘겨워했을 것이다.

그래서 중국의 왕들은 거북이 등껍질을 불에 구운 다음 그 갈라진 표식을 보고 앞으로의 일을 결정했다. 금이 한 줄로 났을 때는 길하니 행하고, 금이 두 줄로 났을 때는 불길하니 행하지 않았다. 거북이의 등이 갈라진 모양은 그대로 '점 복卜'이라는 글자의 유래가 되었다. 그리고 복이라는 글자에 점을 친 다음 점사占辭(점괘에 나타난 풀이)를 말한다는 의미에서 입 구口라는 글자가 붙어 오늘날에도 널리 쓰이는 '점 점占'이 되었다.

《역경》은 태곳적부터 인류가 품었던 고민을 해결하기 위해 만들어진 가장 오래된 삶의 기술이며, 그래서 역의 부호를 가리켜 누군가는 신의 언어라고도 했다. 여기서 신은 종교적 의미로 깊이 생각할 것이 아니라 천지의 이치 정도로 생각하는 것이 좋겠다.

그렇기 때문에 역은 인간의 길흉화복과 생로병사와 연관된 깊은 의미를 내포하고 있다. 그 의미를 해석한 것이 주나라를 세운 문왕文王과 문왕의 아들인 주공周公이었고, 철학적으로 확장시킨 이가 공자孔子와 같은 성인들이었다.

그렇게 해서 역은 경전의 반열에 올라《역경》이 되었다. 그러한 경전을 바탕으로 정이천, 주자와 같은 유학의 대가들로부터 시작해 조선의 퇴계 이황, 다산 정약용에 이르기까지 숱한 학자들이《역경》을 연구하고 자신만의 주석을 달기도 했다.

《주역》은 천지자연의 이치를 바탕으로 인생을 들여다본다. 따라서 인생과 우주에 대해 깊은 철학을 갖고 있지만, 그 중대한 본질이 선택의 기로에 선 인간의 문제를 해결하기 위한 실용적 기술에 있다는 점은 변하지 않는다.

삶의 갈림길 앞에 섰을 때 누군가 홀연히 나타나 이 길이 어떤 길인지 말해줄 수 있다면 얼마나 좋겠는가?《주역》은 바로 그런 안내자 역할을 수행하는 고전이다.

2장

64개의 지형,
삶의 지도를 걸어놓다

그렇다면 살아가며 갈림길과 맞닥뜨릴 때마다 어떻게 선택할 것인가? 매번 주역점을 쳐야 할까? 그렇게 할 수도 있고, 그렇게 하지 않을 수도 있다.

중국의 제자백가 가운데 한 사람으로 역을 오묘한 심연의 경지에 이르기까지 공부한 순자荀子는 "역을 배운 자라면 역점을 치지 않는다"는 말을 남겼다. 이 말은 오랫동안 《역경》을 공부하는 사람들에게 하나의 훌륭한 지침처럼 내려왔다.

역을 배웠다면 역점을 치지 않을 것이라는 말을 보다 정확하게 풀어보자면 역을 배운 자라면 군이 역점을 칠 필요가 없다는 뜻이다. 역을 배워서 역의 이치를 터득한 자는 더 이상 점을 치지 않아도, 자신에게 주어진 상황이 64괘 가운데 어떤 상황인지 직감적으로 알기 때문이다. 자신의 처지를 파악했다면 64괘를 공부하면서 얻은 지혜를 활용하면 된다. 물론 주역이 알려주는 선택의 길은 고정된 것이 아니다. 구체적인 상황과 개인의 성향에 따라 다양한 변통이 있을 수 있다. 도리를 알고, 직관 훈련이 되어 있어 역의 이치에 통달해 있는 사람은 스스로 변화를 주도할 수 있다.

따라서 64괘에 대한 깨달음만큼 중요한 것은 점치는 마음을 익히는 것이다. 바로 군자의 마음이다. 군자의 마음은 점을 칠 때의 마음가짐과 똑같다. 점을 치는 동안에는 그 순간만큼이라도 모든 욕심을 비워야 한다. 길을 물으면서도 길에 집착하지 않고, 자신이 맞이한 상황에 온전히 집중하는 것이다. 그렇게 해야 점이 맞게 되고, 최고의 지혜를 발휘할 수 있다.

따라서 주역을 통한 직관훈련은 두 가지로 나뉜다. 변화하는 모든 세상에 대한 완전한 모상模像인 64괘를 익혀서 내 것으로 만드는 것, 그리고 변화의 본질이라고 할 수 있는 불변하는 마음을 나의 바탕으로 갖는 것이다.

즉 지금 나에게 주어진 상황이 64괘 가운데 어떤 상황인지를 파악하는 것이 직관이라면 거기에 대한 답을 찾는 것이 직관의 지혜다. 성인들이 말한 지혜를 참고삼아 자신만의 길을 가려면 이렇게 64괘를 공부하는 것과, 64괘의 상황을 알아챌 수 있는 군자의 마음가짐 두 가지가 모두 필요하다.

가장 쉽게 주역을 익히는 길, 64괘

《주역》을 어렵게 접근하자면 끝이 없다. 그렇게 시작하면 《역경》의 내용이 추상화처럼 느껴질 것이다. 하지만 핵심 줄기를 찾으면 나머지 내용은 저절로 따라오게 되어 있다. 그 핵심 줄기가 바로 64괘다. 64괘에 익숙해지면 팔괘와 384효에 대한 관심이 생길 수 있고, 공자가 《주역》을 철학적으로 해설한 《계사전》에 대해서도 관심이 생길 것이다.

역^易은 철학으로 해석되기 이전에 점치는 기술이었다. 그리고 점이라함은 불확실한 세상에서 인생의 길흉회린^{吉凶悔吝}(얻거나 잃거나 뉘우치거나 아쉬워함)을 가늠하고자 했던 간절함과 연결된 것이다. 미신으로 치부하기 전에 태곳적부터 인간의 삶과 가장 밀착되어 전승된 삶의 기술이다. 《주역》은 지극히 현실적이고 실용적인 것이다. 여기에서부터 《주역》에 대한 공부가 시작되어야 한다.

태극과 음양, 사상과 팔괘가 자연법칙, 현대적인 용어로 풀어서 이야기하자면 물리학이나 생물학, 천문학과 같은 자연과학에 관한 이야기라면 64괘는 바로 우리들 인간, 사람들이 살아가는 현실에 관한 이야기다. 정치경제, 사회문화, 역사 같은 사회과학인 것이다. 따라서 《주역》을 공부할 때에는 64괘로부터 시작해야 한다.

언어에 비유하자면 우리가 말을 처음 배울 때 실질 형태소, 형식 형태소, 음운론과 같은 문법부터 익히지는 않는다. 인간이 태어나 가장 먼저 배우는 말은 부모로부터 들은 엄마, 아빠, 맘마 같은 단어다. 가장 현실적이고 중요한 말부터 배우는 것이다. 그다음에 글을 배우고, 나중에 학교를 다니면서 언어의 이치인 문법을 배운다.

그러나 국어 문법의 경우 익히면 많은 도움이 되지만 제대로 배우지 못해도 말과 글만 알면 대화하는 데에는 아무런 지장이 없고, 먹고살고 심지어 취미생활로 독서하는 데에도 큰 문제가 없다.

《주역》에서 팔괘, 384효, 중정이니 응, 내호괘, 외호괘니 하는 이론들이 문법이라면, 64괘는 바로 말에 해당한다. 따라서 64괘로부터 시작해 《주역》의 원리를 배우면 훨씬 더 쉽게 익힐 수 있다. 주역은 현학적인 다른 세상의 이야기가 아니라 우리 곁에 있는 현실에 관한 학문이기 때문에 이 언어적 요소가 중심이 된다.

따라서 《역경》의 지혜를 배우고 싶다면 《주역》이 세계를 본떠서 만든 모상, 64괘의 개념을 익히는 것이 무엇보다 중요하다. 포커를 하기 위해서는 54장의 카드가 있어야 하고 윷놀이를 하기 위해서는 네 개의 윷이 있어야 완전해지는 것과 마찬가지다. 이들이 각기 내적 완결성이 있는 게임을 만들어냈듯이 《역경》 역시 우리가 살아가는 세상을 본떠 내적 완결성이 있는 64괘라는 모상을 만들었다. 이 64괘로 우리가 처한 모든 상황을 지도에 그려내듯이 펼쳐서 들여다볼 수 있고, 여러 가지 삶의 모습에 비유도 할 수 있는 것이다. 진열해 볼 수 있다는 의미로, 괘卦라는 글자에서 파생해서 나온 것이 64괘에서 괘라는 글자의 유래다.

3장

선택과 직관,
당장 떠오른 생각이 정답이다

우리는 늘 선택 앞에서 망설이게 된다. 작게는 백화점에서 물건을 고르는 일, 점심식사로 뭘 먹을까 하는 소소한 고민에서부터 장차 입학할 대학에서 무엇을 전공할 것인지 결정하거나 직업을 선택하는 큰일에 이르기까지 매일 매일 숱한 선택의 순간들과 마주치고, 그때마다 갈등하거나 번민하면서 힘들어 한다.

언젠가부터 결정 장애라는 말이 유행하고 있다. 스스로 결정을 내리는 일을 힘들어해 친구나 가족과 같은 다른 사람에게 결정을 맡기는 사람들도 많아지고 있다. 과잉보호 속에서 자랐거나 어려서부터 자신이 판단하고 그 결정에 책임지는 훈련을 하지 않은 사람들에게서 특히 이런 증상을 자주 볼 수 있다.

물론 요즘 세태를 보면 독립적인 성향의 사람들도 역시 선택을 힘들어 하는데, 현대사회가 가진 특성 때문일 것이다. 다원화되고 복잡해진 현대사회에서 살다 보면 맞닥뜨리게 되는 선택의 순간들이 너무 많다. 너무 많은 상품들이 있고 선택할 수 있는 인생의 진로도 매우 다양하다. 정보들 또한 과거 이삼십 년 전과 비교할 수 없을 정도로 많은 양이 쏟아져서 우리를 정보의 홍수에 빠뜨린다. 결정을 내리기 전에 모든 정보를 다 참조할 수는 없다. 그럴 만한 시간이나 여력도 없거니와 그렇게 해서 내린 결론이 옳다는 보장도 없다.

　말콤 글래드웰Malcolm Gladwell은 《블링크》에서 블링크의 중요성을 강조했다. 블링크는 눈 깜박할 사이와 같은 작은 순간으로, 그는 그런 짧은 시간에 내린 순간적인 선택이 때로는 오랜 분석의 결과보다 더 훌륭할 수 있다고 말했다. 예를 들어 취업 면접은 첫인상을 받는 3초 만에 결정되고, 15분만 관찰하면 15년 동안 결혼 생활을 유지할 수 있을지 여부를 알 수 있다는 것 등을 근거로 삼고 있다.

　기본적으로 말콤 글래드웰의 주장은 심리학자들의 연구 결과를 토대로 한 것이다. 하버드대학의 로버트 로젠탈 심리학과 교수는 학생들을 대상으로 한 실험에서, 자신에 대해 평가를 내린 교사의 비디오를 음을 소거한 채 보여줬더니 거의 대부분의 학생들은 그 평가가 긍정적인지 부정적인지 채 10초가 되기 전에 정확히 맞췄다고 한다. 그리고 그 판단을 바꾸는 데에는 아주 많은 시간이 소요되거나, 거의 어렵다고 했다.

　이러한 판단은 어디서 나오는 것이며, 우리는 왜 이런 직감을 신뢰하는 것일까? 로젠탈 교수는 1992년 발표한 논문에서 인간에게는 사건의 작은 일부만을 경험하고도 그 속에서 숨겨진 패턴을 읽을 수 있는 능력을 갖고 있다고 말했다.

우리가 첫인상에 좌우되고 직감에 따라 자주 선택을 하는 까닭은 이런 근거들이 있기 때문이다. 물론 선입견이나 편견에 사로잡힐 가능성도 있고, 그것을 직관으로 착각해서 잘못된 결론을 내리는 경우도 많다. 글래드웰이 제시한 블링크 역시 이렇게 잘못된 직감에 빠질 수 있는 위험성을 이야기하고, 그것을 경계해야 한다고 하지만 확실한 해결책을 제시하지는 못하고 있는 것으로 보인다.

그렇다면 이런 선입견이나 잘못된 직감과 혜안을 가진 통찰력, 즉 직관은 어떻게 구분할 수 있을까? 단순한 느낌과 직관은 그것을 얻기까지의 경로가 다르다. 직관은 보다 특별한 과정을 통해서 얻게 되는 것이며, 단순한 직감과는 다른 이 직관의 특성이야말로 우리가 얻고자 하는 직관의 실체다.

숱한 선택의 기로에 섰을 때 우리는 자신이 가진 한정된 정보와 인생의 경험들, 느낌, 통찰력 등을 바탕으로 판단을 내린다. 오늘만 대충 수습하고 보자는 안이한 태도로 살고자 하는 사람이 아니라면 누구나 그 선택의 순간에서 갈등에 빠지게 된다. '이것이 단순한 직감일까? 아니면 깊이 있는 직관일까?' 이 갈등을 없애는 것이야말로 올바른 선택을 내릴 수 있는 지름길이다.

4장

직관의 세 가지 조건,
비우고 정리하고 모을 것

막연한 느낌과는 확연히 다른 직관만이 가진 특성은 세 가지로 정리할
수 있다. 훌륭한 직관이 탄생하기 위한 전제 조건이라고도 할 수 있다.
바로 비움과 단순화와 집중이다.

　이 세 가지가 무엇인지 정확히 알고 실천하는 것이《역경》의 핵심이
며, 나머지 내용은 여기에 대한 부연으로 주공이나 공자와 같은 성인들
이 인생의 여러 다른 상황에 대해서 어떻게 대처하는 것이 좋은가를 풀
이한 것이다. 지금의 상황을 정확히 깨치게 되기까지는 직관이지만, 그
다음의 대처는 직관이라기보다는 성인의 지혜라고 보는 것이 옳다.

　직관 훈련이 충분히 되지 않았다면 역점을 쳐서 상황을 읽고, 그것을
기준으로 삼은 지혜를 참고하는 것이 좋다. 하지만 자신만의 힘, 주체적

인 직관을 이미 가지고 있다면 이러한 지혜를 참고로 삼아 스스로 변화를 주도하면서 자신의 길을 갈 수 있다. 지금의 상황을 정확히 아는 것도, 그에 대한 해답을 찾는 것도, 직관이 훈련된 사람에게는 매우 쉽고 자연스러운 일이다.

인간은 욕심 때문에 그릇된 선택을 한다

그러면 이 직관의 비밀 세 가지에 대해서 한 가지씩 살펴보자.

첫 번째는 비움이다. 비움이란 이해관계, 욕망을 비우는 것이다. 한쪽으로 치우친 판단 기준인 편견은 자신의 다양한 이해관계를 바탕으로 한 욕망으로부터 생겨난다.

우리는 그렇게 생긴 편견으로 상대방을 규정하기를 좋아하고, 그렇게 규정해 놓고서는 그것이 유일하고 객관적인 사실인 양 주장하며 스스로도 진실로 믿어버린다. 그렇게 잘못 익혀놓은 선입견과 습관은 우리가 상황을 객관적이고 투명하게 보기 어렵게 만들고, 잘못된 선택을 하게 만든다.

또한 욕망은 우리의 안목을 흐리게 만든다. 기대를 사실인 마냥 착각하게 만들고, 시야를 좁게 만들어서 전체적인 상황을 읽을 수 없게 한다. 어리석거나 배움이 짧기 때문에 도박이나 다름없는 무리한 사업이나 투자를 하면서도 자기만은 성공하리라 착각하는 것이 아니다. 어떤 사람이 위험한 사람을 만나면서 나는 그 사람을 바꿀 수 있고, 나에게만은 다를 것이라고 생각하는 까닭은 순진해서가 아니다. 객관적인 정황과 데이터가 버젓이 있는데도 그것을 무시하는 까닭은 단 한 가지, 욕심에 사로잡혔기 때문이다. 이해관계, 편견, 욕망을 비워야 어설픈 직감의 함정에서 벗어나 상황을 제대로 읽을 수 있다.

문제는 단 하나로 정리하라

두 번째는 단순화다. 복잡한 문제일수록 단순화를 시켜야 좋은 아이디어를 직관적으로 떠올릴 수 있다. 많은 변수들이 얽혀 헝클어진 덩어리인 채로 두면 문제는 막연한 공포가 될 뿐이다. 문제를 효과적으로 해결하기 위해서는 우선 잘게 분석하고 순서대로 쪼개야 한다. 그래야 최우선적으로 지금 내가 해야 할 것이 무엇인지를 파악할 수 있다. 그렇게 차근차근 하나씩 해결하려는 마음을 먹으면 좋은 방안이 떠오른다. 여러 가지가 얽힌 문제를 한꺼번에 해결하려고 하면 그 무게만 과도하게 느껴지고, 힘도 분산된다.

　인간에게 있어 궁극의 질문인 삶 자체에 관한 문제도 이렇게 단순화하지 않으면 안 된다. 승려들이 깨달음을 얻기 위해 행하는 참선도 마찬가지다. 그들은 한 가지 화두를 몇 년씩이고 물고 늘어진다. 여러 가지 복잡한 철학들을 고민하는 것이 아니다. "개에게도 불성이 있는가?", "차나 한 잔 마시고 가게나(끽다거喫茶去)", 심지어 "이 뭐꼬?" 같은 말들을 내내 붙잡는다. 인도의 성자 라마나 마하리쉬가 '나는 누구인가?' 하나만 궁구하면 모든 번뇌를 불태우고 깨달음을 얻을 수 있다고 말한 것도 이와 마찬가지일 것이다.

생활의 방식에 있어서도 모든 수행은 삶을 단순화하는 것이 기본 원칙이다. 깨달음과 같은 원대한 목표가 아니라 할지라도 삶의 밀도를 높이기 위해 먼저 일상을 둘러싼 복잡한 문제들을 잘게 나눠 오직 지금 맞이한 것에만 집중하는 방식으로 삶을 단순화하는 습관을 들이는 것이다. 과거 고승들이 일상 수행에서도 늘 한 번에 한 가지만 행하라고 강조했던 것도 그 때문이다.

하나에 집중하는 힘

세 번째는 집중이다. 집중은 몰입이라는 말로 대체할 수도 있다. 몰입은 현재를 읽는 통찰력과 미래를 내다보는 혜안을 가져다준다.

남다른 혜안을 가진 사람들이 있다. 예를 들어 전쟁을 승리로 이끄는 명장들이나 탁월한 성과를 내는 사업가들이 그러하다. 명장은 전장의 형국을 짧은 순간에 파악해서 전투를 승리로 이끌고, 사업가는 추진하고자 하는 사업의 가능성을 본능적으로 알아내는 안목을 가지고 있다. 그들이 이와 같이 다른 이들과 구별되는 성과를 낼 수 있는 바탕에는 순간적으로 집중하는 힘이 있었다.

비움과 단순화와 집중은 점을 치는 태도, 기도를 하거나 명상을 할 때의 마음가짐과 일맥상통한다. 개인적인 사견, 편견, 편협된 관점, 삿된 욕심을 비우고 자기 앞에 놓여진 하루, 자기 앞에 놓여진 문제를 지극히 단순화시킨다. 그런 다음 후회도 불안도 없이 오직 지금 이 순간에만 집중한 채 일상을 살아간다. 이러한 순간들이 이어진다면 순도 높고 밀도 높은 하루 하루가 인생으로 쌓일 것이다. 이것이 내 안의 스승을 만나게 되는 직관을 기르는 삶의 태도이며, 불안한 직감과 다른 위대한 직관의 비결이다.

5장

직관과 주역,
기도하듯이 간절하고 솔직해질 것

지금까지 이야기한 직관의 세 가지 비결이 역점과는 어떻게 통하는 것일까? 먼저 특정 상황을 내다보며 점을 칠 때의 마음가짐부터 이야기하고자 한다. 지금부터 정리하는 역점의 마음가짐은 어떤 개인이 행하는 방식이 아니라 오랫동안 전승되어온 가르침이다.

역점을 칠 때는 답을 미리 예측하거나 자신에게 이익이 되는 특정한 답을 얻고 싶다는 욕심, 점괘로부터 어떤 해결책의 힌트를 꼭 얻어내야 한다는 욕망을 비워야 한다. 그렇게 비우지 않으면 정확한 결과를 얻을 수 없다.

다음으로 문제를 단순화시켜야 한다. 풀고자 하는 문제로부터 예상되는 결론의 핵심을 음 혹은 양, 길 또는 흉과 같이 단 두 가지로 나눌 수 있어야 역설적으로 보다 정교한 답을 얻을 수 있다.

예를 들면 이런 것이다. 취업을 준비하며 가능성을 가늠하고 싶다면 '어떻게 올해 안으로 괜찮은 출판사에 들어갈 수 있을까'와 같이 막연한 질문을 던지는 것이 아니라 '청림출판에 신입편집자로 입사 지원서를 내면 통과될 수 있을까'라는 식으로 질문을 좁고 선명하게 집중시킨다. 문제를 단순화시키는 것이다. 그래야 분명한 답을 얻을 수 있다.

다만 질문을 하나로 명쾌하게 정리할 때에도 '그 출판사에 반드시 들어가야만 하는데'와 같은 집착은 버려야 한다. 그런 절박함보다는 친구의 이야기를 듣고 상담해주듯이 '그 출판사에 지원했을 때 입사 가능성은 얼마나 될까'라는 식으로 거리를 두고 생각하는 편이 역점을 칠 때 보다 도움이 된다.

그리고 문제를 해결하고자 역점을 칠 때에는 오직 그 문제 하나에만 집중해야 한다. 절박한 상황에서 점을 치면서도 '저녁에 뭐 먹지', '어제 그 인간은 왜 나에게 그런 말을 했을까' 등과 같은 잡념을 떠올리면 제대로 문제 너머를 가늠할 수 없게 된다. 그 문제와 관련된 다른 문제를 함께 엮어서 생각하는 것 또한 마찬가지다.

점을 친다는 것은 최선을 다해도 스스로의 힘만으로는 통제할 수 없는 상황에 처해 있음을 솔직하게 인정하는 행위다. 뱃사람이나 스포츠 선수들이 징크스에 연연하는 까닭 또한 그들이 비과학적인 사고관을 가져서가 아니라 조그만 돌발변수 하나에도 결과가 크게 뒤바뀔 만큼 거친 환경에서 생활하기 때문이다. 따라서 역점을 친다는 것은 설날이나 추석 때 조상님께 차례를 지낼 때의 마음가짐과 마찬가지여야 한다. 경건한 마음가짐으로 오직 그 문제 하나에만 집중해야 하는 것이다.

역점은 하늘에 기대는 것이 아니라
스스로에게 솔직해지는 것이다

그래서 역점은 기도와 닮았다. 명상 상태와도 일맥상통한다. 물론 기복
신앙으로서의 기도와는 다르다. '무조건 대학에 합격하게 해주세요'라
는 식의 바람은 여기서 이야기하는 마음가짐과는 거리가 멀다. 그러나
신 앞에서 발가벗는 심정으로 스스로를 솔직하게 내려놓는 순수한 기도
라면, 비움과 집중으로 접근하는 치성이라면 어떤 종교든 간에 그 간절
한 마음에 대한 응답을 얻을 수 있다. 역점도 마찬가지다. 비우고 집중해
서 묻고 그 응답을 각종 소재, 점치는 도구들을 통해 확인한다. 그 도구
는 거북이 등껍질이든 바둑알이든 풀잎이든 옻이든 동전이든 상관없다.

성리학의 개조開祖인 주자는 성즉리性卽理를 말했다. 인간의 본연지성이
곧 천리天理이니, 천지의 이치와 인간의 타고난 품성이 하나라는 말이다.
인간의 내면에 이미 천지의 이치가 있다는 의미인데, 이것은 불교에서
말하는 모든 사람에게 부처의 씨앗이 있다는 '여래장如來藏' 개념과도 통
한다.

역경의 철학 역시 이러한 성리학, 불교의 철학과 일맥상통하니 역점
을 치는 것은, 마음속에 숨은 천지의 이치를 읽는 것이다.

유학의 경전, 사서삼경 가운데 하나인《역경》의 점괘는 초자연적인

지혜에 기대려는 것이 아니라 자신의 내면에 이미 있는 능력을 끄집어내는 것이다. 즉 64괘란 자신의 내면에 있는 지혜를 64가지 상황에 빗대어서 읽어주는 프로그램인 것이다. 따라서 《역경》을 공부한다는 것은 내면의 스승을 만나는 과정이고, 또한 내면의 스승과 만나는 통로를 열어젖히는 훈련의 과정이다.

주역, 천지인 연결 프로그램

앞서 이야기한 비움, 단순화, 집중을 다르게 표현하자면 태어날 때부터 가진 생래적 존재 자체로서의 상태일 것이다. 아이에서 벗어나 어른이 된다는 것은 나이를 먹을수록 커지는 욕심 때문에 어느 순간부터 일상이 불편해졌거나, 쌓아온 경험을 과신한 아집에 취해 편견을 가지고 세상을 바라보게 되거나, 늘어나는 책임과 의무에 쫓겨 불안해지게 되는 것이다.

그러나 아이는 축적한 세월이 없기 때문에 그만큼 비워져 있고 단순하다. 늘 무엇인가에 몰입해 있는 상태로 있을 수 있는 것이다. 그래서 어른보다 더 천지의 물결과 함께하며 그 흐름을 제대로 읽어 변화에 유연하게 대처할 수 있다.

역점을 치는 군자란 어른의 지성과 어린아이의 순수성을 함께 가지고 있는 사람이다. 물론 우리네 평범한 사람들이 갖추기 힘든 직관의 기술이다. 하지만 울창한 숲도 사람이 계속 다니다 보면 언젠가 길이 나듯이, 그러한 역량 또한 꾸준하게 노력을 반복한다면 누구나 가질 수 있는 것이다.

역점을 IT 용어에 빗대어 표현하자면, 하드웨어적인 것이 아니라 소프트웨어적인 것이다. 역점은 거북이 등껍질이나 대나무 조각 같은 딱딱한 물체로 상징되어서는 안 된다. 역점은 소프트웨어와 같은 하나의 프로그램이다. 역점은 이상견빙지履霜堅氷至(서리를 보고 얼음을 내다보다), 춘하추동春夏秋冬과 같은 천지의 이치와 인간을 연결한다. 그래서 주역점은 천지인 연결 프로그램이라고 할 수 있다. 이러한 프로그램이 필요한 이유는 인간이 온갖 욕망과 두려움에 사로잡혀 내면화되어 있는 천지의 이치를 읽지 못하기 때문이다.

따라서 주역점을 칠 때 굳이 서죽筮竹(점을 치기 위해 깎은 대나무)이나 시초蓍草(톱풀, 점을 치는 데 쓰던 빳빳한 풀)와 같은 도구를 통해서 점을 치지 않아도 된다. 주역은 데스크탑 PC든 노트북이든 휴대전화든 특정한 디바이스와 상관없이 모두 구동할 수 있는 응용소프트웨어나 애플리케이션과 같다. 주변에 굴러다니는 동전이나 바둑알로 점을 쳐도 된다. 심지어 매화역수와 같이 창 밖에 새가 몇 마리 지나가는지로 점괘를 뽑는 방법도 있다. 중요한 것은 도구가 아니라 64괘라는 일련의 수학적 원리를 이용해서 내 안의 숨은 스승, 내 안에 숨어 있는 위대한 천지의 이치를 읽어내는 것이다.

기도나 역점의 응답이 절대적인 신이나 하늘에서 오는 답이라고 생각해도 좋고, 인간의 마음속에 있는 '하늘'에서 오는 것이라고 생각해도 좋다. 그 응답을 읽기 위해 자신의 내면을 청정한 도량道場으로 갈고닦아야 한다는 것은 모든 종교가 공통적으로 지향하는 바다. 그래서 역점을 치는 것,《역경》을 공부하는 것은 곧 자신의 마음을 비우고, 매사에 잡념을 버리고 한 가지 일에 집중하는 수신修身으로 이어져야 한다. 지금 자신이 처한 상황과 자신이 하고 있는 일에 순수하고 담백한 마음으로 집중하는 것. 그것은 수신과 전혀 다를 바 없다.

이러한 마음가짐을 놓치지 않을 수만 있다면 매 순간이 기도와 같고, 군자의 지혜가 발휘되는 명상과 같을 것이다. 성인의 경지란 다른 것이 아니다. 닥친 환경이나 닥쳐올 상황에 흔들리지 않고, 살아가며 마주칠 숱한 갈림길 앞에서 두려워하거나 번민하지 않는 태도가 바로 성인이 도달한 경지다.

게임처럼 즐겁게 공부하는 주역

물론 매 순간을 역점 치듯 비우고 정리하며 집중해 살아가기란 결코 쉽지 않다. 너무 심각하게 접근할 필요도 없다.

니체는《차라투스트라는 이렇게 말했다》에서 인간의 인식 변화 혹은 존재하는 방식을 세 가지로 나눈 바 있다. 바로 낙타, 사자, 어린아이다.

낙타의 정신은 무거운 짐을 참고 견디는 것이다. 낙타가 사막을 건너듯 마땅히 해야 하는 것을 충실히 수행하는 자세다. 여기에는 순응이라는 부정적인 의미도 있지만 책임감이라는 미덕도 있다.

다음으로 사자의 정신은 기존의 질서에 저항하는 것이다. 사자처럼 용기와 힘을 가지고 자유를 찾아 자신만의 길을 가는 방식이다. 자유와 독립이라는 미덕이 있지만 그것이 지나치면 파괴가 된다.

끝으로 어린아이의 정신이 있다. 사자까지는 맞서 싸울 대립자가 있지만 아이는 대립자들로부터도 자유로운 새로운 차원을 느끼게 해준다. 따라서 아이란 순종과 자유의 단계를 거치면서 모든 변화를 받아들인 인간을 가리킨다. 이러한 인간은 태어날 당시 본래의 자연스러운 자신으로 돌아간 상태다. 니체의 어린아이는《역경》에서 말하는 인간상과도 유사한 지점이 있다. 변화를 받아들이고, 변화를 즐기며, 타고난 마음의 본바탕으로 살아가기 때문이다.

이 아이는 순수한 마음으로 변화를 받아들이며, 지나간 일은 망각하고, 늘 새로운 규칙을 만들어내는 창조적인 놀이를 한다.《채근담菜根譚》에는 이런 말이 나온다.

기러기가 날아가면 연못에 그림자를 남기지 않듯이, 군자 또한 일을 맞이하면 뜻을 일으키지만 일이 지나가고 나면 마음이 비워진다.

현재에 집중하기 위해서는 지나간 일을 잘 망각하는 것이 특히 중요하다. 군자 역시 어린아이처럼 과거를 제대로 정리하고 털어낼 줄 아는 사람이다. 니체가 말한 이런 어린아이의 마음을 쉽게 풀자면 즐기면서 공부하라는 뜻일 것이다.

완구玩具는 아이들이 가지고 노는 장난감을 가리키는 말이다. 공자는 〈계사전〉에서 이렇게 말했다.

"군자가 평소에 안락하게 거처하는 곳이 역의 순서다. 즐겁게 완색玩索(말씀이나 글의 깊은 뜻을 생각해 찾다)하는 바는 효사爻辭다. 이러한 연유로 군자는 머무를 때 그 상象을 보고 말씀을 완색하며, 움직일 때 그 변화를 보고 점을 완색한다."

'완색'이란 가지고 논다는 말과 사색한다는 말을 합친 단어다. 즉 깊은 의미를 깨치기 위해서는 장난감을 가지고 놀듯이 깊이 심취해야 함을 의미한다. 억지로 외우고 익히는 데는 한계가 있다. 노력하는 자는 즐기는 자를 이기지 못한다고 했듯이, 게임을 하듯이 즐기면서 접근하는 편이 훨씬 빠르게 역에 가까워질 수 있는 길이다.

6장

역의 세 가지 이치,
변하고, 합하며, 쉬운 것

이제부터 역 글자를 바탕으로 역의 기본에 대해 이야기하고자 한다. 역이라는 글자에 대해서만 잘 이해해도, 역이 가진 기본적인 특성을 선명하게 알 수 있기 때문이다.

역易이라는 글자가 어디서 유래한지에 대해서는 여러 가지 설이 있다. 하나는 상형문자로 도마뱀을 본 따 만든 글자라는 주장이다. 여기서 도마뱀이란 카멜레온에 가깝다. 카멜레온은 주위의 빛이나 온도, 감정에 따라 피부색이 시시각각 변하는 동물이다. 그 특성을 따서 변한다는 의미의 역이라는 글자가 만들어졌다는 것이다. 역이라는 글자가 도마뱀 척蜴이라는 글자에서 유래했다는 말도 있는데, 이 또한 같은 맥락이다.

다른 하나로 역이라는 글자를 파자해보면 일日과 월月로 나뉜다는 설이 있다. 따라서 태양에 해당하는 양과 달에 해당하는 음, 즉 음양의 의미로 역이라는 글자가 만들어졌다는 해석이다.

역易에는 쉽다는 뜻도 있다. '쉽다'는 의미를 가질 때는 '역'이 아닌 '이'로 읽는다. 음과 훈으로 나눴을 때 뜻에 해당하는 훈訓이 '쉽다'고, 발음에 해당하는 음音이 '이'가 되는 것이다.

이처럼 역이라는 글자를 풀어보면 역의 세 가지 이치를 자연스럽게 알 수 있다. 즉 끝없이 변하는 것이며, 음양의 조합이라는 것이다. 음과 양이 조합되며 끝없이 변해나가는 이치는 그 자체로 생생불변하는 우주의 원리일 것이다. 그것을 최초로 그리고 현대에 이르기까지 가장 오랫동안 탐구한 학문이 바로 《주역》이다.

세 가지 이치 가운데 마지막인 '쉽다'는 의미에 대해서는 〈계사전〉에 다음과 같은 말이 나온다.

> 역은 알기 쉽다는 것이다. 간단하기 때문에 따르기 쉽다. 쉽게 알 수 있기 때문에 친근한 것이며, 쉽게 따를 수 있기에 공덕이 있다. 친밀하기 때문에 장구한 것이고, 공덕이 있기에 장대한 것이다. 장구한 것은 현인의 덕이며, 장대한 것은 현인의 업적이다. 쉽고 간단하기 때문에 천하의 이치를 모두 갖출 수 있고, 천하의 이치를 얻었기에 천하의 중앙에서 바른 자리를 이룬 것이다(역즉이지 간즉이종 이지즉유친 이종즉유공 유친즉가구 유공즉가대 가구즉현인지덕 가대즉현인지업 이간이천하지리득의 천하지리득이성위호기 중의 易則易知 簡則易從 易知則有親 易從則有功 有親則可久 有功則可大 可久則賢人之德 可大則賢人之業 易簡而天下之理 得矣 天下之理得而成位乎其中矣)

위의 글을 조금 더 풀어보자면 역은 인간사와 밀접한 것이며, 우리가 쉽게 알 수 있고 반드시 알아야 할 지혜이며, 추상적인 철학이 아니라 실천할 수 있는 실질적인 공덕이 있는 것이다. 단순하고 간명하기 때문에 천하의 모든 것을 포괄하고 있으며, 천하의 이치를 모두 갖고 있기에 모든 삶을 관장하는 핵심이 되는 중앙의 위치, 황제의 자리에 자리를 잡을 수 있는 것이다.

역의 세 번째 특성은 바로 간이簡易(간단하고 쉬움)다. 우리가 사시사철의 변화를 쉽게 알 수 있듯이 변화의 이치는 간단하다. 특별히 눈 밝은 이가 아니더라도 해가 뜨고 밤이 오고 달의 모양이 조금씩 바뀌어나가는 흐름을 쉽게 알 수 있다. 다만 우리의 편견이 세상을 뒤틀리게 보이게 만들고, 변화를 읽지 못하게 만들 뿐이다.

진리는 단순한 법이니 역 또한 어려운 것이 아니다. 숱한 학자들이 비인부전非人不傳을 핑계로 신비화한 것이 문제였을 뿐이다. 서양 신비주의 철학자이자 수학자였던 피타고라스가 자신의 제자들에게 무리수의 존재를 외부에 알리면 죽이겠다고 한 것처럼 말이다. 지구가 태양을 도는 것과 같은 천지의 이치에서 우리가 벗어날 수 없듯이, 역은 우리가 그것을 알기 이전부터 우리 곁에서 늘 함께했던 친밀한 것이었다.

참고로 역의 이치에 대한 전통적인 이론으로는 삼역三易이라고 해서, 불역不易, 변역變易, 간역簡易이 있다. 변역과 간역은 각각 계속 변화하며 쉽다는 뜻을 가지고 있다. 불역은 해가 뜨고 지는 것과 같이 천지가 변화한다는 사실 자체는 변화하지 않는다는 의미다.

64괘로 가는 길,
1, 2, 4, 8, 64

그러나 64괘로 가는 주역의 기초 원리는 아무리 간단하게 정리해도 쉽지 않게 느껴질 수 있다. 주역의 이론에 대해서는 지금부터 나오는 7장과 8장에서 자세히 풀고자 한다. 7장과 8장을 읽지 않아도 전체적인 내용을 이해하는 데는 어려움이 없으니 그다음으로 바로 건너뛰고 훗날 마음에 여유가 생겼을 때 읽어도 무방하다.

64괘로 가기 위해서는 태극, 음양, 사상, 팔괘를 거쳐야 한다. 즉 태극인 1에 2를 곱해 음양인 2에 이른다. 그다음으로 2에 2를 곱해 2의 2승이 되는 4, 즉 사상으로 나아간다. 그다음에는 4에 다시 2를 곱해 2의 3승인 8, 즉 팔괘에 이르기까지 승수로 간다. 다음으로 8 이후에는 2의 4승인 16으로 가지 않고 2의 3승과 2의 3승 둘을 조합한 8×8인 64, 즉

64괘로 나아간다.

먼저 2인 음양부터 살펴보자. 점은 두 가지 길 앞에서 무엇을 선택할지를 내다보고자 치는 것이다. 거북이의 등껍질은 그 선택에 대해서 길吉이냐 또는 흉凶이냐를 보여준다. 여기서 하나의 길로 나아간 양은 길이고, 두 가지 길로 갈라진 음은 흉이다.

그렇게 음양 두 가지 길이 주어진다. 아무리 복잡한 문제도 파헤쳐서 잘게 나누면 결국 여러 명제들이 길게 연결된 것임을 알 수 있다. 그래서 하나의 명제를 더 정제할 수 없을 때까지 단순화시키면 결국 참이냐 거짓이냐, 또는 길이냐 흉이냐의 두 가지로 정리할 수 있다. 그것이 바로 주역의 음양이다.

〈계사전〉에는 이런 말이 있다.

역에 태극이 있으니 이것은 양의를 낳고, 양의는 사상을 낳고, 사상은 팔괘를 낳는다(역유태극, 시생양의, 양의생사상, 사상생팔괘易有太極, 是生兩儀, 兩儀生四象, 四象生八卦).

태극은 만물의 근원이고, 양의는 음양이다. 음양에 다시 음양이 하나 더 붙은 것이 사상이고, 사상이 음양으로 나뉜 것이 팔괘다.

서로 공존하는 음과 양

음은 역경에서 "--"로 표기하고, 양은 "—"로 표기한다. 양은 일직선 모양이고, 음은 가운데가 떨어진 직선이다. 유래를 따지자면 복잡하지만 기본적으로 양은 기수奇數(홀수)이며 음은 우수偶數(짝수)이기 때문이라고 정리하면 이해하기 쉬울 것이다.

〈계사전〉에 나오는 '한 번 음하고 한 번 양하는 것을 일컬어 도라고 한다(일음일양지위도一陰一陽之謂道)'라는 말은 여러 가지로 해석될 수 있다. 주자의 철학과 연관시켜서 이야기하자면 태극이 음과 양을 생성하면서 끝없이 생성하는 '생생'의 이치, 생생지리生生之理가 곧 도라는 말이다. 천지만물이 끝없이 생성하는 것을 도라고 하니, 그것을 받아안은 인간의 본연지성本然之性(타고난 성품) 역시 생생의 도를 가지고 있다는 뜻이 된다. 이 생생지리가 곧 유학에서 말하는 인仁, 곧 살리고자 하는 마음이다. 내 마음에 비추어 타인의 마음을 헤아리는 것이다. 이것은 태극의 관점에서 음양을 해석한 것이다.

다음으로 음양의 교차가 도라는 말로도 해석할 수 있다. 음이 한 번오고 나면 음만 계속되는 것이 아니라 곧 양이 오고, 다시 양의 시대가지나고 나면 음이 온다. 그 변화의 이치가 곧 도라는 말이다.

끝으로 음과 양이 공존하는 것이 도라는 뜻으로도 받아들일 수 있다. 양으로 드러난 모습의 이면에는 음이 있고, 음으로 드러난 모습의 이면에는 양이 있다. 예를 들어 거칠어 보이는 남성의 내면에도 여성스러움이 숨어 있고, 반대로 여성의 이면에도 남성적인 측면이 있다. 이것을 심리학자 칼 융은 아니마^{anima}(남성 속의 여성성), 아니무스^{animus}(여성 속의 남성성)라고 이야기하기도 했다. 다 자라 딱딱한 나무는 여린 씨앗을 품고 있고, 여린 씨앗에는 단단하게 자랄 나무의 모습이 내재해 있다. 음과 양이 서로 공존하는 것, 그것이 도다. 세상 만물, 심지어 정신마저도 음양으로 이루어져 있으니 음양을 아는 것은 곧 도를 깨닫는 것이다.

세상의 흐름을 넷으로 구분한 사상

다음으로 사상은 음양이 다시 각각 둘로 나뉜 것이다. 양에 속하는 것은 태양^{太陽}과 소양^{少陽}이 있고, 음에 속하는 것으로는 태음^{太陰}과 소음^{少陰}이 있다. 태양은 노양^{老陽}, 태음은 노음^{老陰}이라고도 한다.

양에 양을 더한 노양을 ☰로 표기하고, 양에 음을 더한 소음을 ☵로 표기하며, 음에 양을 더한 소양을 ☳로 표기하며, 음에 음을 더한 노음을 ☷로 표기한다.

여기서 사상을 표기한 기호를 보면 아래쪽에 있는 음양이 아니라 위쪽에 있는 음양을 바탕으로 음 또는 양의 여부를 결정한다는 것을 알 수 있다. 사상이든 팔괘든 시간적인 관점에서 볼 때 아래쪽에서 위쪽으로 성장, 발전해나가기 때문이다. 노양은 양에서 양으로 성장한 것이고, 소양은 음에서 양으로 성장한 것이다. 마찬가지로 노음은 음에서 음으로 성장했고, 소음은 양에서 음으로 성장했다.

사상은 '사상의학'을 통해 어느 정도 익숙한 말일 것이다. 사상의학에서 이야기하는 태양인이 노양이고, 태음인이 노음이며 소양인이 소양, 소음인이 소음에 해당된다.

사상에는 체體와 용用이 있다. 체는 바탕이고 용은 활용 혹은 작용이다. 양을 바탕으로 해서 양으로 작용하는 것이 노양이고, 양을 바탕으로 해서 음으로 작용하는 것이 소음이다. 마찬가지로 음을 바탕으로 해서 양으로 작용하는 것이 소양이고, 음을 바탕으로 해서 음으로 작용하는 것이 노음이다.

따라서 본체 면에서는 노양과 소음이 양이고, 노음과 소양이 음이다. 한편 작용 면에서는 노양과 소양이 양이고, 노음과 소음이 음이다.

여러 이론이 있지만 일반적으로는 작용 면을 기준으로 삼아 사상의 양과 음을 구분한다. 하루에 비유하면 소양과 노양은 낮이고, 소음과 노음은 밤이다. 하루를 사상으로 나눠보면 자정에서 해가 뜰 때까지는 소음이다. 해가 떠서 한낮까지는 노양이다. 한낮에서 해가 질 때까지가 소양이며, 해가 져서 자정에 이를 때까지가 노음이다. 사계절에 비유하면 본체의 양이 자라나는 소음이 봄이고, 본체의 양이 완전히 자란 노양이 여름이며, 본체의 음이 자라나 성장하는 소양이 가을이며, 본체의 음이 완전히 자라난 노음이 겨울이다.

팔괘의 구성과 자연

사상에서 다시 음양을 덧붙여 한 단계 더 나아간 것이 팔괘다. 팔괘는 ☰

☰☱☲☳☴☵☶☷로 표기하는데 팔괘는 각각 그 기질에 따라서 자연 현상과 연결지은 이름을 붙였다.

팔괘의 구성

괘	☰	☱	☲	☳	☴	☵	☶	☷
이름	건乾	태兌	리離	진震	손巽	감坎	간艮	곤坤
자연	천天	택澤	화火	뢰雷	풍風	수水	산山	지地

노양(태양)에서 음양 양 갈래로 한 걸음 더 나아간 것이 건괘와 태괘이며, 노음(태음)에서 더 나아간 것이 간괘와 곤괘다. 소음에서 더 나아간 것이 리괘와 진괘이며, 소양에서 더 나아간 것이 손괘와 감괘다. 이렇게 해서 '건, 태, 리, 진, 손, 감, 간, 곤'의 팔괘가 완성된다.

본래 양괘에서 출발한 사상이 태양과 소음인데 태양의 괘는 건태가 있고, 소음의 괘는 리진이 있다. 한편 본래 음괘에서 출발한 사상이 소양과 태음인데 소양의 괘는 손감이 있고, 태음의 괘는 간곤이 있다.

태양에 다시 양이 붙은 건괘는 하늘이요, 태양에 음이 붙은 태괘는 연못이고, 소음에 양이 붙은 리괘는 불이며, 소음에 음이 붙은 진괘는 우레다. 여기까지는 최초에 양에서 출발한 팔괘의 변화에 대한 설명이다.

다시 소양에 양이 붙은 손괘는 바람이며, 소양에 음이 붙은 감괘는 물이며, 태음에 양이 붙은 간괘는 산이며, 태음에 음이 붙은 곤괘는 땅이다. 여기까지는 최초에 음에서 출발한 팔괘의 변화에 대한 설명이다.

태극이 팔괘로 변화하는 과정

숫자	1	2	3	4	5	6	7	8
팔괘	건☰(양)	태☱(음)	진☳(양)	리☲(음)	감☵(양)	손☴(음)	간☶(양)	곤☷(음)
사상	태양⚌(양)		소음⚎(음)		소양⚏(양)		태음⚏(음)	
양의	양陽 ―				음陰 --			
태극	☯							

팔괘의 음양을 결정하는 방법은 일반적인 견해와 다르다. 일반적인 상식으로는 양효가 많으면 양, 음효가 많으면 음일 것이라고 생각하기 쉽지만 역학의 원리는 그렇지 않다.

먼저 건괘와 같이 양효만으로 이루어진 괘는 양이고, 곤괘와 같이 음효만으로 이루어진 괘는 음이다. 그런데 팔괘에 양과 음이 섞여 있을 경우, 예를 들어 진감간, 손리태괘의 경우에는 항상 양과 음 가운데 그 수가 적은 것을 따져 괘의 음양이 무엇인지를 결정한다.

이러한 이치에 대해서는 홍일점과 청일점을 예로 들어 간단하게 이해할 수 있다. 남성들만 있는 곳에 여성 하나만 있으면 그 여성에게 모든 관심이 집중된다. 자연스럽게 그 여성이 다른 구성원들보다 더 많은 힘을 가지게 된다. 반대의 경우 또한 남성이 권력을 행사하게 된다. 따라서 건, 진, 감, 간괘는 양괘가 되고 곤, 손, 리, 태괘는 음괘로 본다.

왜 팔괘에는 자연의 이름을 붙였을까?

팔괘의 괘명은 건태리진손간감곤乾兌離震巽坎坤이며, 자연명은 천택화뢰풍수산지天澤火雷風水山地(하늘, 연못, 불, 우레, 바람, 물, 산, 땅)이다. 왜 이러한 자연의 이름을 붙였을까를 생각해보자.

☰ **건**乾**괘**는 강건하고 밝은 기질의 양효만 세 개가 쌓여 있다. 아버지처럼 위엄이 있고, 감추고 가릴 것 없이 투명하게 밝다. 이러한 성질이 만물의 머리 위에서 온갖 자연현상을 펼치며 우리를 지배하고, 투명한 가을하늘처럼 숨기는 것이 없는 하늘을 닮았다. 그래서 '하늘 천天'이라는 이름이 붙은 것이다.

☱ **태**兌**괘**는 아래에 두 양효가 있고, 위에 음효가 있다. 아래가 굳건하고 위가 유순하다. 그래서 백두산 천지와 같이 산정에 있는 물과 같은 모양이다. 그래서 연못 혹은 호수에 해당하는 택澤이라는 이름이 붙었다.

☲ **리**離**괘**는 두 양효가 음효를 감싸고 있는 형상이다. 겉은 강렬한 양이지만 속은 텅 비어 있다. 화려하지만 내적으로는 공허하다. 불꽃이 화려하고 강렬하지만 다 타고 나면 그 본질은 재만 남은 것과 같다. 그래서 불에 해당하는 화火라는 자연의 이름이 붙었다.

☳ **진**震**괘**는 하나의 양효가 두 음효 사이를 뚫고 나오는 형상이다. 천둥과 벼락이 떨어져서 나무에 불이 붙은 형상이다. 천둥과 벼락이 떨어지면 비가 함께 내리니 비를 맞고 만물이 자라난다. 조물주가 아담에게 혼을 불어넣고 생명을 탄생시키는 장면을 묘사한 미켈란젤로의 〈천지창조〉는 이러한 이치를 잘 보여준다. 하나의 양기가 크게 떨쳐서 일어나

는 형상이다. 그래서 우레 혹은 번개에 해당하는 뢰^雷의 이름을 붙였다.

☴ 손^巽괘는 두 강한 양효 아래에 음효가 하나 자리 잡고 있다. 음효는 양효와 달리 유순하게 발동한다. 손 자체도 유순하다는 의미를 갖고 있다. 그래서 청명한 양기가 가득한 하늘 아래 대지 위로 선선한 바람이 부는 형상을 본따 풍^風이라는 이름을 붙였다.

☵ 감^坎괘는 본래 구덩이라는 말인데, 두 음효 사이에 양효 하나가 고립된 형상이다. 양효가 험지에 빠진 것과 같은 형상이다. 한편으로는 겉으로는 유순하지만 내적으로는 강인한 형상이다. 물은 어디든 잘 흘러 들어가 유순한 것처럼 보이지만 철판을 뚫는 용도로 사용될 만큼 강하다. 똑똑 떨어지는 물줄기가 끝내 바위를 뚫기도 한다. 그렇기 때문에 물은 유순한 듯 보이지만 내면은 강인한 군자의 풍모와 비슷하다. 그래서 그 기질이 물과 흡사하다 해서 수^水라는 이름을 붙였다.

☶ 간^艮괘는 '멈추다' 또는 '어려워하다'는 의미가 있다. 한 양효 아래 두 음효가 기세를 장악하고 있는 형상이다. 밝은 양효가 물러나는 형국이니 어려움이 있으며, 음효는 정체되는 성향이 있으니 우뚝 멈춰선 형국이다. 그러하니 산에 가로막혀서 못 가는 것과 같고, 우뚝 서 있으니 그 형상을 본따 산^山이라는 이름을 붙였다.

☷ 곤^坤괘는 유순하고 어두운 기질의 음효만 세 개가 쌓여 있다. 이미 멈춰선 것을 넘어서 대지 자체다. 유순하게 하늘이 주는 것을 받는다. 어머니처럼 부드럽고, 태양이 비추지 않으면 캄캄한 행성의 모습과 같다. 땅은 하늘에서 내린 비와 태양의 열로 만물을 자라게 하는 공덕을 갖고 있다. 이것이 모든 음효의 기질을 대표하므로, 음효가 셋이 쌓인 곤괘는

지^地라는 이름이 붙었다.

팔괘를 가족에 비유하면 양효로만 이루어진 건은 아버지, 음효로만 이루어진 곤은 어머니다. 다음으로 양이 맨 아래 첫 번째 자리에 있는 진괘는 장남, 양이 두 번째 자리에 있는 감괘는 중남(둘째 아들), 양이 맨 위 세 번째 자리에 있는 간괘는 소남(막내아들)이 된다. 같은 이치로 손, 리, 태는 각각 장녀, 중녀(둘째 딸), 소녀(막내딸)가 된다.

팔괘의 속성

괘상	☰	☱	☲	☳	☴	☵	☶	☷
괘명	건乾	태兌	리離	진震	손巽	감坎	간艮	곤坤
자연명	천天	택澤	화火	뢰雷	풍風	수水	산山	지地
	하늘	연못	불	우레	바람	불	산	땅
성질	강건	기쁨	밝음	결단	소통	험지	멈춤	포용
신체	머리	입	눈	발	다리	귀	손	배
가족	부친	삼녀	차녀	장남	장녀	차남	삼남	모친
방위	북서	서	남	동	남동	북	북동	남서

효의 구성

팔괘를 구성하는 각각의 단위를 효^爻라 한다. 따라서 한 괘는 세 효로 구성된다. 아래에서부터 차례대로 첫째 효, 둘째 효, 셋째 효로 삼는다. 첫째 효는 초효라고 한다. 각 효는 양효— 아니면 음효--다.

팔괘에서 다시 음양으로 갈리면 2를 곱해서 16괘가 될 텐데 그렇게 더 나아가지는 않는다. 기본적으로 동양철학에서는 역이 세 번 변하면 천지인天地人이 모두 갖춰져서 삼변三變으로 완성되었다고 보기 때문이다. 태극에서 음양으로 한 번 변했고, 음양에서 사상으로 두 번 변했고, 사상에서 팔괘로 세 번 변했으니 이로써 천지인, 즉 하늘, 땅, 사람의 변화로 삼변해 완성된 것이다.

한편 팔괘의 각 효에 천지인을 적용하는 방식은 시간적인 관점과 공간적인 관점이 다르다. 팔괘 생성의 순서로 보았을 때, 즉 시간적인 관점으로는 맨 아래쪽 초효인 1효가 하늘, 2효가 땅, 3효가 사람에 해당한다. 이렇게 시간적으로 발전해나가는 것은 아래에서부터 위로 올라간다. 다시 말해 시간적인 개념으로 아래에서부터 위로 읽어보면 천지인이 된다.

팔괘의 천지인

	시간적 관점	공간적 관점
3효	— 사람(인人)	— 하늘(천天)
2효	— 땅(지地)	— 사람(인人)
1효	— 하늘(천天)	— 땅(지地)

하지만 괘가 완성된 후의 공간적인 계층으로 보면 3효가 가장 높은 하늘에 있고, 가장 낮은 1효는 땅에 있으며, 하늘과 땅 사이에는 사람이 산다. 그래서 2효 자리에 인간이 있다. 즉 공간적인 개념으로는 아래에

서부터 위로 읽어보면 지인천이, 위에서 아래로 읽으면 천인지가 된다.

　64괘 기초원리 강화에서 다시 이야기하겠지만, 이 공간에서 중앙의 자리가 매우 중요하니 이 자리를 가리켜 중을 얻었다고 해, 권력을 쥔 자리가 된다. 결국 하늘의 효와 땅의 효 사이에서 권력을 쥔 것이 인간의 효다. 하늘과 땅, 천지로부터 힘과 영감을 얻고 다시 천지의 변화를 주도하는 것이 인간의 자리, 중中의 자리다.

64괘의 구성

이 천지인을 모두 갖춘 하나의 완성된 개체인 팔괘와 또 다른 완성된 개체인 팔괘가 만나서 서로 무궁한 조화 작용을 이루는 것이 바로 8×8, 우리네 삶 전체의 모습인 64괘다.

　팔괘는 자연물로도 표현했지만 하나의 개체, 한 명의 사람이기도 하다. 팔괘에 따르면 모든 개체를 팔괘로 나눠서 표현할 수 있다. 인간을 XX염색체와 XY염색체를 가진 두 종류의 인간으로 나눌 수 있고, 네 가지 혈액형으로 나눌 수 있는 것처럼 말이다.

　이러한 팔괘와 팔괘가 만나 64가지 관계를 만들어낸다. 따라서 64괘는 사회적인 관계이며, 세상이고, 하나의 상황이자 형국이다. 그렇기 때문에 인간이 마주하는 모든 상황을 64가지로 도식화해 나눌 수 있는 것이다. 우리는 누구나 사계절 가운데 하나에서 태어난다. 그리고 봄, 여름, 가을, 겨울 가운데 태어난 계절에 따라 일 년을 지내면서 각 사계를 맞이할 때마다 체질이나 기분의 변화를 겪을 수 있다. 거칠게 비유하자면 사상체질에 따라 분류된 사람들이 각자의 기질에 따라 사계절마다 각기 다른 건강이나 심경의 변화가 생길 수 있는 것처럼 말이다.

64괘는 세상에 등장한 완성된 개체들끼리의 만남이다. 예를 들면, 내가 지금 팔괘 가운데 하나의 형상을 갖고 있고 나를 둘러싼 세상의 흐름이 특정한 팔괘 가운데 하나의 형상으로 다가온다면 그 둘의 화학적 조합으로 64가지 가운데 하나의 상황이 벌어질 수 있는 것이다. 그것이 64괘로 표현된다.

64괘의 모양은 팔괘 위에 다시 팔괘를 얹어서 만드는데, 아래에 있는 괘를 하괘, 위에 있는 괘를 상괘라고 한다. 표로 만들어서 보면 다음 페이지에 나오는 〈64괘 일람표〉와 같이 정리된다.

64괘를 읽는 공통적이고 기본적인 방법은 일이 진행되는 순서로, 만물이 하괘의 초효로부터 처음 생겨나기 시작해 2효를 거쳐 3효로 점점 나아가 상괘의 6효를 마지막으로 여섯 효가 사라지는 순서대로 보는 것이다.

사람으로 비유하면 하괘는 어리고 시작하는 사람이며, 상괘는 성숙하고 나이가 든 사람이다. 상괘가 현재로서는 상류층이고 하괘는 하류층이지만 상괘는 보수적이며 과거인 예전의 세력이고, 하괘는 진보적이며 다가오고 있는 세력이다.

상괘는 밖을 의미하고, 하괘는 안을 의미한다. 상괘가 하괘를 포함하고 있다고 보기도 한다. 하괘는 점점 나아가는 형상이니 미래가 되며, 상괘는 점점 물러나는 형상이니 과거가 된다.

64괘 일람표

상괘 하괘	건 ☰	태 ☱	리 ☲	진 ☳	손 ☴	감 ☵	간 ☶	곤 ☷
건 ☰	중천건	택천쾌	화천대유	뇌천대장	풍천소축	수천수	산천대축	지천태
태 ☱	천택리	중택태	화택규	뇌택귀매	풍택중부	수택절	산택손	지택림
리 ☲	천화동인	택화혁	중화리	뇌화풍	풍화가인	수화기제	산화비	지화명이
진 ☳	천뢰무망	택뢰수	화뢰서합	중뢰진	풍뢰익	수뢰준	산뢰이	지뢰복
손 ☴	천풍구	택풍대과	화풍정	뇌풍항	중풍손	수풍정	산풍고	지풍승
감 ☵	천수송	택수곤	화수미제	뇌수해	풍수환	중수감	산수몽	지수사
간 ☶	천산돈	택산함	화산려	뇌산소과	풍산점	수산건	중산간	지산겸
곤 ☷	천지비	택지취	화지진	뇌지예	풍지관	수지비	산지박	중지곤

이러한 구성을 바탕으로 팔괘를 소성괘小成卦라고 하고, 상괘와 하괘가
합쳐진 64괘를 대성괘大成卦라고 한다. 대성괘인 64괘의 여섯 효도 팔괘
처럼 천지인으로 구분할 수 있다. 팔괘는 3효로 구성되어 있으니 세 효
가 각각 하나씩 천지인을 구성했지만, 64괘는 6효로 구성되어 있으니
천지인에 각기 두 효씩 배당된다. 천지인을 구성하는 방식은 팔괘와 동
일하다.

　대성괘의 각 효를 신분에 비유하면 초효는 서민, 2효는 선비나 막 관
직에 입문한 사람, 3효는 출세한 관료, 4효는 정승과 같은 공경대부, 5효
는 군주에 해당하니 나라를 다스리는 왕, 6효는 왕의 선생인 국사 혹은
현직에서 물러난 사람, 속세를 떠난 은인隱人을 의미한다. 직분으로는 2효
보다 3효가 높은 것으로 되어 있지만 역易에서는 각 괘의 중앙에 해당하
는 2효, 5효가 상하를 아우르는 핵심적인 역할을 하는 것으로 본다.

　신체에 비유하면 1효는 발이며, 2효는 정강이, 3효는 허벅지, 4효는
몸통, 5효는 가슴과 어깨, 6효는 머리에 해당한다.

　《역경》의 괘사卦辭(괘에 대한 간단한 설명)는 주나라 문왕이 지은 것이다.
효사爻辭(효에 대한 설명)는 문왕의 아들인 주공이 지은 것이다. 괘사, 효사
를 합쳐서 '역경易經'이라고 한다.

　이외에 〈단전彖傳〉 상하편, 〈상전象傳〉 상하편, 〈계사전繫辭傳〉 상하편, 〈설
괘전說卦傳〉, 〈서괘전序卦傳〉, 〈잡괘전雜卦傳〉, 〈문언전文言傳〉 등의 책은 총 7종
10편으로 공자가 지어 열 개의 날개, '십익十翼'이라고 하며 '역전易傳'이라

고도 한다. 우리가 일반적으로 알고 있는 《주역》, 혹은 《역경》은 기존의
역경과 역전을 합친 것이다.

　참고로 이 책에서 각 괘가 시작될 때 설명하는 해당 괘의 순서와 흐름
은 공자의 십익 가운데 〈서괘전〉을 바탕으로 정리한 것이며, 괘의 형상
에 대한 설명은 〈상전〉을 바탕으로 풀이한 것이다.

8장

64괘 기초 원리 강화,
정, 비, 응

이 책에서 소개하고자 하는 64괘의 기초 원리는 크게 두 가지다. 하나는 각 효 간의 관계이고 또 다른 하나는 64괘의 변화다. 지금부터 소개되는 내용은 마찬가지로 건너뛰고 다음에 읽어도 무방하다.

먼저 각 효 간의 관계를 통해 64괘의 길흉과 특성을 살펴볼 수 있다. 역의 괘에는 기본적으로 중, 정, 비, 응이라는 개념이 있다.

권력을 가진 자리, 중

하괘의 1, 2, 3효 가운데 2효와 상괘의 4, 5, 6효 가운데 5효는 중中을 얻었다고 한다. 하괘와 상괘의 중앙을 각각 차지하고 있는 2효와 5효는 중용의 덕망을 가지고 있으며, 실질적인 권력을 가지고 있다. 각각 하괘와 상괘를 다스리는 중앙의 자리, 황제의 자리에서 여타 음양의 백성을 바르게 제도하는 것과 같다.

분수에 맞는 자리, 정

두 번째, 정正 혹은 위位다. 1, 3, 5효는 수인 기수(홀수)에 해당되니 양의 자리, 양위陽位다. 양위에는 당연히 양이 자리를 하는 것이 좋다. 반면 2, 4, 6효는 우수(짝수)에 해당하니 음의 자리, 음위陰位다. 음위에는 당연히 음이 자리를 하는 것이 좋다. 이것을 '정을 얻었다' 혹은 '위를 얻었다'고 하고, 같은 뜻으로 '득정得正' 또는 '득위得位'라고도 한다. 반대로 그렇지 못한 경우는 '정을 잃었다' 혹은 '실정', '부정', '부득위', '실위'라고 한다.
　이때 가운데인 2효, 5효가 정을 얻은 것을 중이 정을 얻었다고 해 특별히 중정中正이라고 한다.

지천태괘를 예로 들면 하괘에서 홀수 번째 자리인 초효와 3효가 양효이니 위를 얻었고, 짝수 번째 자리인 2효도 양효이니, 위를 얻지 못했다. 같은 방식으로 상괘에서 짝수 번째인 4효와 6효는 음효니 위를 얻었고, 홀수 번째 자리인 5효 또한 음효이니 위를 얻지 못했다. '위를 얻었다' 혹은 '정을 얻었다'는 것은 자신의 분수와 기질에 맞는 자리를 얻었다는 것이다. 명실상부^{名實相符}(이름과 실상이 맞다)하다는 의미라고 생각하면 좋을 것이다. 선생은 선생의 자리에 학생은 학생의 자리에 있는 것이다.

서로 다르기에 좋은 이웃이 되는 자리, 비

세 번째, 비^比다. 서로 이웃한 효의 관계를 본다. 바로 아래 혹은 위의 효가 자신과 음양이 다르면 비를 얻은 것인데, 상비^{相比}라고 한다. 비의 관계에 있으면 좋고, 그렇지 않으면 나쁘다. 비는 좋은 동료나 협력자를 얻은 것과 같다.

화수미제라는 괘를 보면 초효는 음효이고 2효는 양효로, 음양이 서로 다르니 비를 얻은 것이다. 2효와 3효 역시 음양이 서로 다르니 비를 얻었다. 3효와 4효도 마찬가지다. 같은 방식으로 살펴보면 이 괘의 경우 모든 효가 비를 얻었다.

득위 또는 실위를 따지는 경우로 보면, 모든 괘가 위를 얻지는 못했다. 모든 효의 양과 음이 제자리에 있지 못하니 불안정하고 앞으로 변화가 많이 따를 것임을 예측할 수 있다. 하지만 모든 효가 비를 얻었으니 내적으로는 화목하고 결속력도 좋다는 것을 알 수 있다.

위와 아래가 서로 마주보는 자리, 응

네 번째, 응應이다. 상괘와 하괘의 같은 자리 즉 1효와 4효, 2효와 5효, 3효와 6효는 서로 대응對應관계에 있다. 대응관계에 있는 효는 음양이 다른 것이 좋다. 예를 들어 1효가 양이라면 4효가 음인 것이 좋다. 이렇게 해서 정응正應 또는 불응不應인지를 판단한다. 당연히 정응이 더 좋다. 응은 남녀가 만나는 배우자의 관계 혹은 좋은 스승과 제자가 만나는 관계라고 볼 수 있다. 중정처럼 가운데를 차지하는 2효, 5효가 응을 얻은 것을 다른 효가 응을 얻는 것보다 더 좋게 본다. 앞에서 소개한 지천태괘의 경우에는 모든 효가 응을 얻었다.

화천대유라는 괘를 보면 1효와 4효, 3효와 6효는 불응이며, 2효와 5효는 정응이다. 위와 정응을 얻는 것은 좋지만, 중정이 위와 정응을 얻으면 더욱 좋다. 즉 앞서 말했던 중앙에 해당하는 2효가 음이고 5효가 양이면 중에 해당하는 실질적인 권력자 둘이 응을 얻었으니 아주 좋은 것이다.

천화동인이라는 괘는 화천대유와 마찬가지로 1효와 4효, 3효와 6효는 불응이며, 2효와 5효는 정응이다. 2효가 음이고 5효가 양이니 위를 얻었고, 2효와 5효가 정응이므로 중이 위와 응을 모두 얻었다. 앞에 나온 화천대유는 중이 정응을 얻었지만 위는 얻지 못했다.

위와 비, 응을 얻으면 좋다는 것이 기본적인 원칙이기는 하지만, 실질적으로 64괘를 해석할 때는 어떤 괘와 어떤 괘가 결합했는지, 음효와 양효가 발전하는 방향이 어떻게 되는지, 두 괘가 만나서 이루는 상象은 어떠한지 등을 복합적으로 살펴보고 판단하므로, 단순히 위와 비, 응만을 놓고 좋고 나쁨을 판단할 수는 없다.

천화동인으로 보는 64괘 효별 관계 참고도

괘	효	자리	위	비	응	신분	신체
상 괘 하 괘	— 상효	음	실위		6, 3 불응	국사	머리
	— 5효	양	득위		5, 2 정응	군주	가슴
	— 4효	음	실위		4, 1 불응	정승	몸통
	— 3효	양	득위	상비	3, 6 불응	관료	허벅지
	-- 2효	음	득위	상비	2, 5 정응	선비	정강이
	— 초효	양	득위	상비	1, 4 불응	서민	발

괘의 변화

괘의 변화는 장차 《주역》을 전문적으로 공부하고 싶은 경우에만 참고해도 무방할 듯하다.

　첫 번째, 호互괘라는 것이 있다. 어떤 괘의 2, 3, 4효를 하괘로 삼고 3, 4, 5효를 상괘로 삼은 괘가 호괘다. 2, 3, 4효를 내호괘라고도 하고 3, 4,

5효를 외호괘라고도 한다. 공자는 괘의 성격에 호괘의 특성이 많이 자리 잡고 있는 것으로 간주했다. 예를 들어 화풍정괘☷☴의 호괘는 2, 3, 4효를 1, 2, 3효로 삼고 3, 4, 5효를 4, 5, 6효로 삼은 괘, 즉 택천쾌괘☱☰다.

화풍정괘에 택천쾌의 성향이 내포하고 있다는 것인데,《주역》을 보다 깊게 공부하고자 한다면 다른 주역 관련 서적들과 함께 연구해볼 것을 권한다.

두 번째는 배합配合괘로 여섯 효의 음양을 바꾼 괘다. 예를 들어 화택규괘☲☱의 음양을 모두 바꾸면 수산건괘☵☶가 된다. 이 또한 64괘의 변화 양상을 살피기 위한 방법이라고 생각하면 된다.

세 번째는 도전倒顚괘로 말 그대로 괘를 완전히 거꾸로 뒤집어서 만든 괘다. 예를 들어 뇌택귀매괘☳☱를 그대로 뒤집으면 풍산점괘☴☶가 된다.

네 번째는 착종錯綜괘인데, 착종이란 섞임, 헝클어짐을 뜻한다. 그 이름처럼 상괘와 하괘를 바꿔서 만든 괘다. 예를 들어 풍화가인괘☴☲ 상괘와 하괘를 바꿔서 구성하면 화풍정괘☲☴가 된다. 도전괘, 착종괘 모두 또한 64괘의 여러 가지 변화를 살펴보기 위한 다양한 방법들 가운데 하나다. 여기에서 많은 후학들의 분분한 의견과 주석들이 생겨났다.

다섯 번째는 지之괘다. 앞서 소개한 다른 괘의 변화와는 다르게 지괘는 일반적으로도 많이 다루게 된다. 본래의 괘가 동효로 인해 변한 결과를 지괘라고 한다. 실제 역점을 칠 때 동효動爻라는 것이 있다. 양이 극에 달한 효나 음이 극에 달한 효가 곧 동효가 된다. 동효가 일어난 효는 음과 양이 변화한다. 예를 들어 초효가 음효인데 동효가 되면 초효가 양효로 바뀌고, 5효가 양효인데 동효가 되면 5효가 음효로 바뀌는 것이다.

이렇게 바뀐 효로 다시 64괘를 뽑은 것이 바로 지괘다. 역점을 칠 때에는 본래의 괘는 현재의 상황을 말하며 칠할의 비중으로 보고, 지괘는 앞으로 변해 나갈 상황으로 보며 삼할의 비중으로 본다.

9장

소인의 역점,
군자의 역점

명량해전에서 열두 척의 배로 330척의 대군을 물리친 이순신 장군은 전쟁의 신이라고 불려도 과언이 아닐 것이다. 그런데 그러한 이순신 장군도 주역점을 자주 쳤다는 사실을 아는 사람은 많지 않다.

《난중일기》를 살펴보면 이순신 장군이 간간이 주역점을 쳤던 일들이 기록되어 있다. 그 내용에 따르면 이순신 장군은 전쟁 중에 17회에 걸쳐 주역점을 쳤는데, 주역점을 칠 줄 아는 이를 부르기도 했고, 스스로 역점을 보기도 했다.

1594년 7월 13일의 일기에는 류성룡의 신변을 걱정하며 역점을 친다음 "바다에서 배를 얻는다는 괘가 나왔다. 두 번째 점을 치니 의심 중에 기쁨을 얻는다는 괘가 나왔다. 매우 길한 것이다"라고 안도하는 내용이 나온다.

같은 날 일기에는 앞으로의 날씨를 점치니 "뱀이 독을 토해낸다"라는 괘가 나와 앞으로 큰비로 농사일에 지장이 있지는 않을까 걱정하는 심정도 적혀 있다. 다음 날 일기에는 '어제 저녁부터 빗발이 삼대처럼 내리니 지붕이 새어 마른 곳이 없어 간신히 밤을 보냈다. 점괘에서 얻은 그대로이니 참으로 절묘하다'라는 소회가 이어진다.

1594년 9월 28일의 일기를 보면 "흐림. 새벽에 촛불을 밝힌 채 홀로 앉아 왜적을 치는 일이 길한지 점을 쳤다. 첫 번째 점괘는 활이 화살을 얻었다는 것이었고, 다시 점을 치니 산이 움직이지 않는다는 점괘가 나왔다. 바람이 순조롭지 못하니 흉도 안 바다에 진을 치고 잠을 청했다"라는 내용도 나온다. 산이 움직이지 않는 형국은 중산간괘라고 할 수 있는데, 태산에 가로막혀 앞으로 나아가지 못하는 상태다. 실제로 이후에 이어지는 전투, 장문포 해전에서 조선 해군은 큰 성과를 얻지 못했다고 한다.

이처럼 이순신 장군은 날씨에서부터 인사, 전투의 길흉까지 자신의 힘만으로 온전히 통제할 수 없는 여러 버거운 사안들과 마주했을 때마다 주역점을 활용했다. 성인의 경지에 이른 명장이 불확실한 상황에서 미신에 의지하고자 주역점을 적극적으로 받아들인 것이 결코 아니었다. 당시 선비들에게 《주역》이란 누구에게나 길을 열어주고 군자의 도를 닦게 하는 경전이었기 때문이다.

역점은 어떻게 치는가?

이순신 장군과 같이 국가의 운명이 걸린 전투를 앞둔 상황이 아니더라도 우리는 살아가며 중대한 결단을 내려야 하는 갈림길과 종종 마주하기 마련이다. 이러한 불확실한 상황에서 군자의 마음가짐으로 앞날을 가늠하고자 할 때 참고할 수 있는 주역점을 치는 방법을 간단하게 소개하고자 한다.

일상에서 간편하게 주역점을 치는 방법은 동전을 이용하는 것이다. 동전의 앞과 뒤 가운데 하나를 양, 하나를 음으로 정하는데 대체로 그림이 그려진 부분을 양으로 삼고, 숫자가 새겨진 부분을 음으로 본다.

가장 간단한 방식은 대성괘를 한 번에 뽑는 방법으로, 답을 얻고자 하는 문제에 집중하면서 동전 여섯 개를 양 손에 넣고 흔든다. 그렇게 해서 맨 아래쪽 동전부터 차례대로 하나씩 아래에서 위로 놓는다. 동전이 놓인 면에 따라 윗면이 인물이면 양, 숫자면 음으로 파악해 여섯 개의 효를 완성한다.

동전 세 개로 소성괘를 뽑아 두 번에 걸쳐 대성괘를 만드는 방법도 있다. 앞서 소개한 대성괘를 한 번에 뽑는 것과 같은 방식으로 동전 세 개를 양 손에 넣고 흔든 다음 아래쪽 동전부터 하나씩 아래에서 위로 놓는다. 그렇게 해서 하괘를 먼저 완성하고, 이어서 상괘를 완성하는 것이다.

일반적인 역점은 동효動爻(효의 움직임)까지 살피지 않아도 좋지만, 사안이 중대해 조금 더 상세하게 역점을 보고 싶다면 본래 괘(원괘原卦)와 함께 변화된 괘(지괘之卦)까지 뽑아보는 것도 문제에 대한 힌트를 얻는 데 도움이 될 것이다. 다만 동효까지 취하는 방법은 조금 복잡하다.

그 방식은 앞서 소개한 것들과 비슷하지만, 동전 세 개로 하나의 효만을 뽑는다. 그렇게 여섯 번의 과정을 거치는데 구체적인 방법은 다음과 같다.

동전 세 개를 양 손에 넣고 흔든 후 순서에 상관없이 바닥에 내려놓는다. 그 다음으로 팔괘의 음양을 구분하는 방식으로 음양을 구분한다. 동전 세 개가 모두 양이면 양으로, 동전 세 개 가운데 두 개가 음이고 하나가 양이면 양으로 표기한다. 마찬가지로 동전 세 개 가운데 두 개가 양이고 하나가 음이면 음으로 표기한다. 많은 수가 아니라 적은 수를 기준으로 삼아 음양을 구분하는 것이다.

처음 구분된 음양을 제일 아래 효부터 표시해서 총 6회에 걸쳐 음양을 표기하고 대성괘를 완성한다. 일반적으로는 음을 "--"로 표기하고, 양은 "—"로 표기하는데, 동전 세 개가 양인 경우는 양을 ○로 표기하고, 동전 세 개가 음인 경우는 음을 ●로 표기한다.

이렇게 표기하는 이유는 동효를 따로 표기하기 위해서다. 양이 극에 달한 양인 ○는 동효가 되어 지괘에서 음효로 바뀐다. 음이 극에 달한 음인 ●는 지괘에서 양으로 바뀐다. 이렇게 해서 원괘와 지괘를 뽑는다.

예를 들어, 첫 번째부터 여섯 번째까지 음양 표기가 --, —, —, ○, --, --이었다고 하면, '음양양, 양음음'이니 하괘는 풍괘, 상괘는 뢰괘가 되고, 원괘의 괘명은 상괘부터 읽어서 뢰풍항이 된다.

그런데 4효인 양은 동효가 되니 음으로 변한다. 따라서 '음양양, 음음음'인 괘로 변한다. 그렇게 되면 하괘는 그대로 풍괘이며, 상괘는 뢰괘에서 지괘로 변한다. 따라서 지괘는 지풍승이 된다. 즉 원괘는 뢰풍항, 지괘는 지풍승이 되는 것이다. 앞서 말했듯이 원괘는 현재의 상황으로서 7할의 비중으로 보고, 지괘는 앞으로 변할 상황으로서 3할의 비중으로 본다.

역점을 칠 때에는 그 마음가짐이 무엇보다 중요하다고 앞서 강조했다. 점을 치고자 할 때 자신의 바람을 개입시키면 안 된다. 예를 들어 사업의 성패를 점치고 싶다면 무작정 사업이 잘 되기를 바라는 욕심으로 점치는 것이 아니라 거리를 둔 제삼자의 입장이 되어야 한다. 욕심을 비우고 명상하듯 마음을 내려놓은 태도로 봐야 효과가 있다. 욕심이 앞서면 점이 맞지 않고, 점괘가 마음에 들지 않아 같은 점을 다시 쳐도 맞지 않는다. 그것이 역점의 기본적인 원칙이다.

다음으로 앞서 이야기했듯이 점을 칠 때에는 막연하게 사업이 잘 되는지를 묻는 것이 아니라 문제 상황을 진지하게 고민해야 나올 수 있는 구체적인 질문을 바탕으로 삼아야 한다. 또한 한 번의 점을 칠 때는 묻고자 하는 문제 또한 하나로 단순화시켜 그 문제에만 온전히 집중해야 한다. 이것이 점을 치는 태도다.

비움, 단순화, 집중이라는 세 가지 덕목은 하나의 상태에서 나타나는 여러 특성이다. 순수한 존재 상태를 서로 다른 관점에서 본 것일 뿐이다. 마음을 비운 채 천지에 몸을 맡기고 물 흐르듯 살아갈 수 있다면 단순하게, 지금 이 순간에 집중하면서 살아갈 수 있을 것이다. 최고의 직관은 바로 그때 만날 수 있다. 그것은 내 안에서 일어나기도 하고, 외부에서 찾아오기도 한다. 때로는 책으로, 때로는 사람으로, 때로는 사건으로 다양한 형태로 나에게 다가온다. 필요한 것이 필요한 때 다가오는 것이며,

필요한 지혜가 필요한 순간에 자연스럽게 떠오르는 것이다.

군자의 역점은 소인의 역점과 다르다

역점을 치는 간단한 원리를 배우고 나면 절박한 상황과 맞닥뜨리지 않았더라도 쉽게 역점을 치게 된다. 64가지 상황에 맞춰 현재를 재단한다는 것이 명쾌하기도 하고, 다른 무엇보다 점을 치는 자체가 재미있기 때문이다. 그래서 64괘에 어느 정도 익숙해졌다 싶으면 곧 동전 여섯 개를 짤랑거리게 되기 마련이다.

물론 역점을 가볍게 즐기는 것도 나쁘지 않다. 그러나 역점을 완구처럼 가지고 놀더라도 역점이 군자에 이르는 길이라는 본바탕을 잊어서는 안 된다. 《주역》에서 모범으로 제시한 인간형은 군자다. 군자는 올바른 직관을 갖고 있는 존재이기도 하다. 그래서 군자는 위험에 빠지지 않는 바른 선택을 할 수 있고, 설령 위기를 맞더라도 유연하게 대처할 수 있기에 본성을 잃지 않고 유유자적할 수 있다.

공자가 자신이 가장 아끼던 제자 안회에게 사람을 몇 명 붙여 강 건너 옆마을에서 쌀을 빌려오도록 한 적이 있었다. 이에 안회는 배를 타고 옆마을로 건너갔지만, 돌아올 날짜가 지났는데도 감감무소식이었다.

공자의 제자들은 공자에게 점을 쳐볼 것을 권했다. 공자가 점을 치니 불길한 괘가 나왔다. 그러자 제자들이 안회의 신변에 대해 크게 걱정했다. 그러나 공자만은 달랐다. 안회는 군자의 경지에 든 자이니 분명히 돌아올 것이라고 장담했다. 실제로 며칠 뒤에 안회가 돌아왔다. 사연을 물어보니 돌아오는 길에 도적떼를 만났지만 배짱 있게 기지를 발휘해 도적들을 따돌렸다고 했다.

소인의 역점과 군자의 역점은 다르다. 같은 상황을 맞더라도 빠르게 몰입 상태로 접어들 수 있고, 64괘에 대한 훈련도 되어 있기에 군자에게 위기는 위기가 아니라 기회가 될 수 있다. 군자와 소인을 가르는 기준은 결국 상황에 대처하는 태도에 있다.《역경》의 마음과 직관을 가진 군자는 언제 어디서든 상황에 휘둘리지 않고 그 마음을 보존할 수 있다.

《주역》 64괘의 인식 틀을 배우고 나면 상황을 빠르게 파악하고 앞날을 항상 대비할 수 있는 자신만의 유용한 직관의 기술을 갖게 될 것이다. 그리고 이 직관의 기술은 선택의 순간마다 자신을 지켜주는 강력한 힘이 될 것이다.

따라서 이렇게 직관을 갖는 것은 결국 군자를 닮아가는 길이다.《주역》을 통해 흔들리지 않는 스스로를 가진다는 것은 곧 나를 지키고 닦는 수신修身과 다르지 않기 때문이다. 수신은 깊은 산속에 숨어 홀로 도를 닦는 과정이 아니다. 저잣거리에서 사람들과 부대끼며 때로는 번민하고 때로는 불안해하는 현실을 살아감으로써 조금씩 이뤄나가는 것이다.

그래서 한 사람의 인생은 그가 하는 말이 아니라, 인생의 여러 결정적인 순간들마다 어떤 선택을 했는가에서 선명하게 드러난다. 선택이 한 사람의 인생을 결정하고, 선택이 바로 선택을 한 그 사람이 어떤 사람인가를 결정한다. 중요한 선택의 순간, 절체절명의 상황에서도 군자다워질 수 있다면 가장 지혜로운 답을 찾을 수 있다. 그렇다면 선택의 기로에서 굳이 점을 칠 필요가 없는 경지에 도달할 수 있을 것이다.

점을 치는 까닭은 결국 불안하기 때문이다. 따라서 살아가며 맞닥뜨리는 무수한 희로애락의 과정에서 언제든 흔들리지 않는 마음의 바탕을 가진다면 점이 필요 없게 된다. 《역경》을 공부하는 과정은 이렇게 직관을 기르는 과정이고, 직관을 기른다는 것은 단단한 나를 만드는 과정이기도 하다.

다음부터는 일찍이 문왕과 주공, 공자와 주자, 퇴계와 다산이 천착했던, 인생의 모든 경우의 수를 64가지로 정리한 도식에 대한 공부를 시작할 것이다. 64괘를 배운다는 것은 굳이 주역점을 치지 않더라도 자신이 지금 어떤 상황에 놓여 있는지 불을 켠 듯 점검할 수 있는 훈련이고, 나를 단단히 붙드는 공부이기도 하다.

"나는 어디에 놓여 있는가?" 이 질문에 답할 수 있다면 이제 자신이 어디로 갈 것인지에 대해서도 자연스럽게 알 수 있다. 어둠이 걷히면 길이 보이고, 길이 보이면 두렵지 않다.

이제부터 구체적으로 64괘에 대한 소개에 들어간다. 앞서 밝힌 것처럼 64괘는 네 가지 호흡이라는 흐름으로 구성된다. 그 가운데 《상경》에 해당하는 첫 번째 호흡과 두 번째 호흡은 우주와 천지인에 대한 이야기로, 여기에서 가리키는 인간은 완성된 사람의 대표인 성인군자다. 《하경》에 해당하는 세 번째 호흡과 네 번째 호흡은 불완전한 사람에 대한 이야기다. 즉 결혼하고, 가정을 이루고, 그렇게 태어난 맏이가 성장하고 여행을 떠나는 흐름을 담은 '인간'에 대한 이야기다.

2부

첫 번째 호흡 전쟁과 평화

아이가 어른으로 성장해
전쟁을 치르고 태평성대를 이루다

1번 중천건부터 15번 지산겸괘까지

첫 번째는 전쟁과 평화에 대한 이야기다. 천지의 음양을 모두 부여받은 태극과 같은 인간의 대표가 천지에 떨어져, 눈을 뜨고 삶이라는 것을 마주하니 삶은 곧 전쟁이었다. 그 전쟁터에 선 인간이 세상을 평정해가는 흐름을 담았다.

천지가 탄생해(1, 2건곤) 생명의 싹이 돋아났지만 아직 겨울이라 답답하다(3준). 어린아이는 어리석으니 배워야 하고(4몽) 성인이 되려면 기다려야 한다(5수). 아이들을 기르는 음식물과 재화로 인해 분쟁이 벌어지고(6송), 아이는 청년이 되어 피할 수 없는 전쟁에 참여한다(7사).

전쟁이 끝나니 재건을 위해 서로 협력하고(8비), 그 결과 축적이 있으니 사유재산이 된다(9소축). 협력으로 쌓은 이익을 노리는 맹수가 있으니 사유재산이 있으면 법도가 필요하며(10리), 절도와 예의를 따라 이익을 나누니 태평함이 있다(11태).

게으른 태평성대가 지속되니 소인배가 조정을 장악했고(12비), 이에 뜻 있는 지사들의 도원결의가 시작되었다(13동인). 지사들의 대의를 따라 사람들이 몰려드니 태양이 크게 떠오른 것처럼 세상이 밝아진다(14대유). 완전한 평등에 이르러야 군자의 일이 완성되니, 태산이 대지에 내려앉듯 겸허함을 이어간다(15겸).

1장

정상에 올랐으니
미끄러지지 않도록 삼가라

중천건
높은 위치에서 자신의 일을 이미 마치다

중천건重天乾은 팔괘 가운데 자연명으로 천天 둘이 겹친 것이다. 자연명自然
名은 팔괘 각각을 자연에 빗댄 이름이다. 팔괘인 건태리진손감간곤乾兌離
震巽坎艮坤은 각각 천택화뢰풍수산지天澤火雷風水山地(하늘, 연못, 불, 우레, 바람, 물,
산, 땅)라는 자연명을 갖고 있다. 하늘이 중복해 겹쳤으니 다시 하늘을 의
미하는 건이 되었다.

　건乾은 팔괘의 의미 그대로 하늘(천天), 임금(군君)을 뜻한다. 덧붙여 위
대하다, 시작한다는 의미도 있다.

　이 괘의 형상을 보면 하늘을 의미하는 건괘가 겹쳐져 있다. 건이 반복
되는 까닭은 하루도 쉬지 않고 하늘의 운행이 계속되기 때문이다. 건에
는 강건하다는 의미가 있다. 건강하고 견실하게 매일 같은 일을 반복한

다. 군자는 이러한 건괘를 본받아 자강불식自强不息을 생각한다. 스스로 강해지고 바른 덕을 쌓기 위해서 쉬지 않는다는 것이다. 하늘로, 또 하늘로 구름을 뚫고 올라가는 기상이니 파죽지세로 크게 형통하는 모양이다. 이것은 쉼 없이 형통하는 하늘의 무한한 기상을 형용한 것이지만, 인간의 모습으로 세상에 내려온 하늘은 영원할 수 없으니, 인간 세상에 적용할 때는 이미 정상까지 올라간 용을 의미한다.

64괘 가운데 중천건괘와 중지곤괘가 가장 먼저 등장하는 까닭은 천지가 있은 다음에 만물이 생기기 때문이다. 중천건괘의 직관을 정리하자면 다음과 같다.

"정상에 오르면 박수를 받으며 내려갈 일을 생각하라. 산은 정상에 올랐을 때보다 정상에서 내려갈 때 더 주의해야 한다."

너무 높이 오른 용은 후회를 남긴다

춘추전국시대 북방 연나라 출신의 채택은 조나라, 한나라, 위나라 등 여러 나라를 돌며 유세遊說(떠돌며 자신의 주장을 피력함)를 했으나 등용되지 못했다. 그러다 진나라의 재상 범저의 추천으로 관리가 되었다.

채택은 자신을 출세시킨 범저에게 과감한 제안을 했다.

"사계절의 변화를 보면 알 수 있듯이 할 일이 끝났으면 물러나서 다른 사람에게 일을 맡기는 것이 옳습니다."

범저는 이 말을 듣고 불같이 화를 냈다. 하지만 시간을 두고 곰곰이 생각한 끝에 채택의 말이 옳다고 생각해 채택에게 자신의 자리를 물려줬다.

사실은 채택이 범저의 속마음을 꿰뚫고 있었다는 해석도 있다. 범저가 채택을 등용할 때 이미 물러나고 싶은 마음이 있었기 때문이라는 것이다. 범저는 물러날 때를 알고 있었고, 짐짓 화가 난 척했지만, 채택이 먼저 간하기를 기다리고 있었다는 해석이다. 그렇게 보면 두 사람 모두가 시기를 읽을 줄 아는 노련한 인물이었던 셈이다.

중천건의 효사에 '항룡유회亢龍有悔'라는 유명한 말이 있다. 너무 높은 곳까지 오른 용은 후회를 남긴다는 말이다. 이 말은 오랫동안 정상의 위치에 있던 사람이, 자리에 연연하면 결국 쫓겨나게 되니 박수칠 때 떠나지 못한 것을 후회한다는 뜻으로 해석할 수 있다.

채택이 사계절의 변화를 말했듯이 여름이 다하면 가을이 오는 법이다. 사람도 자연의 이치를 본받아 자신이 어느 정도 직분을 다했다고 생각하면 더 이상 욕심을 부리지 말고 내려갈 준비를 해야 한다. 중천건이 우리에게 알려주는 이치다.

범저와 달리 한국 현대사에는 정상에서 내려와야 할 때 내려오지 않아서 비극적인 최후를 맞은 정치 지도자가 많았다. 반면 지미 카터 전 미국 대통령은 정상에서 내려가는 자의 발걸음이 얼마나 아름다울 수 있는지를 보여준다. 그는 대통령 직에서 퇴임한 다음 카터재단을 설립해 인권 신장에 심혈을 기울였고, 국제적인 분쟁을 조정해 나가는 역할을 지속했다. 2002년 노벨위원회는 국제분쟁을 평화적으로 해결한 그의 공로를 인정해 노벨평화상을 수여하기도 했다. 우리나라의 전직 대통령들 대다수가 불행한 말년을 보낸 것과는 지극히 대조적이다.

삶의 목표가 1등 혹은 정점에 오르는 것인 자는 불행하다. 제일 빨리 답안을 내고, 장원급제하는 '이몽룡 콤플렉스'에 시달리며 스스로를 비극으로 몰아넣기 때문이다. 지독한 경쟁사회는 압박을 이겨낸 만큼 보상심리를 유발하고, 이러한 보상심리는 갑질의 바탕이 된다. 1등만을 기억하는 분위기는 사회적인 차원에서뿐만이 아니라 개인적인 일상의 충만함도 앗아간다. 삶은 정점에 있을 때가 아니라 하루하루가 행복해야 한다. 올라갈 때든 내려갈 때든 말이다. 중천건이 우리에게 알려주는 지혜란 그런 것이다.

달이 차면 기울기 마련이다

중천건은 대표적 길몽인 용꿈을 연상시키는 용의 괘다. 초효부터 상효까지 모두 양이니 양기로 똘똘 뭉쳐 있다. 기본적으로 주역에서는 양효를 음효보다 좋게 본다. 그런데 이렇게 양효로만 가득 차 있으니 얼마나 좋겠는가? 그래서 중천건은 용이 승천하는 것으로 볼 수 있다. 양효 여섯 개는 용의 척추를 마디마디 표시한 것 같은 모양이기도 하다.

중천건은 상대적 세계에서가 아니라 절대적 세계에서 끝까지 도달해 보았다는 것이다. 그것이 어떤 분야든 끝에 도달하면 전체가 보인다. 그래서 중천건은 원형이정元亨利貞의 네 가지 덕을 모두 포함하고 있다. 원형이정이란 생명이 태어나고 자라고 결실을 맺고 바른 도에 이르러 씨앗을 생성하는 사물의 근본적인 원리를 말한다. 천지자연의 네 가지 덕이라고 해서 사덕四德이라고도 하고, 원형이정 각각을 춘하추동春夏秋冬에 비유하기도 한다.

산의 정상에서 산 아래의 모든 지리가 훤히 내다보이고 왕의 지위에서 백성들을 한눈에 굽어본다. 이렇게 형통한 것이 중천건이 말하는 기본적인 상황이다. 지금은 높은 지위에 올라 앉아 만족한 상황이다. 하지만 현실적인 측면에서 중천건은 너무 높이 올라간 용이라는 의미가 있으니 이제는 내려갈 일을 생각해야 한다.

우리는 흔히 나무를 타고 올라갈 때나 등산할 때, 올라가는 것보다 내려오는 것에 더 주의해야 한다고 말한다. 실수하고 다치기 쉽기 때문이다. 중천건은 하늘 높이 올라간 후 정상에서 전체를 내려다보고, 천천히 내려갈 일을 살피는 지혜를 얘기하는 괘다.

중천건의 직관

중천건은 양이 극에 달한 괘로 매우 강력하다. 매우 강한 괘지만 머지않아 하향세임을 예견하는 괘로 산을 올라갈 때보다 내려갈 때 더 조심해야 한다는 지혜를 가르쳐 준다. 지금은 좋은 운이지만, 더 올라갈 수 없을 만큼 좋기에 오히려 앞으로가 걱정이다. 양기가 욱일승천하는 형국이므로 시험이나 소송 등 경쟁해야 하는 일에서 특히 잘 풀릴 수 있다. 하지만 그때에도 자만하는 것을 주의하고, 오만함을 버려야 한다.

2장

땅으로 몸을 숙여
타인의 말에 귀를 기울여라

☷

중지곤.
어린 임금의 뒤에서 섭정하다

중지곤重地坤은 팔괘 가운데 자연명으로 지地가 둘 겹친 것이다. 하괘도 지
고, 상괘도 지다. 그래서 지가 중복되었다고 해서 중지라고 하고, 지에
해당하는 팔괘의 괘명인 곤坤을 사용해 중지곤이라고 이름을 붙였다.

상괘와 하괘가 동일할 경우 이렇게 팔괘의 이름을 그대로 64괘에 사
용한다. 앞서 언급했던 중천건은 하괘도 천이고 상괘도 천이다. 그래서
천이 중복되었다고 해서 중천이고, 천에 해당하는 팔괘의 괘명인 건乾을
사용해 중천건이라고 이름을 붙였다. 따라서 건은 팔괘의 이름이기도
하고, 64괘의 이름으로 사용되기도 하는 것이다. 이것은 지가 겹친 중지
곤의 경우도 마찬가지다.

즉 상괘와 하괘가 동일한 64괘는 모두 이렇게 이름을 짓는다. 예를

들어 64괘 가운데 중지건, 중택태, 중화리, 중뢰진, 중풍손, 중수감, 중산간, 중지곤이 모두 팔괘의 이름을 그대로 사용한다. 따라서 곤坤은 건괘와 마찬가지로 팔괘의 이름이기도 하고, 64괘의 이름이기도 하다. 곤은 팔괘의 의미 그대로 땅을 의미한다. 대지와 같이 유순하고 포용한다는 의미가 있다.

중지곤의 형상을 보면, 중천건이 양으로만 된 괘라면 중지곤은 음으로만 된 괘다. 양이 앞서 나가서 일을 벌이면 음은 그것을 수습한다. 양이 자신을 내세우며 자연을 정복하려 들고 자신과 다른 대상과 싸운다면, 음은 자신을 드러내지 않고 화합한다. 이처럼 양과 음은 그 역할이 다르다. 중지곤괘는 음으로만 된 괘이니 음의 덕목을 중심으로 움직여야 한다.

역에서 이 괘가 말하는 변화의 양상은 자신의 기운이 강해도 음의 덕목을 따라야 할 때라는 것이다. 첫 번째 중천건이 왕이라면 중지곤은 여왕이라고 할 수 있겠지만, 남녀를 떠나 보다 적확한 느낌은 어린 왕을 앞에 내세운 왕의 어머니가 수렴청정을 하는 모양새다. 대지의 여왕이 가진 부드러운 카리스마를 연상하는 것도 좋다.

중천건 다음에 중지곤이 나오는 것은 만물을 기르는 천지 중에 하늘이 등장했기에 마땅히 대지가 따르는 것이다. 중지곤괘의 직관을 정리하자면 다음과 같다.

"대왕대비의 적의를 입게 되면, 성급히 앞서 나가지 말고 포용하고 소통하면서 함께 성장하라."

일은 혼자 하는 것이 아니다

중국 최초의 통일왕조인 진나라는 그 역사가 극히 짧다. 그래서 중국인들은 진나라 다음인 한나라를 실질적인 첫 통일왕조로 여기고 자신들의 뿌리로 삼고 있다. 현재 중국 인구의 약 90%를 차지하며 13억에 달하는 세계 최대의 민족 집단인 한족漢族이란 명칭 역시 한나라에서 유래된 것이다.

진나라로 중국을 통일한 진시황은 사람들을 믿지 못하고 일 욕심이 많아서 아무리 작은 일이라도 자신이 모두 결재했다고 한다. 결재할 서류가 점점 많아지면서 나중에는 서류를 사안별로 저울로 달아서 처리할 정도였다고 하니 황제로서 직접 해결해야 할 업무가 과중했을 것이다. 잠시도 권력을 놓기 싫어서 그렇게 쉴 새 없이 일을 했던 진시황은 채 50년도 살지 못했다.

스스로에게 혹독했듯이 진시황은 이민족에게도 지극히 혹독했다고 한다. 그래서 이사의 충언이 없었다면 이민족을 포용하는 정책은 생각지도 못했을 것이고, 천하를 통일하는 것도 불가능했을 것이라는 주장도 있다. 그러나 통일왕조는 오래가지 못했으니, 황제에게 권한이 집중된 진나라는 조고라는 한 간신배에 의해서 불과 15년이라는 짧은 역사만을 남기고 사라지고 만다.

강물은 흙탕물을 거부하지 않고, 태산은 자갈과 잡목을 거부하지 않는다. 대개 큰 업적을 이루는 사람일수록 더 많은 사람을 포용하는 능력을 가지고 있다. 권력 욕심, 일 욕심, 나만 할 수 있다는 독단을 내려놓고 포용하면, 더 큰 힘으로 여유롭게 더 큰 뜻을 이룰 수 있을 것이다.

미국에서 가장 존경받는 인물을 꼽을 때 늘 빠지지 않는 인물이 18세기에 활약한 벤저민 프랭클린이다. 그는 '전형적인 미국인'으로 실용적인 철학과 철저한 자기관리를 통해 독립선언문을 기초起草했고, 피뢰침을 발명했으며, 신문사를 성공적으로 운영하는 등 여러 분야에서 최고의 성공을 거두었다.

그가 젊은 날 처음 신문사를 설립하려고 했을 때, 지역 유지나 친구들이 시큰둥한 반응을 보이는 등 사람들의 협조를 얻지 못해 어려움을 겪고 있었다. 그러던 어느 날 프랭클린은 산길을 걸어 내려오면서 한 순간 깨달음을 얻었다. 바로 '내가 대표자로 앞장설 것이 아니라 그들을 주인공으로 명예롭게 만들어줘야 하겠구나!'라는 생각이었다. 그때부터 냉담했던 많은 유력자들을 자신의 편으로 돌아서게 만들 수 있었고, 일이 순조롭게 진행되었다.

위임은 매우 중요한 덕목이다. 위임이란 협조체계를 잘 구축하는 것이다. 다른 사람에게 자신의 일을 모두 떠맡기는 것도 위험하지만, 오직 자신만이 모든 일을 처리해야 한다고 생각하는 것 역시 건강한 조직을 만드는 데 도움이 되지 않는다. 공적인 일이든 비즈니스든 간에 권한이 한 사람에게 집중되어 있으면 반드시 독단과 독선으로 흘러서 잘못된 결정을 내리게 되고, 그 사람이 자리를 비웠을 때 한순간에 조직이 와해되기 때문이다.

완벽한 관계는 없기에
설득과 타협이 필요하다

한 고조 유방은 부족함이 많은 자신이 당대 손꼽히는 영걸인 항우를 무너뜨릴 수 있었던 까닭으로 자신보다 능력이 뛰어난 세 사람을 믿고 제대로 활용할 줄 알았기 때문이라는 위임의 덕목을 이야기했다. 이른바 '삼불여三不如'의 고사다.

중지곤의 지혜는 대왕대비가 어린 임금의 뒤에서 수렴청정을 하는 것처럼, 우두머리라는 자리와 명분은 다른 누군가에게 있고, 실질적인 권한은 나에게 집중된 상황이 되었을 때의 이치를 말한다. 예를 들어 지도자는 대외적으로 따로 존재하되, 내부에서 리더로서의 실무를 사실상 수행할 때 필요한 지혜다. 혹은 이제 막 사람들을 규합해 스타트업 기업을 창업해서 CEO가 되었거나, 회사 내에서 팀장 직을 맡아 새로운 프로젝트를 시작하려고 할 때와 같이 조직 구성원 모두가 자신을 전적으로 신뢰하는 것만은 아닌 상황이다.

그때 일의 주도권을 지킨답시고 모든 일을 혼자 처리하려고만 하고, 모든 성과는 나로부터 비롯된다는 자세로 일관한다면 주위의 반발을 사기 쉽고 일 처리도 어렵게 흘러가기 마련이다. 그런 때일수록 사람들의 말을 잘 경청하며, 일과 공을 함께 나누면서 전체적인 협조체계를 구축하면 지속 가능한 발전을 이룰 수 있을 것이다. 중지곤은 그런 협조적이고 포용적인 지혜를 가질 것을 말한다.

중지곤의 직관

중지곤은 넓은 대지를 의미한다. 어머니가 자식을 기르고 땅이 만물을 자라게 하는 것과 같은 형상이다. 수동적이지만 강력한 힘을 갖고 있다. 자신이 앞에 나서기보다는 다른 사람을 높이고 일을 성취하게 만드는 괘다. 다소 소극적인 운으로 보이지만 언젠가는 자신의 공을 크게 인정받는다. 앞만 보고 천천히 걸어가면 성운이 지속될 것이다.

3장

얼음을 만났다면
깨뜨리려 하지 말고 서서히 녹여라

☵

수뢰준.
동토의 새싹, 얼음과 같은 땅을 만나다

수뢰준水雷屯은 상괘가 물이며 하괘가 우레에 해당한다. 팔괘의 자연명으로 수괘가 위에 있고 뢰괘가 아래에 있으니 수뢰이며, 그 의미에 해당하는 준屯이 합쳐져 수뢰준이라는 괘명을 갖게 되었다.

준屯은 일반적으로는 진을 친다, 가득차다는 의미이며, 파자破字(한자의 자획을 나눠 풀이하는 것)를 해보면 초목이 날 일日자 형상의 땅을 뚫고 나오는 모양이다. 싹이 지면을 뚫고 나올 때의 어려움을 형상화한 글자로 둔이라고 읽기도 한다.

수뢰준의 형상은 하괘의 제일 아래에 하나의 양이 막 싹트기 시작했고, 상괘의 중앙에 단단한 땅이 가로막고 있는 모양이다. 비가 오려 하나 아직 비가 오지 않은 것이 준의 형상이니 군자는 이것을 보고 천하를 경륜할 대강大綱을 생각한다. 서두르지 않고 큰 그림부터 차근차근 준비한다는 뜻인 것이다.

천지를 의미하는 건곤의 괘 다음으로 수뢰준괘가 등장하는 까닭은 천지에 가득 찬 것이 만물이기 때문이다. 준은 만물의 첫 시작으로 추운 겨울이 지나고 사방에 새싹이 가득 돋아나는 모양을 의미한다. 수뢰준괘의 직관을 정리하자면 다음과 같다.

"아무리 단단한 검은 땅이라도 여린 연두빛 새싹일지언정 언젠가는 송곳처럼 뚫고 나올 것이다. 지치지 말고 밀고 나아가라."

아무리 땅이 단단히 얼어붙었어도
때가 되면 싹이 오른다

전한시대 장수인 이광은 흉노족과 인접한 감숙성 지방의 무가武家 출신으로 호랑이를 맨손으로 때려잡을 정도로 용맹이 뛰어났다. 이광이 국경을 지키는 동안에는 흉노족들이 감히 침략할 엄두를 내지 못했다고 한다.

어느 날 이광이 저물녘에 산을 넘다가 자세를 웅크리고 있는 호랑이를 발견했다. 그는 단번에 죽인다는 마음으로 온 신경을 집중해 활을 쏘았다. 그러나 화살이 호랑이에게 명중했음에도 호랑이는 꿈쩍도 하지 않았다. 이광이 조심스럽게 다가가 보니 호랑이는 사실 큰 바위였고 바위 중앙에 화살이 박혀 있었다. 이광은 다시 원래 있던 자리에 가서 활을 쏴봤으나 여러 번 시도해도 화살이 돌에 맞아서 튕겨나갈 뿐 이전처럼 박히지는 않았다. 이광은 그때 사람이 정신을 집중하면 못할 것이 없다는 것을 깨달았다.

이광의 고사인 돌에 박힌 화살촉을 가리켜 '중석몰촉中石沒鏃'이라고 한다. 수뢰준괘는 우리에게 일의 시작을 맞아 중석몰촉의 교훈을 알려준다. 살다 보면 무거운 중압감을 느끼는 일, 가도 가도 끝이 보일 것 같지 않은 일을 새롭게 시작해야 할 때가 있다. 막막하게 느껴지겠지만, 아무리 단단한 동토凍土일지라도 뚫고 나오는 새싹이 있듯이 인간이 가진 생명력도 스스로가 생각하는 것보다 훨씬 강하다. 지금 자신이 아무리 척박한 상황에 있다고 하더라도 한 걸음씩 집중력을 갖고 꾸준히 나아가면 깨지지 않을 것 같은 어려움도 녹아서 말랑말랑하게 느껴지는 순간이 반드시 올 것이다.

한국 경영학계의 큰 어른으로 꼽히는 윤석철 교수는 《경영학의 진리체계》에서 약자의 전략에 대해 이야기했다. 학력, 기술, 자본, 인적 네트워크 등 개인이 동원할 수 있는 자원의 범주는 정해져 있다. 그런데 이런 자원에서 자신이 절대적으로 열세에 있다면, 과연 어떻게 인생을 개척해야 할까?

사회생활의 출발점에 섰을 때 우리 대다수가, 심지어 객관적으로 볼 때는 탁월한 자원을 갖고 있다고 생각되는 청년조차도 이러한 고민에 빠진다. 한국과 같은 치열한 경쟁사회에서는 중년이 되어서도 이러한 고민에서 완전히 벗어나기는 어렵다.

이러한 질문에 대한 윤석철 교수의 대답은 간단하면서도 명료하다. 첫째, 상대적으로 남들이 기피하는 분야에 뛰어들라는 것이다. 장차 블루오션이 될 수 있기 때문이다. 둘째, 한점 돌파를 시도하라는 것이다. 이것저것 여러 가지를 손대지 말고, 한정된 자원을 한 분야에 집중시켜 노력을 기울인다. 그렇게 하면 적어도 자신이 힘을 쏟은 분야에서는 자원의 열세를 극복하고 기반을 다질 수 있을 것이다. 나아가 그 기반을 바탕으로 삼음으로써 여러 다른 일도 잘 해낼 수 있게 된다.

느리더라도 힘주어 뻗은 걸음이
발자국도 깊다

이러한 과정에서 유념할 점은 조급해져서는 안 된다는 것이다. 한 우물을 파라는 것은 수뢰준의 시기에 어울리는 중요한 전략일 뿐, 빨리 성공하기 위해 서두르라는 논리로 이어져서는 안 된다.

젊은이들에게 흔하게 건네는 말 가운데 '앞길이 구만 리'가 있다. 젊다는 것은 산 날보다 살아갈 날이 많기에 그만큼 기회도 많이 주어질 것임을 의미한다. 그런데 역설적이게도 젊은 사람들이 서두르고, 나이가 든 사람들은 여유가 있다. 삶이 성숙한 정도가 다르기 때문일 것이다. 젊었을 때는 빨리 결론에 도달하고 싶어 한다. 자신이 원하는 것이 눈에 잡힐 듯 가까이 보이기에 더 조급해진다. 하지만 나이가 들수록 조금씩 생각이 바뀐다. 노력해도 안 되는 것이 있고, 인생에서 많은 중요한 것들이 벼의 알곡이 익듯이 충분히 시기가 무르익어야 가질 수 있다는 것을 깨달았기 때문이다.

서두르지는 않되, 차곡차곡 집중해서 나아가야 한다. 어렸을 적 배운 것이 평생 가고, 무슨 일이든 처음에 좋은 스승에게 혹독하게 배운 사람이 일을 잘 하는 법이다. 여러 가지로 부족하고 서투를 수밖에 없는 초창기에는 집중해서 배우고 익혀야 한다. 그래야 단단한 동토를 뚫고 나올 수 있다. 초창기가 아니라도 마찬가지다. 자신의 처지가 겨울의 언 땅을 비집고 나와 파란 싹을 틔워야 하는 상황이라면 수뢰준의 교훈을 잊어서는 안 된다.

수뢰준은 이제 막 시작하는 형국을 나타내는 괘다. 여명이 솟아오르고 있다. 잠에서 막 깨어 외출 준비를 한다. 이때 급하게 나서다가 집으로 다시 오는 일을 만들지 말고 준비를 차근차근 해야 한다. 계절에 비유하면 늦겨울에서 봄으로 막 넘어가려는 시기다.

수뢰준괘를 얻은 사람은 한겨울의 추위를 몸소 느낀다. 수뢰준은 무슨 일이든 처음 시작할 때가 어렵다는 것을 알려주며, 한편으로는 두드리면 반드시 열릴 것이니 절대로 포기하면 안 된다는 격려를 해준다. 첫 시작은 누구나 힘들다. 조급한 마음을 버리고 철저히 준비해야 한다. 지금은 춥고 괴로워도 곧 추위를 뚫고 나온 새싹이 천지사방에 가득할 것이다.

수뢰준의 직관

수뢰준은 언 땅을 뚫고 나오는 새싹을 의미한다. 얼어 있는 땅을 뚫고 나오는 노고와 괴로움이 만만치 않다. 지금은 자신의 힘이 미약하고 해결해야 할 일이 산적해 있다. 주역에서 말하는 4대 난괘難卦, 즉 수뢰준, 택수곤, 중수감, 수산건 가운데 하나니 지금 당장은 힘들고 괴로울 것이다. 하지만 언젠가는 봄이 오고 싹을 틔울 것이니 희망을 가져도 좋다. 불안해하거나 서두르지 말고 집중력을 갖고 하나씩 뚫고 나가면 언젠가는 언 땅 밖을 나올 수 있을 것이고, 가지를 크게 뻗을 수 있을 것이다.

4장

어두울 때 무작정 나서는 것은
용기가 아니다

☷

산수몽.
어둠 속을 헤매는 어린아이의 걸음마

산수몽山水蒙은 상괘가 산에 해당하며 하괘가 수에 해당한다. 팔괘의 자연명으로 산괘가 위에 있고, 수괘가 아래에 있으니 산수이며, 그 의미에 해당하는 몽蒙이 합쳐져 산수몽이라는 괘명을 갖게 되었다.

몽蒙에는 입다, 덮다, 숨기다라는 뜻이 있지만, 본래 몽矇과 통하는 글자이니 어둡다, 어리석다는 의미도 갖고 있다. 또한 몽은 동몽童蒙이니 아직 장가를 가지 않은 아이, 매사에 서툴고 부족한 상황을 가리킨다.

산수몽의 형상은 수*라는 샘물이 산 아래에서 막 솟아나는 모양이다. 처음에는 작은 시냇물에 불과하지만 나중에는 대하가 될 것이다. 군자는 이 모습을 보며 뜻을 세우고 덕을 기른다. 수뢰준 다음에 산수몽이 오는 것은 만물이 처음 생기면 반드시 어리석기 때문이다. 따라서 몽이 오니 몽은 만물이 아직 어림을 말한다. 산수몽괘의 직관을 정리하자면 다음과 같다.

"무지몽매한 아이, 더듬어 물건의 형상을 파악해야 하는 혼돈의 상황일 때는 하나라도 더 배우고 익혀야 한다."

어리석은 자는 자신이 어리석은 줄 모르기에 어리석은 것이다

공자가 오랜 방랑 끝에 노나라로 돌아왔다. 노나라에서는 공자를 국로國老로 대접했고, 공자는 왕과 대신들의 자문에 응했다. 계강자는 노나라의 대신으로 실권을 장악해 왕보다 더한 권세를 부리고 탐욕스럽게 재산을 늘려가면서 온갖 부정을 일삼았다.

어느 날 계강자가 공자에게 가르침을 청했다.

"정치를 잘하는 묘책을 알려주십시오."

"정치는 바로잡는 것인데, 자신을 먼저 바로잡아서 아랫사람들을 거느린다면 누가 바르게 되지 않겠습니까?"

노나라에 도둑이 창궐하자 계강자가 공자에게 또 다시 가르침을 구했다.

"나라의 중신들이 물건을 탐하지 않는다면, 도둑질을 하면 상을 준다고 해도 백성들이 남의 물건을 훔치지 않을 것입니다."

세상을 바로잡고 싶다면 자신부터 단속하라는 메시지다. 어리석은 자는 자신이 어리석은 줄 모른다. 그렇기 때문에 진정으로 어리석은 것이다. 대낮에 혼자 검정 선글라스를 낀 줄을 모르고, 세상이 검다고 투덜대는 것이 미몽의 상태에 빠진 속인들의 어리석음이다. 산수몽괘는 우리에게 이러한 자기 자신의 어리석음에서 먼저 벗어나라고 이야기한다.

아직 걷지도 못하는데 당장 뛸 수는 없다

많은 사람들이 자신의 인생을 건 직업의 길을 갈 때에도 제대로 공부를 하지 않고 무작정 덤비는 경우가 많다. 자신이 동몽의 상태라는 것조차 모르는 미몽에 빠져 있기 때문이다. 퇴직금을 전부 걸고, 무작정 음식점 창업을 시도하거나 사업에 뛰어들었다가 많은 것을 잃게 되는 상황은 이제 새삼스럽지도 않은 사연이 되었다. 나이가 아무리 들었어도 노래가사처럼 우리는 언제나 인생 앞에서는 아마추어다. 삶에는 연습이 없기 때문이다. 그렇기 때문에 하나라도 더 찾아보고, 배워서 철저히 준비해야 한다. 그것이 산수몽이 캄캄한 어둠 속을 걷고 있는 사람들에게 절실하게 들려주고 싶어 하는 이야기다.

저녁에 퇴근해서 텔레비전을 보고 있는데, 갑자기 정전이 되면 사방이 캄캄해진다. 그러면 문이 어디 있는지 화장실이 어딘지도 찾기가 어렵다. 인간이 대단한 것 같지만 밤에 전기만 끊겨도 사방 분간을 못한다. 갑자기 어리석은 존재가 되는 것이다.

산수몽은 이렇게 정전이 된 것처럼 빛이 없어서 만사를 분간할 수 없는 지경을 말한다. 사물이든 생각이든 무엇인가를 분간할 수 있을 때 문명이 생기고, 지혜가 생기는 법인데, 분간을 할 수 없으니 지혜도 없다. 사람의 생로병사 과정에 견주어보면 걸음마를 막 익힌 시기다. 아직 제대로 걷지도 못하는데 뛸 수는 없다. 어리석고 지혜가 없기 때문에 실수도 잦다.

이처럼 이 괘의 형국은 천지를 분간할 수 없는 혼돈의 국면이다. 산수몽괘는 자신이 상황을 이끌어나갈 역량이 아직 부족함을 알려주니, 자신의 역량에 걸맞게 행동하지 않으면 아이가 집안을 어지럽히듯 모든 것이 망가지게 될 것이라는 경고이기도 하다.

한편으로 아이와 같은 상황이니 공부하기에 좋은 괘라는 뜻으로도 받아들일 수 있다. 이 괘를 얻은 사람은 당장 성과를 내려고 하지 말고, 준비하고 공부해서 불을 밝혀야 한다. 산수몽은 어리석음에 휩싸여 있거나 혹은 캄캄한 상황에 놓여 있을 때 그것을 통렬하게 인정할 줄 알아야 하고, 나아가 매사에 배우는 자세로 임해야 함을 알려준다.

산수몽의 직관

산수몽은 아직 지혜가 드러나지 않은 아이를 가리킨다. 여기서 몽이란 무지몽매無知蒙昧의 어리석음이다. 지금은 답답하지만 아이가 자라서 가르침을 받고 성장해 밝은 지혜를 갖게 되듯이 점점 어둠이 걷히고 성운이

올 것이다. 따라서 장기적인 사업이나 교육에는 좋은 패다. 선고후락先苦
後樂을 의미하는 패이니 희망을 가져도 좋다. 지금처럼 정직하고 건실하
게 나아간다면 장밋빛 미래가 기다리고 있을 것이다.

5장

참고 기다릴 수 있어야
어른이 된다

☰

수천수.
안개 낀 항구에서 배를 기다리다

수천수水天需는 상괘가 물에 해당하며, 하괘가 하늘에 해당한다. 팔괘의 자연명으로 수괘가 위에 있고 천괘가 아래에 있으니 수천이며, 그 의미에 해당하는 수需가 합쳐져 수천수라는 괘명을 갖게 되었다. 수需는 구하다, 바라다, 기다린다는 의미다.

수천수는 물이 증발해 하늘 높이 올라가 구름이 되었지만 아직 먹구름으로 무겁게 뭉쳐지지는 않아 비가 되지는 않은 형상이다. 농부가 한여름에 비를 기다리는 상황으로, 군자는 이 수괘를 본받아 도리어 그럴 때일수록 유유자적하고 편안하게 심신을 기르며 기다린다.

산수몽 다음에 수천수가 오는 까닭은 만물이 어리면 기를 것을 걱정해야 하기 때문이다. 어린아이는 음식을 구하고 기다린다. 수는 아이에게 음식을 먹여 기르는 것이고, 아이가 자랄 때까지는 시간이 필요하다. 수천수괘의 직관을 정리하자면 다음과 같다.

"안개가 자욱한 여정이니 한 치 앞이 보이지 않는다. 안개가 걷히길 기다려라. 길 앞에서 봇짐을 충실히 꾸린다."

기꺼이 기다림을 즐겨라

어느 날 문왕이 사냥을 나가려고 준비 중에 있었다. 으레 그렇듯이 문왕은 사관을 시켜 점을 보게 했다. 점괘는 위수 지방에 나가 사냥을 하면 엄청난 물건을 얻을 수 있다는 것이었다. 사관은 이 물건이 짐승이 아니라 사람이며, 그것도 나라를 크게 일으켜 그 공이 대대손손 이어질 위대한 인물이라고 해석했다.

문왕은 반신반의하면서 위수로 나아갔다. 그리고 위수에서 왕골을 깔고 앉아서 빈 낚싯대를 드리우고 있는 강태공을 만났고, 그와 문답을 주고받는다. 강태공은 범인凡人은 사냥감을 얻는 것을 즐거워하지만, 군자는 그 뜻을 얻는 것을 즐거워한다고 말하면서 군자의 일과 낚시의 유사한 점을 논했다.

낚시에는 세 가지 의미가 있습니다. 첫째, 미끼로 고기를 낚는 것은 봉록으로 인재를 발탁하는 것입니다. 둘째, 좋은 미끼를 달면 큰 물고기가 잡히듯이 봉록을 넉넉하게 주면 좋은 인재를 얻을 수 있습니다. 셋째, 낚은 고기의 대소와 종류에 따라서 한 끼 식사거리일지, 선물용일지, 제사용일지가 달라지듯 인재 역시 적재적소에 써야 하는 것입니다.

문왕은 강태공의 지론에 크게 흡족해하며 그를 총사령관에 해당하는 군사軍師로 발탁했고, 강태공의 활약으로 주나라를 세울 수 있었다.

다만 강태공은 이날 낚시와 군자의 일이 비슷함을 이야기하면서 가장 중요한 것을 빠뜨렸다. 낚시도, 군자의 일도 뜻하는 바를 이루려면 오랫동안 참고 기다려야 한다는 것이다. 그리고 그것은 바로 자기 자신의 이야기이기도 하다.

강태공은 노인이 다 되어서야 위수에서의 만남 이후 뜻을 이뤘지만 그 전까지의 고생은 이루 말로 할 수 없었다. 흔히 강태공의 고사를 고고하게 낚시만 하며 세월을 보낸 이야기로 알고 있지만 사실은 그렇지 않다. 강태공은 뜻을 펼치기까지 아내 마천금에게 매일같이 구박을 받다가 데릴사위로 있던 처가에서 쫓겨나기도 했고 식당 종업원이나 도살업에 종사하기도 했었다.

군자가 뜻을 얻기 위해서는 기다림의 과정이 필요하다. 그 시간이 결코 우아하기만 한 것은 아니다. 오히려 온갖 참혹한 시련의 연속인 경우가 많다. 거친 파도가 큰 뱃사공을 만들 때까지 기다리라. 수천수는 바로 그런 괘다.

스스로를 드러내기 위해서는
세월이 필요하다

'그리스 로마 신화'라고 하면 한국인들이 가장 먼저 떠올리는 작가인 고 이윤기 선생이 언젠가 관공서에서 일을 처리하고 있을 때였다. 마주한 공무원이 직업을 묻기에 그는 글쓰는 일을 하고 있다고 답했다. 그러자 그 공직자는 그에게 '그렇다면《이윤기의 그리스 로마 신화》를 꼭 읽어 보라'고 권했다고 한다. 당시《이윤기의 그리스 로마 신화》는 신드롬으로 불릴 정도로 큰 인기를 끌고 있었다.

이윤기 선생은 고등학교를 중퇴하고 제분소 등에서 일했고 월남전에도 참전했다. 1977년 신춘문예에 입선했지만 생계가 막막해 닥치는 대로 번역을 하기 시작했다. 그렇게 번역을 하면서 그는 글쓰기를 배웠고, 문학에 대한 깊이 있는 이해가 생겼다고 한다. 그리고 문학의 가장 밑바닥에서 신화를 발견하고 신화를 오랫동안 연구하면서 자연스럽게 신화 전문가가 되었다.《이윤기의 그리스 로마 신화》가 출간되어 널리 알려진 시기가 2004년경이니, 등단한 때로부터 30년에 가까운 시간을 버텨낸 셈이다. 이윤기 스스로도 번역으로 자신의 필력을 키워나가던 시절을 가리켜 악기의 현을 조율하고 칼의 날을 벼리던 세월이라고 했다.

스스로를 드러내기 위해서는 세월의 축적이 필요하다. 그리고 그 세월을 헛되이 보내지 않아야 한다. 그것이 수천수가 우리에게 알려주는 직관이다.

수천수괘가 처한 상황은 가뭄이 지속되거나 폭우가 쏟아지는 것을 보고 때를 기다려야 하는 형국이다. 여러 가지로 준비도 부족한 상황이다. 이 괘를 얻은 사람은 때를 기다려 궁궐에 입성할 수 있겠지만 앞에 강물이 가로막혀 있으니 함부로 건너려고 하면 큰 화를 입을 수 있다. 지금은 아이를 양육하는 시기이니 기다려야 한다. 아이가 성장해 어른이 되기까지는 절대적인 시간이 필요하다. 그 시간을 거스르거나 앞당길 수 있는 묘책 같은 것은 없다. 재능이 아무리 뛰어나고 지식이 많아도 스무 살이 되어야 뼈가 야문 성인이 될 수 있다.

수천수는 실력이 있는 사람이라 할지라도, 자신이 아직 어릴 때 혹은 천재지변과 같은 불가항력적인 상황을 맞았을 때 당황하거나 서두르지 말고 차분하게 참으면서 기다리는 미덕을 갖는 것이 얼마나 중요한지 알려준다. 폭우가 쏟아져 하천이 범람하는데 우산 하나만 달랑 들고 집 밖을 나갈 수는 없는 노릇이다. "뜻을 품었다면 태공망처럼 몇 시간이고 며칠이고 비가 그칠 때까지 때를 기다려라." 수천수괘가 알려주는 지혜다.

수천수의 직관

수천수의 수需는 기다린다는 의미다. 친구親舊라는 글자는 애틋하다. 재회를 약속한 친구가 언제 올까, 먼 길이 보이는(볼 견見) 언덕에 올라(설 립立) 한 손으로는 나무를 짚고(나무 목木) 마냥 기다리는(오랠 구舊) 속정 깊은 벗의 모습이 자연스럽게 떠오르기 때문이다.

수천수를 맞은 사람은 아직 운이 당도하지 않았기에 친구를 기다리는 심정으로 참고 기다려야 한다. 답답한 마음이 해소되지 않겠지만 이런 때일수록 서두르면 실패하기 마련이다. 지금은 적합한 때를 기다려야 하는 시간이다. 기다림이 짙은 만큼 자신의 힘을 기르는 데 집중한다면 언젠가 날개를 펼쳐 크게 날아오를 날이 있을 것이다.

6장

다퉈야 하는 상황에서
한 번 더 생각하는 것이 용기다

☰

천수송.
명분도 실리도 없이 진흙밭에서 다투다

천수송天水訟은 상괘가 하늘에 해당하며, 하괘가 물에 해당한다. 팔괘의 자연명으로 천괘가 위에 있고 수괘가 아래에 있으니 천수이며, 그 의미에 해당하는 송訟이 합쳐져 천수송이라는 괘명을 갖게 되었다. 송訟은 논쟁하다, 호소하다, 송사한다는 의미를 갖고 있다.

이 괘의 형상을 보면 상괘의 하늘은 강건하고 하괘의 강물은 격랑이 일며 도도히 흘러가는데 각자의 길을 가고 있다. 서로 자기의 기세를 내세우며 타협하지 않으니 결국에는 다툼이 일어난다. 군자는 이것을 경계해 일을 시작할 때 애초에 갈등이나 분쟁이 일어나지 않도록 충분히 살핀다.

수천수 다음에 천수송이 오는 까닭은 아이를 양육하기 위한 음식물이 있기 때문이니, 이익이 있으면 다툼이 따르는 이치다. 천수송괘의 직관을 정리하자면 다음과 같다.

"이전투구泥田鬪狗의 상황, 이겨도 상처뿐인 영광이다. 쓸데없는 고집을 버려라."

승리란 상대를 죽이는 것이 아니라
자신을 살리는 것이다

간사한 무리를 소탕하고 아첨하는 이들을 막아내려면 한 쪽의 길을 열어주는 것이 필요하다. 만일 한 번의 기회도 주지 않는다면 쥐구멍을 막아버리는 것과 같으니, 모든 길이 막혀버린 쥐는 모든 좋은 물건들을 다 물어 뜯고 부숴버릴 것이다.

《채근담菜根譚》에 나오는 말이다. 《채근담》은 중국 명나라 말기 환초도인還初道人으로 불린 홍자성이 인생의 갖은 고락을 경험한 뒤 유교를 중심으로 불교와 도교의 철학을 가미해 저술한 책이다.

여기서 말하는 것은 '싸움의 기술'이다. 승부를 마무리할 때 협상의 여지를 남겨야 무사히 이길 수 있다. 상대를 끝까지 몰아세우기보다는 조금의 이익이나 명분과 같은 출구를 마련해줌으로써 패배라는 선택지를 빠르게 선택할 수 있도록 유도하는 것이다. 어떤 희망도 없이 막다른 곳에 몰리게 되면 쥐가 고양이에게 덤비듯이 저항이 극렬해지고 다툼이 길어질 수 있다. 그래서 여지를 남기는 것은 패배하는 이뿐만 아니라 승리하는 이 또한 피해를 최소화할 수 있는 방식이다.

미국의 초대 대통령 조지 워싱턴이 젊었을 때의 일이다. 조지 워싱턴과 시비가 붙은 동네 청년 하나가 그에게 결투를 신청했다. 남자다움을 중시하던 시대였으므로 워싱턴도 결투에 응했다. 그리고 결투를 하루 앞둔 날 저녁, 집에 돌아온 워싱턴은 결투에 대해 곰곰이 생각했다. 이 결투에 어떤 명분이 있고, 어떤 이익이 있는가? 이렇게 돌이켜 보면서 워싱턴은 청년이 흥분할 만했고, 자신에게도 잘못한 점이 많다는 것을 깨닫게 되었다.

여기서 워싱턴은 작은 용기가 아니라 더 큰 용기를 냈다. 자칫 또래들에게 비겁해 보인다고 손가락질 받을 수 있음에도 다음날 일찍 청년을 찾아가 자신의 잘못을 사과한 것이다. 그 모습을 지켜본 누군가는 워싱턴은 장차 분명히 큰 인물이 될 것이라고 예언했다고 한다.

진흙밭의 개싸움에 무슨 명분이 있고 이익이 있겠는가? 우리는 상황에 휘둘려 어리석은 싸움을 벌이는 경우가 많다. 그렇기에 처한 상황에서 무엇이 더 큰 용기일지 생각해 볼 필요가 있다. 《손자병법》에도 저 유명한 '싸우지 않고 이기는 것이 가장 좋은 계책(상책上策)'이라는 말이 나오듯이 감정에서 벗어나 상황을 냉철하게 판단해서 원하는 바를 얻어야 한다.

고개를 숙일 줄 안다는 것은
그만큼 강하다는 증거다

자타가 공인하는 세계 최강국인 미국이 20세기 들어 가장 크게 체면을 구긴 역사는 베트남전쟁에서의 패전이다. 베트남전쟁의 직접적인 계기는 1964년에 벌어진 통킹만 사건이다. 8월 초, 미국의 구축함 매독스호가 북베트남 해안의 통킹만에서 군사 정보를 수집하던 중 초계정의 공격을 받았고, 미국의 구축함인 터너조이호 역시 어뢰정의 공격을 받았다는 보고가 상부에 올라갔다.

당시 미국의 대통령이었던 린든 존슨은 초기 보고에 근거해 의회에 미국이 보복을 할 권한을 달라고 요청했으니, 결국 선전포고도 없이 전쟁을 일으키겠다는 의지의 표명이었다. 이 일을 계기로 미국은 베트남 내전에 본격적으로 개입하게 되었다.

그런데 훗날 통킹만 사건에 대해 조사해보니 양쪽 군함에 승선한 장교들의 미숙함과 날씨 등이 1차적인 원인이었으며, 공격은 전혀 일어나지 않았을 수도 있음이 밝혀졌다. 결국 자신의 힘을 과신했던 미국 정부가 제대로 된 조사도 없이 전쟁에 무리하게 뛰어든 것이다. 법은 최후의 수단이어야 한다는 말이 있는데 전쟁은 두말할 나위가 없는 것이다. 전쟁, 소송은 갈등 상황에서 언제나 가장 마지막 수단이어야 한다.

부패한 음식에 벌레들이 끓듯이, 이익이나 권력이 있는 곳에는 여러 인간 군상들이 모여들고, 서로 더 많이 가지기 위해 부정과 편법을 동원하며 다툼이 일어나기 마련이다. 서로 공감하는 측면이 없으니 각자 자기 말만 앞세우고 분쟁만 심해질 뿐이다. 만약 당사자들끼리 다툼을 멈출 수 없는 지경에 이르렀다면, 중재할 수 있는 제3의 방안이나 제3의 인물을 찾는 것도 훌륭한 지혜가 될 것이다.

천수송의 괘사에는 두려워해 중지하면 길하고, 마지막까지 가면 흉하다고 나와 있다. 이 괘를 만났을 때, 아직 분쟁이 시작되지 않았다면 미연에 다툼을 방지해야 하고, 다툼이 이미 시작되었다면 적당한 선에서 그치는 것이 좋다. 용서는 강한 자만이 할 수 있는 법이다. 한 발 물러서거나 적당한 선에서 타협하면 손해를 줄이고 후일 더 큰 이익을 얻을 것이다.

천수송은 불길한 다툼을 만났을 때, 깊이 휘말리지 말고 적절한 선에서 스스로의 선택으로 갈등을 그칠 수 있는 직관을 가지라고 말한다.

천수송의 직관

천수송은 말 그대로 소송을 하는 괘다. 사람들과의 갈등과 다툼이 생긴다는 것을 의미한다. 자신이 합리적이고 옳다고 해도 좋은 결과를 기대하기 어렵다. 싸움에서 패하기 쉬우니 양보하는 것이 좋다. 혹 이기더라도 상처뿐인 영광이 된다. 이러한 다툼은 가급적 피하는 것이 좋다. 쓸모없는 고집을 부리면 반드시 후회할 일이 생기는 괘이니 물러서서 자중자애해야 한다.

7장

전쟁의 승패는 이미
전쟁 전에 결정되어 있다

䷆

지수사.
군사 제갈량, 군주에게 출사표를 바치다

지수사地水師는 상괘가 땅에 해당하며, 하괘가 물에 해당한다. 팔괘의 자연명으로 지괘가 위에 있고 수괘가 아래에 있으니 지수이며, 그 의미에 해당하는 사師가 합쳐져 지수사라는 괘명을 갖게 되었다.

사師는 스승이라는 뜻이지만 여기서는 군사軍師, 즉 큰 시각에서 전쟁을 바라보며 전략을 짜고 지휘하는 장군이다. 한나라의 한신이나 촉나라의 제갈량처럼 전쟁을 이끄는 최고 사령관을 말한다.

이 괘의 형상을 보면 두 번째 효만 양효고 나머지는 모두 음효다. 두 번째 효는 하괘의 중앙을 얻었고 유일한 양효이기 때문에 막강한 권한을 갖고 있는 장수다. 따라서 상괘의 중앙, 다섯 번째 효인 군주가 자신과 대응되는 두 번째 효인 장군, 군사에게 모든 것을 맡긴 상황이다.

또한 상괘가 땅이고, 하괘가 물이니 땅 속에 물이 있는 것이 지수사다. 땅 속에 고여 있다가 온천이나 우물로 사람에게 유용하게 활용되기도 하는 것이 물의 특성이다. 병사도 마찬가지다. 여느 때에는 저마다의 생업에 종사하는 백성들 속에 훗날 전쟁이 벌어졌을 때 무기를 들고 나설 병사들도 나오는 것이다.

천수송 다음에 지수사가 나오는 까닭은 시비가 일어나면 당파가 생기고, 당파 가운데 가장 큰 것이 군대이기 때문이다. 시비가 국가 간의 전쟁처럼 거대한 규모 혹은 대의명분을 건 다툼이라면 반드시 싸워서 이겨야 한다. 지수사괘의 직관을 정리하자면 다음과 같다.

"전쟁의 승패는 이미 결정되어 있다. 평소에 훈련을 철저히 하라. 현명한 장수는 백성 속에서 군사를 준비한다."

피할 수 없다면 힘껏 부딪쳐라

'돌이킬 수 없는 전쟁은 이미 시작되었다'라고 느껴지는 순간이 있다. 카이사르가 루비콘강을 건너며 "이미 주사위는 던져졌다"라고 외쳤던 말은 현대에 이르기까지 돌이킬 수 없는 결단을 내렸다는 의미로 곧잘 사용된다. 이 괘가 맞이한 국면은 바로 그렇게 루비콘강을 건넌 것 같이 피할 수 없는 전란의 상황이다.

제갈량이 처음 유비의 군사가 되었을 때 형제의 의로 오랫동안 유비를 모셨던 관우와 장비로부터 경원시되었다. 특히 장비는 드러내놓고 제갈량을 무시했다. 유비가 제갈량을 일컬어 자신과는 '물과 물고기같이 긴밀한 관계'(수어지교水魚之交)라고 하자, 장비는 제갈량이 지나갈 때마다 '물이 온다', '물이 간다'라고 빈정거렸다.

이에 출전을 앞두고 제갈량은 유비로부터 군사의 상징인 패검佩劍을 달라고 요청했다. 그리고 전투에 나서며 군주의 패검을 높이 들고 군율의 엄격함을 내세우니 아무도 감히 시비를 걸지 못했다. 이처럼 전투와 같은 극단적인 상황을 맞았을 때에는 패검과 같이 조직을 엄격히 통제하고 규합할 수 있는 상징과 권위가 필요하다.

이 괘를 얻은 사람이 처한 상황은 전란과 같이 불안하고 변화가 많은 격동의 상황에서 모두가 오직 그만을 의지해 따라오는 형국이다. 전쟁에 이기려면 명분이 있어야 한다. 명분을 쥐고 있으려면 정당함을 잃어서는 안 된다. 그리고 어쩔 수 없이 전쟁을 한다면 위험을 무릅쓰고 반드시 이겨야 한다. 다툼은 되도록 피하되 더 이상 물러날 수 없다면 정당한 명분을 틀어쥐고 전심전력을 다해 승리해야 하는 것이다.

병사는 백성 속에 있다

조지 캐틀릿 마셜은 20세기 미국의 가장 위대한 장군으로 꼽힌다. 그는 엘리트 코스인 웨스트포인트 사관학교를 졸업하지 않았고, 야전에서 전투 지휘관으로 활약하지도 못했다. 다만 필리핀 제도에서 다양한 임무를 수행하면서 참모장교로 많은 경험을 쌓을 수는 있었다. 그러면서 점차 실력을 인정받아 차근차근 승진했고, 2차 세계대전이 발발하자 참모총장으로서 전략 기획을 담당했다.

그는 직접 전투에 참여하지는 않았지만 미군 병력을 이전의 20만 명에서 800만 명까지 육성시켰고, 조지 스미스 패튼, 오마 브래들리, 드와이트 아이젠하워 등 뛰어난 인재를 발굴해 전쟁을 승리로 이끌었다. 전쟁이 끝난 후 1947년 마셜은 국무장관으로 '마셜플랜'이라 불리는 유럽 부흥계획을 세워 유럽 경제를 위기에서 벗어나도록 이끌며 그 수준을 한 단계 도약시켰다.

전쟁에 승리하기 위해서는 닥친 전장에서 전투를 잘하는 것만이 능사는 아니다. 병력을 늘리고, 좋은 장군을 발굴하고 민심을 관리하는 등 무엇보다 사람을 잘 다스려 평소에 전쟁을 대비하는 것이 가장 핵심적인 승리의 관건이다. 지수사괘에서 말하듯이 평소에는 농사를 짓는 백성들이 위기에서는 병사가 되기 때문이다.

지수사괘에서 병사는 백성 속에 있다고 했다. 전쟁은 시작되기 이전부터 승패를 어느 정도 가늠할 수 있다. 평소 주변사람들에게 신뢰를 바탕으로 세력을 구축해뒀다면 다툼에서 이미 반 이상 이긴 것이나 다름없다. 만일 그렇지 못하고 갑자기 이 괘를 맞이했다면, 욕심 내지 말고 주위 사람들을 잘 아우르며 자기 역량 한도 내에서 최선의 성과를 거두도록 해야 할 것이다.

지수사의 직관

이 운을 맞이한 사람은 신세가 편치만은 않다. 여기저기서 복잡한 일들이 벌어지고 다툼이 생길 수도 있다. 하지만 이 괘는 전쟁을 이끄는 최고 지휘관이 된다는 의미도 갖고 있으니 자신의 말 한 마디에 군사들이 일사불란하게 움직일 것이다. 따라서 스스로의 판단에 승패가 달려 있다는 것을 명심하고 자신의 중심을 굳건히 지키며 난관을 이겨내야 할 것이다. 그렇게 어려운 문제를 해결하고 나면 당연히 그 열매는 더욱 탐스러울 것이다.

8장

사냥개를 삶아 먹어야
사냥이 진짜 끝나는 것이다

䷇

수지비,
평화의 시기, 나라를 재건하다

수지비水地比는 상괘가 물에 해당하며, 하괘가 땅에 해당한다. 팔괘의 자연명으로 수괘가 위에 있고, 지괘가 아래에 있으니 수지이며, 그 의미에 해당하는 비比가 합쳐져 수지비라는 괘명을 갖게 되었다. 비比에는 같은 동료끼리 힘이나 실력을 견주다, 모방하다, 서로 돕는다는 뜻이 있다.

수지비의 형상을 보면 땅 위에 물이 있으니 물이 땅에 스며들어 빈틈 없이 밀접하게 하나가 되어 흐른다. 군자는 이 모습을 보고 화광동진和光同塵(빛을 감추고 티끌과 함께하다)하니 세상과 섞여 친밀하게 지낸다.

지수사 다음에 수지비가 나오는 것은 무리가 하나의 지휘관, 하나의 목적을 향해 모이면 서로 돕는 바가 있기 때문이다. 또한 전쟁이 끝나고 평화가 오면 서로의 지난 날을 용서하고 협력하기 때문이다. 괘의 형상

또한 다섯 번째 임금의 자리에 있는 양효를 나머지 다섯 개의 효가 합심해 받들고 있다. 하나의 목적을 향해 돕는 형상이다. 수지비괘의 직관을 정리하자면 다음과 같다.

"사냥이 끝나면 사냥개는 필요 없다. 전쟁이 끝나면 소아를 버리고 대의를 위해 협력하라."

느리더라도 더불어 갈 수 있는
소에게서 배워라

유비의 책사였던 방통이 오나라에 있는 친구인 고소, 전종, 육적을 만나고 와선 사람들에게 이렇게 말했다. "육적은 말을 달리면 빨리 갈 수 있다고 했고, 고소는 소가 무거운 짐을 실을 수 있다고 했다."

사람들은 이 말을 듣고 "선생은 육적이 더 낫다고 보십니까?"라고 물었다.

방통은 이렇게 답했다. "말은 빨리 달릴 수 있지만, 한 사람만을 태울 수 있다. 하지만 소는 하루에 백 리밖에 못 간다고 하더라도 사람뿐만 아니라 짐까지 실을 수 있다." 방통은 에둘러 고소가 육적보다 낫다고 대답한 것이다.

난세에는 말이나 사냥개 같은 전투에 뛰어난 짐승의 덕목이 필요하다. 하지만 전쟁이 끝난 다음 공동체에서는 빠르고 맹렬하게 공을 세우는 능력보다 여럿이 어울려 함께 갈 수 있는 덕목이 더 중하게 요구된다.

사업가가 정치를 하거나 사회생활 혹은 가정에서 종종 난관에 봉착하는 이유가 여기에 있다. 사업가는 효율을 중시하는 경향이 있어서 소수를 버리는 판단을 하는 경우가 많다. 하지만 공동체가 효율만 중시할수는 없다. 그래서 큰 사업은 정치와 비슷하다.

사회적 연결망이 강력해지는 앞으로의 비즈니스 또한 점점 사회적역량을 중시하는 방향으로 향하고 있다. 공동체를 공동체로서 유지하기위해서는 낙오한 구성원들과도 함께 가야 한다. 나와 의견이 다른 사람을 포기하지 말고 서로의 의견 차를 좁혀가면서 함께 가야 한다. 덜 효율적이더라도 공정해야 한다. 그래서 당장의 빠른 결과물보다 절차를 중시하는 것이다.

수지비는 느리더라도 많이 싣고 가는 소에게서 배워야 한다고 말한다. 각자가 스스로를 내세우며 다투지 말고, 자신이 가진 장기를 발휘해나보다 공동체의 이익을 위하라는 것, 그것이 수지비에 내포된 핵심적인 지혜다.

조화와 협력은 망설이지 말고
단호하게 실행하라

전쟁이 끝나면 자신이 더 이상 적진을 뚫고 나가는 지휘관이 아니라는사실을 받아들여야 한다. 새로운 상황에 적응해야 하니 평화 국면에 맞게 다양성을 인정하고 온건하면서 조화로운 태도가 필요하다.

당연하겠지만 동족상잔의 비극은 한국에서만 있지 않았다. 중앙아프리카의 르완다는 끔찍한 학살의 상처를 다독이며 서로 협력하면서 미래로 나아가고 있는 나라다. 1918년 이후 벨기에는 르완다의 두 종족을 분리해 통치하는 전략을 사용했다. 목축업에 종사하고 상대적으로 부유하지만 15%에 불과했던 투치족을 지배계급으로 삼고, 농경에 종사하는 나머지 후투족을 피지배계급으로 삼은 것이다. 벨기에는 투치족에서 왕을 선출하고 그들을 검은 아리아인이라고 치켜세우며 후투족과는 다르게 대우했다. 외세에 의해 얼떨결에 정권을 장악하고 기득권 세력이 된 투치족은 잔혹한 통치를 시행했다.

그러다 점차 벨기에의 통치력이 약화되고, 1959년 투치족의 왕이 사망하게 되자 후투족이 전국적인 혁명을 일으켜 수십만 명의 투치족을 살해했다. 이후 내전과 평화협정을 반복하다 1994년 또 한 번의 대학살이 있었는데, 당시 몇 달에 걸쳐 피로 물든 강물 위로 시신이 떠다녔다고 전한다.

학살은 1994년 7월 투치족 출신의 장군 폴 카가메가 수도 키갈리를 장악하면서 멈춰졌다. 카가메는 온건파 후투족을 왕으로 내세웠고, 복수 대신 용서를 택했다. 전국에 만 곳이 넘는 마을 법정을 세워 가해 사실을 인정하고 용서를 구하는 후투족은 가벼운 징역이나 노역으로 죄를 씻을 수 있도록 했다. 이후 카가메는 2003년 민주적인 선거에 따라 대통령이 되었고, 장관 가운데 절반을 후투족으로 세우고 국제기구의 도움을 받아 세계에서 가장 진보적인 헌법을 만들었다. 여성에게 공무원

정원의 30%를 할당하는 제도를 실시했는데, 여성 국회의원 비중이 절반을 넘는 나라는 전 세계적으로 르완다밖에 없다고 한다. 이렇게 서로 다른 종족과 서로 다른 성별이, 서로 다른 이들이 동등한 대우를 받으며 함께 협력할 수 있다는 것이 수지비가 말하고자 하는 바다.

어떤 화가가 그린 '평화'라는 제목의 그림에는 물고기가 하늘을 날고, 바다 속에서 새가 헤엄을 치고 있었다. 화가는 평화의 시기에는 모든 것이 가능하다는 의미라고 자신의 작품을 설명했다. 평화 시에는 이렇게 다채로운 색깔을 존중하고 서로 협력할 줄 알아야 한다.

수지비의 비比에는 친구끼리 어깨를 견준다는 비견比肩이란 의미도 있다. 친구를 만난 것이니 협력을 할 수도 있고 어깨를 견주며 경쟁할 수도 있다는 의미지만, 협조의 의미가 일차적이며 좀 더 강하다. 모두가 하나의 뜻으로 모이니, 평소 불편한 관계였던 사람도 찾아와 친밀하게 된다는 의미가 있다. 다만 이 모임에는 늦으면 흉하다는 의미도 있다. 따라서 목표가 분명해졌으면 망설이지 말고 행동에 옮겨야 한다.

이 괘를 얻은 사람은 화합의 형국을 맞이했으니, 혼자서 일을 추진하거나 독선적인 태도를 보이면 흉하다. 미적거려도 흉하다. 적극적인 태도로 나서야 한다. 친절한 사람들의 도움을 받아서 성과를 거둘 수 있을 것이다.

수지비는 전쟁이 끝나고 평화의 시기를 맞아 자신의 공을 너무 나서서 드러내지 않는 것, 평화의 시기를 맞아 적극적으로 화해하고 대동단결하는 것의 중요성을 말한다.

수지비의 직관

수지비는 비교해야 하는 상대가 있다는 뜻이니 경쟁의 의미도 내포하고 있다. 기본적으로 동료이니 어려운 일이나 난관을 맞이했을 때에는 자신을 도와줄 친구를 만난다는 의미가 있지만, 하나의 성과를 놓고 다투는 형상이기도 하고 특히 이성문제에서는 한 사람을 두고 여러 사람이 다투는 경쟁의 의미가 더 강하다. 전반적으로는 협력의 의미가 강하니 큰 기업에서 서로 다른 팀끼리 경쟁하지만 하나의 목표를 향해서 달려나가는 것과 같다. 이렇게 큰 사업이나 사회적인 문제를 해결할 때, 서로를 인정하며 각자의 강점을 살려 협력하며 해결해나가라는 것이 수지비의 지혜다.

9장

지름길만 찾으면
오래 제자리걸음을 하게 된다

☰

풍천소축.
거침없이 달리던 욕망의 수레바퀴가 망가지다

풍천소축風天小畜은 상괘가 바람에 해당하며, 하괘가 하늘에 해당한다. 팔괘의 자연명으로 풍괘가 위에 있고 천괘가 아래에 있으니 풍천이며, 그 의미에 해당하는 소축小畜이 합쳐져 풍천소축이라는 괘명을 갖게 되었다. 소축小畜은 조금 쌓는다, 머무른다는 의미다.

풍천소축괘의 형상을 보면 하늘에서 바람이 부는 형상이다. 하늘은 강건한 것이고 바람은 유순한 것이다. 바람 아래 하늘이 있으니 유순한 바람이 강건한 것을 멈추게 해 머무르는 형상이다. 바람은 흩어지니 많이 쌓을 수는 없다. 소축은 이처럼 잠시 머무른다, 조금 쌓는다는 뜻이다. 군자는 이러한 형상을 보고 욕망을 위해 달려가지 않고, 문예를 아름답게 하고 덕을 쌓는다고 했다.

수지비 다음에 풍천소축이 오는 까닭은 서로 도와서 일하면 재화가 쌓이는 바가 있기 때문이다. 소축에는 적게 쌓는다는 의미가 있고, 또한 잠시 머무른다는 의미가 있다. 곡식이 창고에 쌓였을 뿐 군주의 명이 내려지지 않아 분배되지 않았다. 그러니 일을 마쳤으나 아직 성과가 없다. 잠시 머무르며 기다려야 한다. 풍천소축괘의 직관을 정리하자면 다음과 같다.

"달리던 수레의 바퀴가 망가졌으니 넘어진 김에 잠시 쉬어간들 어떠리. 급할수록 돌아가라."

"천천히 가면 반나절, 급하게 가면 하루가 걸릴 게요"

《채근담》에 있는 이야기다.

입은 명아주로 채우고, 창자는 비름나물로 채우는 사람은 얼음처럼 맑고 옥처럼 고결한 사람이 많다. 임금의 옷과 임금의 음식을 먹는 자는 오히려 노예와 같은 얼굴로 무릎을 굽히고 아첨을 한다. 무릇 뜻은 담박澹泊(마음이 순수하고 욕심이 없음)함으로써 밝게 되고, 절개는 살찌고 달콤한 데서 잃게 된다.

세속에서 쌓인 욕망의 찌꺼기를 빼는 시간은 곧 자신이 맑아지는 순간이다. 잠시 욕망의 수레가 멈췄다고 해서 괴로워하지 말자. 당장은 제자리걸음을 하는 것 같아도 자신을 정비하는 시간을 통해 더 멀리 달려가는 준비를 하는 것이고, 결과적으로는 더 신속하고 안정적으로 목적을 이룰 수 있을 것이다.

한 남자가 급히 다른 마을에 물건을 전달할 일이 있어 수레를 타고 가다 지나가는 사람에게 건너 마을까지 가는데 얼마나 걸릴지를 물었다. 질문을 받은 행인은 이렇게 답했다. "천천히 가면 반나절, 급하게 가면 하루가 걸릴 게요."

남자는 참 희한한 대답도 다 있다고 생각하며 급하게 말을 달렸다. 그러다 3분의 2 정도 갔을 때 돌부리에 수레가 걸려 넘어지면서 수레를 고치느라 시간이 지체되었다. 그제야 그는 행인이 무슨 말을 했는지 알게 되었다. 그 길에는 돌부리가 많아서 급하게 달렸다가는 수레가 부서질 수 있음을 경고한 것이다.

이 괘를 얻은 사람은 여의치 않은 국면을 맞이했다. 자신을 공격하는 사람이 많아지고 강력하게 추진하던 일은 험지에 빠질 것이 예상된다. 이럴 때일수록 오히려 인상을 펴고 외유내강을 전략으로 삼아야 한다. 풍천소축은 수레에 물건을 채우고 급히 서둘러 달리다 바퀴가 빠지듯, 이익이 발생했을 때 욕심을 부려서 서두르면 사건 사고가 발생하고 오히려 더 일이 지체됨을 말한다.

신호등의 빨간 불 앞에서는
멈춰서야 한다

1997년 11월 21일 한국 정부는 국제통화기금에 구제금융을 신청한다. 이른바 IMF사태의 시작이었다. 기업들은 줄도산을 했고 연일 빚더미에 올라선 가장들의 비극적인 소식들이 언론을 장식했다. 이러한 위기는 시간이 지나 극복되었지만 그 과정에서 우리 사회는 양극화가 극도로 심해졌다.

이러한 국가적 비극이 발생한 까닭에 대해 다양한 해석이 오갔다. 그러나 욕망의 수레바퀴를 멈추지 못하고 더 크고 빠른 성과를 위해 질주했던 당시 사회 분위기만큼은 공통적으로 꼽히는 원인 가운데 하나다. 국민소득이 1만 달러를 넘어서고 OECD에 가입한 성공의 이면에는 지나친 상호출자, 상호보증과 같은 불건전한 경제 구조라는 그늘이 있었고, 결국 외환보유고의 부족을 발단으로 급하게 쌓아올린 탑이 그만큼 급하게 무너졌다.

쉬운 일은 아니지만 사회든 개인이든 풍족할 때일수록 잠시 멈추고 주변을 둘러보며 중심을 바로잡고, 내부에 문제는 없는지 수시로 점검하며 미래를 대비해야 한다. 지름길을 찾는답시고 흐름에 역행하는 일을 벌여서는 길만 더 지체될 뿐이다.

오래 누적된 오만방자한 생활이나 거침없는 욕망의 결과로 난관을 만나 자동차 바퀴가 빠진 것처럼 되었다면, 더 늦기 전에 지나온 길을 돌아봐야 한다. 그리고 빨간불이 들어온 신호등 앞에 서서 다음 신호를 기다리듯 침착하고 신중하게 처신해야 한다.

1989년 개봉한 〈달마가 동쪽으로 간 까닭은〉은 '땡땡땡' 하는 기차가 온다는 소리가 들리면서 신호등의 빨간 불이 켜지는 장면으로 시작된다. 이에 주인공은 잠시 멈춰 서서 기다린다.

우리는 온갖 세속의 고통에 찌들어 있으면서도 술에 취해 호되게 넘어져도 고통을 모르는 것처럼 세상에 마취되어 자신이 고통받고 있다는 사실조차 깨닫지 못한 채 살아간다. 그러다 심각한 사고나 질병으로 굴신屈伸을 할 수 없는 지경이 되어서야 비명을 지르면서 자신의 삶을 돌아보게 된다.

그 순간이 빨간 신호등 앞에 선 영화의 주인공과 같은 상태다. 그리고 그 빨간 불은 우리에게 고통을 주는 신호처럼 보이지만, 어쩌면 우리에게 삶을 더 나은 것으로 바꿔나갈 수 있는 기회를 주는 것인지도 모른다. 풍천소축은 그 손길을 잡으라고 알려주는 괘다.

풍천소축의 직관

풍천소축은 발전의 속도가 더뎌진다는 의미가 강하다. 따라서 개인이 느끼기에는 마치 멈춰진 상태인 것처럼 생각될 수 있다. 생각했던 것만큼 일의 진척이 없어서 다소 답답할 수 있다.

그러나 급하게 서둘러 가고자 하면 수레의 바퀴가 연이어 빠지는 것처럼 더 큰 어려움을 겪을 수 있다. 찬밥 더운밥을 가릴 겨를이 없는 절박한 상황일수록 신뢰와 성실, 중용이라는 기본을 잊지 말아야 한다. 작은 걸음이 큰 걸음이 될 날이 올 것이다. 높은 피라미드를 만들기 위해서는 충분히 넓은 반석을 만들어야 한다는 것을 명심해야 한다.

마음을 헤아릴 수 있다면 호랑이와도 친구가 될 수 있다

10장

천택리.
컴컴한 밤길에서 대호를 만나다

천택리^{天澤履}는 상괘가 하늘에 해당하며, 하괘가 연못에 해당한다. 팔괘의 자연명으로 천괘가 위에 있고 택괘가 아래에 있으니 천택이며, 그 의미에 해당하는 리가 합쳐져 천택리라는 괘명을 갖게 되었다. 리^履는 일반적으로 밟는다는 의미가 있는데 한편으로 예의라는 뜻도 내포하고 있다.

천택리괘의 형상을 보면 가장 강하고 높은 하늘이 위에 있고, 가장 낮은 연못이 아래에 있다. 이러한 형상을 보고 군자는 상하의 구별을 알고, 구별이 있으니 서로 존중하기 위해 예의를 정해 백성을 안정시킨다고 했다.

풍천소축 다음에 천택리가 오는 까닭은 재화가 쌓인 다음에는 예도가 생겨나는 이치를 일컬으며, 따라서 밟는다는 의미의 리는 조심스럽게 예법을 밟아나가는 괘다. 천택리괘의 직관을 정리하자면 다음과 같다.

"호랑이의 꼬리를 밟은 것 같은 위기일발의 상황에서 예도禮度의 강력함을 믿는다."

호랑이를 앞에서 맞지 말고
웅크리고 기다려라

《장자》에 나오는 이야기다. 공자가 가장 아꼈다는 제자 안회가 공자에게 위나라로 여행을 하고 싶다고 했다. 공자가 그곳에서 무엇을 할 것인지를 물으니 안회는 독단으로 나라를 다스리고 자신의 잘못을 돌아볼 줄 모르는 위나라 군주를 감화시키겠다고 답했다. 이에 공자는 '재계하라'는 가르침을 내렸다.

마음의 움직임을 하나에 집중해 모든 일을 귀로 듣지 말고 마음으로 들어라. 영감을 닦아 마음을 맑게 하여 마음으로 듣지도 말고 기氣로 들어라. 귀에 좋고 나쁜 감정을 덧붙이지 말고 음성 자체로만 들어서 다른 일을 만들지 말고, 마음은 선악의 의식을 덜고 투영되는 인상만 받아들여라. 그렇게 기를 무의 상태로 만들어 모든 사물과 대응하라. 도는 무의 상태에서 얻어지는 것이다. 무의 상태가 되는 것이 바로 마음을 재계하는 것이다.

천택리의 호랑이 꼬리를 밟듯 조심한다는 것은 이처럼 재계하듯이 심신을 정성스럽게 삼간 채 나아간다는 것이다. 인류 역사에서 사유재산이 생기면서 법이 필요해진 것처럼, 재화가 풍성해지면 그것을 분배할 규칙과 이견을 조정할 지도자나 정부가 필요해진다. 또한 사회에서는 재화를 놓고 이전투구하지 않기 위해서 서로 조심스럽게 지켜나가야할 예법도 자연스럽게 생겨난다. 이 괘는 이처럼 이익을 앞에 두고 먼저 예의를 깃출 깃을 밀힌다.

천택리는 옛 동화에 비유하자면 배고픈 아이들이 외할머니 댁에 가서 떡 광주리를 얻어 집으로 돌아가다 호랑이를 만나 '떡 하나 주면 안 잡아먹지'라는 상황과 맞닥뜨린 것이다.

이 괘를 얻은 사람은 자기에게 위협이 되는 매우 강력한 세력을 만난 형국이다. 이러한 시기에는 아예 맞서 싸울 생각을 하지 말고 타협을 하거나 설사 도망을 치더라도 매우 조심스럽게 시도해야 한다. 상대방의 감정이나 생각을 잘 읽고 적절하고 신중하게 대처해야 하는 것이다.

예를 갖춘다면 맹수에게도
손을 내밀 수 있다

20세기 세계사에서 가장 중대한 사건 가운데 하나로 꼽히는 '쿠바 미사일 위기'는 인류에게 천택리와 같은 상황이었다. 쿠바는 미국 플로리다 반도에서 불과 200여 킬로미터 정도밖에 떨어져 있지 않은 곳이다.

1962년 당시 소련이 중거리 핵미사일을 쿠바에 배치하려고 하자, 미국의 입장에서는 도저히 가만둘 수 없었다. 소련의 입장에서 쿠바란 꼭 먹고 싶은 음식 같은 존재였다. 당시 미국은 소련에 비해 대륙간탄도미사일의 수위에서 다섯 배나 많은 우위를 점하고 있었지만, 쿠바에 소련의 핵미사일이 배치된다면 힘의 균형이 무너지고 말 형편이었다.

케네디 당시 미국 대통령은 이 문제를 국제연합안전보장이사회에 안건으로 등록하고, 긴급 미주기구회의를 개최해 즉각적인 핵미사일 철거와 미사일기지 파괴를 요청했다. 이어서 국가안전보장회의를 개최해 쿠바에 대한 공중폭력과 상륙작전은 피하고 해상봉쇄를 결정하면서 소련과 협상의 여지를 열어갔다.

결국 소련은 1962년 10월 26일 미국이 쿠바를 침공하지 않는다는 것을 보장하면 미사일을 철거하겠다는 의견과, 10월 27일 양측의 상호 철수를 제안했다. 미국은 26일 이 제안을 수락했고, 흐루시초프 당시 소련 제1서기가 미국의 요구를 전적으로 받아들이면서 쿠바 미사일 위기가 일단락되었다. 이때 케네디 대통령이 참모들의 의견을 수렴하고, 물밑에서 벌였던 양국의 치열했던 외교적인 노력이 자칫 치킨게임과 같은 핵전쟁으로 공멸에 이를 수 있었던 세계를 구한 것이다.

천택리는 이처럼 호랑이 꼬리를 밟은 상황에서 협상과 인간에 대한 예의를 바탕으로 위기를 벗어나라는 교훈을 전하는 괘다. 천택리의 국면에서 소인배는 교만하게 자신을 과시하려다 물려죽는 반면, 맹수의 괘를 만나도 군자가 몸에 상처 하나 입지 않는 까닭은 유화적인 태도로 인내하기 때문이다. 오히려 부드럽고 여유 있는 마음가짐으로 맹수와 화합하면 친구가 될 수도 있다.

'리'는 예의를 잘 갖춰 위기를 모면한다는 의미가 있으니 일상에서도 항상 예법에 맞게 행동하며 상대방을 서운하게 하거나 누군가에게 흠 잡힐 일을 피하도록 노력해야 한다. 서로에게 필요한 것이 무엇인가를 잘 분별해 이익도 예법에 맞게 나누면 상대방도 수긍할 것이다.

천택리는 야심한 밤 산에서 호랑이의 안광이 번쩍이는 것처럼 큰 위험이 도사리고 있는 상황에서도 실타래를 풀듯 차근차근 하나씩 문제를 풀면 위기를 벗어날 수 있음을 가르쳐준다.

천택리의 직관

천택리는 호랑이 꼬리를 밟는다는 괘다. 위험한 일을 하고 있으니 매사에 신중해야 한다. 남의 의견을 잘 들어야 한다. 적극적으로 나서기보다는 수동적으로 뒤따라가야 성공한다. 양 다섯에 하나의 음이 있으니 애정관계가 복잡해질 수 있다는 뜻으로도 해석할 수 있다. 연애사에서 실수하지 않도록 주의해야 할 것이다.

호랑이에게 물려가도 정신만 차리면 산다. 위험한 상황에 처해도 의연하게 예법을 지킨다면 위기에서 벗어날 수 있을 것이다.

11장

평화란 넘치면 덜고
모자라면 보태는 것이다

≡

지천태.
강자와 약자가 서로 도움을 주고받다

지천태^{地天泰}는 상괘가 땅에 해당하며, 하괘가 하늘에 해당한다. 팔괘의 자연명으로 지괘가 위에 있고 천괘가 아래에 있으니 지천이며, 그 의미에 해당하는 태^泰가 합쳐져 지천태라는 괘명을 갖게 되었다. 태^泰에는 기본적으로 크다는 의미가 있으며, 안태^{安泰}와 같이 평안하고 태평하다는 뜻도 있다.

지천태괘의 형상을 보면, 위쪽에 낮은 땅이 있고 아래쪽에 높은 하늘이 있다. 땅은 아래로 내려오려고 하고 하늘은 위로 올라가려고 하니, 음양이 서로 잘 호응하고 조화를 이루는 상이다. 군자는 이 괘를 보고 천지에 모자라거나 지나치는 일이 없게 백성을 돕는다.

천택리 다음으로 지천태가 오는 까닭은 예법을 지킨 후에 비로소 평안함이 찾아오기 때문이다. 지천태괘의 직관을 정리하자면 다음과 같다.

"하늘의 도가 땅에 실현된다. 도는 물과 같다. 넘치면 덜고 부족하면 채우는 지혜가 태평함을 가져다 줄 것이다."

세상은 수직적인 서열이 아니라 순환적인 구조다

지극한 선은 물과 같다. 물은 만물에게 이익을 주는 것을 즐기지만 다투지 않고, 뭇 대중이 싫어하는 곳에 머물기에 도에 가깝다(상선약수 수선리 만물이부쟁 처중인지소오 고기어도上善若水, 水善利萬物而不爭, 處衆人之所惡, 故幾於道).

거처하는 곳마다 즐겁게 머무르고, 마음은 연못같이 깊게 하며, 사귀는 것은 어질게 하고, 말은 믿음 있게 하며, 바르게 다스리고 일은 능숙하게 하며, 움직임은 때에 맞게 한다. 무릇 다투지 않는 것을 주로 하니 허물이 없는 것이다(거선지 심선연 여선인 언선신 정선치 사선능 동선시 부유부쟁 고무우 居善地, 心善淵, 與善仁, 言善信, 正善治, 事善能, 動善時 夫惟不爭 故無尤).

《노자》 8장에 나오는 글이다. 물의 도는 위에서 아래로 흐른다. 넘치는 곳에서 부족한 곳으로 흐르는 것이다. 부족한 곳은 채우고 넘치는 곳은 덜어서 균형을 맞추니 상하가 모두 흡족해진다. 물은 자신이 낮아지는 것을 두려워하지 않고, 만물에게 이익을 준다. 어디에 머무르든 그 모양대로 즐겁게 머무른다. 둥근 그릇에는 둥글게, 네모난 그릇에는 네모난 모양으로 머무른다. 그러면서도 깊이를 알 수 없는 물속처럼 그윽하고 심원하고 현묘한 마음을 갖고 있다. 모든 행사를 때에 맞춰서 하니 다투지 않으면서도 큰일을 이룬다.

이것이 군자의 덕이고 지천태의 덕이다. 하늘이 땅 아래로 내려왔으니 그것은 곧 하늘에서 촉촉이 내린 비가 대지를 적시며 곳곳으로 스며드는 것과 같다. 땅은 여기에 응해 만 생명을 길러낸다. 우리의 마음도 이 물과 같아야 만사를 무리함이 없이 여의하게 이뤄낼 수 있다. 이것이 지천태로, 우리네 삶이 어떠해야 하는지를 단순하면서도 선명하게 알려준다.

우리가 지금 살아가는 이곳은 분명한 서열 사회다. 일등부터 꼴찌까지 정교하게 줄을 세워 구분한다. 권력이든 지위든 학력이든 재화든 선명하게 등수를 매길 수 있도록 평가 기준이 마련되어 있다. 그리고 우리는 꼴찌가 되지 않기 위해서 혹은 남들만큼은 살고자, 또는 1등이 되기 위해 치열하게 경쟁하고 있다. 중요한 점은 백성이 없는 왕이 있을 수 없는 것처럼 서민들이 없는 사회에서 부자만 있을 수 없다는 것이다.

가진 자들이 사회를 유지하고 혁명이 일어나지 않을 정도로 최소한만 나눠주기 위해서 끝까지 고군분투하는 모습은 지켜보는 대다수 못가진 자들에게 슬픔을 준다. 그럼에도 여러 금융위기를 거치며 자유시장경제가 가진 약점들을 확인하면서 함께 어울려야 살아남는다는 원리를 이제는 가진 자들도 조금은 깨달은 것 같다.

물건을 소비하는 소비자가 없는 기업은 더 이상 상품을 생산할 수 없다. 사회는 수직적인 서열구조로 되어 있고 승자가 독식하는 것처럼 보이지만, 자신의 재화와 권력을 유지하기 위해서는 싫어도 자신의 것을 나눠야 한다. 인간 사회의 본질은 자연을 닮아 수직적인 서열구조가 아니라 순환적인 구조로 되어 있기 때문이다.

인간은 혼자서 살아갈 수 있는 존재가 아니다

알베르트 슈바이처는 1905년 프랑스 선교사들을 통해 아프리카에서 살고 있는 이들이 의료시설과 의사들의 부족으로 고통받는 것을 알고 그때부터 의학을 공부해 1913년 의학박사학위를 취득했다. 이후 아프리카 가봉으로 건너가 주위 사람들의 도움을 받아가면서 의료 봉사활동을 펼쳤다.

1차 세계대전이 일어나 가봉이 프랑스령이 되면서 슈바이처는 전쟁 포로로 수용소에 감금당하는 고초를 겪기도 했다. 그런 어려움 속에서도 1921년 《물과 원시림 사이에서》를 출간해 아프리카의 상황을 세계에 알렸고, 사람들의 관심과 지지를 이끌어낸 끝에 1924년 다시 아프리카로 향해 대형 병원을 설립했다. 그리고 2차 세계대전 중에도 고국으로 돌아가지 않고 아프리카에서 진료 활동을 계속했다.

지천태는 이런 것이다. 높은 곳에서 일신의 안위와 즐거움만을 추구하지 않고, 기꺼이 낮은 곳으로 가는 것이다. 그 결과 뭇 사람들이 그를 기리고 좇으면서 그 높은 뜻을 널리 퍼뜨린다. 그렇게 조금씩 공동체는 이전보다 더 나아진, 살아갈 만한 곳이 된다. 그것이 지천태의 이치다.

사람 인人이라는 글자도 서로 의지하는 모양으로 생겼듯이 인간은 함께 살아가야 하는 존재다. 모두가 조화를 이뤄 살아가야 하는 사회에서 많이 가진 이들이 조금씩 자신의 것을 덜어서 나누는 구조로 세상이 바뀐다면, 그래서 매일같이 들려오는 이웃들의 신음이 조금씩 줄어든다면, 지천태의 이상도 멀지만은 않을 것이다.

지천태의 직관

지천태는 주역점을 치는 점집 앞에 가장 많이 붙여놓는 괘상이다. 그만큼 길하다는 의미를 갖고 있다. 하늘은 땅으로, 땅은 하늘로 서로 호응을 하니 만사형통의 좋은 기운이다. 서로를 도와 큰일을 해낼 수 있고, 만족할 만한 결과를 얻는다. 넘치는 사람은 자신의 몸을 굽혀 나눠주고, 부족한 사람은 윗사람을 좇아 자연스럽게 결핍된 것을 채우니 큰 평화가 찾아오고 서로 기뻐하는 형국이다.

12장

침몰하는 배에서는
당장 짐부터 버려야 한다

☷

천지비.
혼잡한 나루터에 강을 건널 사람은 많지만 배는 하나뿐이다

천지비^{天地否}는 상괘가 하늘에 해당하며, 하괘가 땅에 해당한다. 팔괘의 자연명으로 천괘가 위에 있고 지괘가 아래에 있으니 천지이며, 그 의미에 해당하는 비^否가 합쳐져서 천지비라는 괘명을 갖게 되었다. 비^否는 부정의 의미로 쓸 때는 '부'라고 발음하지만, 천지비에서처럼 막힌다는 뜻일 때에는 '비'라고 읽는다.

천지비괘의 형상을 보면 상승하는 기운인 건괘는 하늘로, 하강하는 기운인 곤괘는 땅으로 내려가니 서로 각자의 길을 가서 소통이 되지 않는다. 또한 상괘는 밖이고 하괘는 안이니, 소인배가 궁궐 내에서 힘을 키워 점점 자라나고 있음을 의미한다.

이 괘가 맞이한 형국은 천지가 서로 등을 돌려 나라가 없어지는 망국

의 위기를 맞이했으니 극도로 혼란스러운 위기상황이다. 이때 군자는 출세길을 포기하고 생명을 부지한다. 따라서 이 괘를 만났을 때 높은 지위에 있으면 반드시 화를 입으니 군자는 이 괘를 보고 자신의 능력을 감춰서 소인배가 일으킨 난에서 벗어난다.

지천태 다음에 천지비가 오는 까닭은 평안하더라도 교만하면 언제든 운이 막히기 때문이다. 태평함과 비색^{否塞}함(운세가 꽉 막힘)은 서로 상반되는 개념으로 동전의 양면처럼 가까운 것이다. 천지비괘의 직관을 정리하자면 다음과 같다.

"난리가 나면, 작은 것을 버리고 큰 것을 취한다."

당장의 작은 이익을 탐하는 것은 호랑이와 동침하는 것이다

춘추시대 노나라 정경대부의 가신이었던 양화는 나라가 혼란스러웠던 시기에 실권을 쥐고 널리 인재를 모으고 있었다. 공자 역시 자신의 휘하에 두고 싶어 여러 차례 불렀으나 공자는 양화가 의롭지 못한 사람이라고 여겨 나아가지 않았다. 양화는 꾀를 내어 공자가 집을 비운 사이 새끼 돼지 한 마리를 삶아서 선물로 놓고 갔다.

공자는 답례를 하지 않을 수 없어 역시 양화가 집을 비운 사이 양화의 집을 찾아가 잘 받았다는 말을 남기고 나왔다. 그런데 돌아오는 길에 운이 나빴는지 길에서 양화와 마주치게 된다. 양화는 갖은 미사여구를 동원해 공자에게 관직을 가질 것을 청했다. 공자는 길게 이야기를 나누는 것이 부담스러워 장차 관직을 가지려고 한다고 얼버무렸으나 결국 양화를 보필하는 관직은 거절했다.

노나라 정공 8년, 양화는 삼환 세력에 대패해 제나라로 도망쳤다. 노나라의 정공은 양화에게 협력하지 않은 점을 높이 사서 공자에게 중도재상이라는 벼슬을 내렸다. 공자는 부임한 지 일 년 만에 실력을 인정받고 승승장구해 사공司空(공조판서)을 거쳐 대사구大司寇(형조판서)에 이르러 치안과 사법권력 모두를 쥐고, 노나라를 부흥시켰다.

난리가 났을 때 벼슬자리에 앉아 있거나 그 틈에 벼슬을 얻을 경우, 옆방에 호랑이를 곁에 두고 잠을 자는 것과 다를 바가 없다. 소탐대실小貪大失이라고 했으니 작은 것을 버리고 일신을 온전하게 보전하는 것이 상책이다. 천지비괘는 우리에게 이러한 지혜를 알려준다.

때로는 포기해야 얻을 수 있는 것도 있다

살을 주고 뼈를 취하라는 말이 있다. 위기의 상황에서는 작은 것을 내주고 더 중요하고 근본적인 것을 살리는 것이 지혜로운 선택이다.

바둑에도 사석작전이라는 기술이 있다. 자기의 돌을 일부러 잡아먹히게 해 오히려 유리한 형세로 만드는 것이다. 숨어서 참고 기다리고, 자기가 가진 것을 일부 포기할 수 있다면 암울했던 상황에서도 길이 열릴 수 있는 것이다.

절박한 상황에서 모든 것을 가지려고 하는 것은 과욕이 되어 욕심을 불러올 수 있다. 불타는 집에서는 귀중품에 연연하기보다 목숨을 먼저 안전하게 건지는 것이 중요하니, 생명과 건강을 구한 다음 대책을 마련하는 것이 옳다.

다산 정약용이 오랜 귀양생활에서 풀려나 어느 정도 시간이 지났을 때였다. 가족이나 주위 사람들이 공직에 복귀할 것을 권했지만 다산은 서두르거나 욕심내지 않았다. 자신을 미워하고 견제하는 세력들이 아직도 조정에 건재하니 섣불리 공직에 나아가기보다는 무리하지 않는 것이 낫다고 본 것이다. 주위의 권유 자체야 애정 어린 조언이겠지만 한편으로는 자신의 일이 아니기에 얕게 생각한 끝에 내놓은 무책임한 부추김일 수도 있다.

이에 다산은 공직에 연연해 가까스로 되찾은 작은 안정마저 깨뜨리기보다 조용히 후학들을 기르는 선택을 했으니, 《역경》을 오랫동안 연구한 대학자의 현명한 처신이라고 할 수 있다.

천지비는 점령군이 쫓아와 난을 피해 도망가야 하는데 나루터에 사람은 많고 배는 하나뿐인 형국이다. 이것저것 살림살이나 짐을 다 실으려고 하면 자기 몸 하나 싣기도 바쁜 사람들이 같이 태워줄 리가 없다. 포기할 것은 포기하면서 가장 중요한 자기 몸을 살려야 하는 것이다.

천지비는 위아래가 불화하고 나라가 망할 정도의 극도로 혼돈스러운 상황에서는 과감하게 자신이 가진 것을 포기하거나 지위를 내려놓고 물러서서 훗날을 도모해야 함을 말하는 괘다.

천지비의 직관

천지비괘는 하늘과 땅이 서로 자신의 주장만을 내세우며 멀어지고 있는
형상이니 좋지 못하다. 서로 교류가 되지 않고, 자신의 길만을 가는 형국
이다. 명절 귀경길 병목현상으로 자동차가 꽉 막혀 있는 것 같으니 답답
하다. 서두르지 말고 다가올 다음을 기다려야 한다. 사람들 간에 불화하
고, 시운이 맞지 않아 일이 원활하게 풀리지 않을 때가 있다. 이러한 상
황에서 살아 남으려면 지금 실세를 쥐고 있는 군상들과의 다름을 인정
하고 욕심을 버려야 한다. 대인은 작은 것을 버리고 큰것을 취한다.

13장

뜻을 함께하는 사이에서는 비밀이 없어야 한다

☰☲

천화동인.
도원결의, 상서로운 기운끼리 만나다

천화동인天火同人은 상괘가 하늘에 해당하며, 하괘가 불에 해당한다. 팔괘의 자연명으로 천괘가 위에 있고 화괘가 아래에 있으니 천화이며, 그 의미에 해당하는 동인同人이 합쳐져 천화동인이라는 괘명을 갖게 되었다. 동인은 같은 뜻을 가지고 모인 사람 혹은 서로 다른 색깔을 가진 여러 사람들이 한마음으로 화합하는 것을 의미한다.

동인괘의 형상을 보면 하늘 아래 불이 있으니 모든 것을 잘 분간할 수 있다. 군자는 이 괘를 본받아 동류인지 아닌지를 분간하고, 만물을 분별한다. 뜻을 함께할 수 있는 지사志士인지 아닌지를 밝은 지혜로 판단해 동지를 규합하는 것이다.

다시 말해 천화동인은 들판에 드러내놓듯 공명정대하고 하늘의 뜻과 통하도록 올바르게 하면, 강을 건너는 것 같은 어려운 일도 잘 해낼 수 있고 큰 이익을 얻는다는 의미를 가지고 있다.

천지비 다음에 천화동인이 오는 것은 만물이 운기가 막힌 채로 끝나는 법이 없기 때문이다. 따라서 잠시 황건적의 난과 같은 환란을 피해 숨어 있던 군자들이 합심해 천하의 기틀을 바로잡으려고 한마음 한뜻으로 뭉치게 되니 도원결의와 같은 강력한 모임이 형성된다. 천화동인괘의 직관을 정리하자면 다음과 같다.

"대의에는 소인의 얕은 꾀가 스미기 마련이다. 피아를 잘 구별하고 공명정대하게 처신하며 결코 흔들리지 말라."

화해하기 위해서는
잘못에 대한 사과가 우선되어야 한다

《맹자》〈공손추〉 하편에서 맹자는 천시天時, 지리地理, 인화人和에 대해서 이렇게 이야기한다.

> 내성의 길이가 3리, 외성의 둘레가 7리인 성을 전부 포위한다 해도 공격해서 이기기 어렵다. 반드시 천시를 택해 공격함에도 성을 함락하지 못하는 까닭은 험한 지리 때문이다. 이것은 천시가 지리만 못하다는 증거다. 성이 높지 않은 것도 아니고, 해자埃字(성을 둘러싼 못)가 얕은 것도 아니며, 갑옷

이 두텁고, 병장기가 날카롭지 않은 것도 아니며, 곡식이 많지 않은 것도 아닌데 성을 버리고 도망가는 것은 지리가 인화만 못하기 때문이다.

천화동인은 인화의 상황을 맞았음을 의미한다. 사람의 단결만큼 무서운 것이 없으니 반드시 큰일을 할 수 있을 것이다. 어떤 어려움도 극복해낼 수 있게 하는 것이 인화이니 동지를 잘 규합하고, 소인배들의 방해에도 흔들림 없는 단단한 연대를 지속해야 한다.

천화동인은 단단한 연대, 인화를 강조하는 괘이기도 하고 그렇게 하기 위한 전제로 피아를 명확히 구별해야 한다는 것을 말한다.

인화를 추구하기 전에 우선 피아를 선명하게 구분해야 한다는 이치는 지금 여기 우리를 돌아보게 한다. 예를 들어 한국에서 청산하지 못한 역사 문제는 천화동인의 덕목으로 나아가는 길을 방해하고 있다. 독립운동을 하면 삼대가 망한다는 말은 냉소나 자조가 아니라 현실임을, 우리는 여러 경로를 통해 봐왔다. 앞으로 국가가 똑같은 위기를 맞았을 때, 이러한 현대사를 목격했음에도 여전히 공동체를 위해 기꺼이 희생할 수 있을까? 또 위기상황을 악용해 자신의 이익을 꾀했던 이들을 비판할 수 있을까?

국론 분열을 이유로 과거의 모든 것을 덮어야 미래로 나아갈 수 있다고 주장하면서 일단 과거를 봉합한 채 오늘날 한국이라는 높은 성을 쌓았지만, 돌아보면 이러한 말은 과거에 대한 변명에 불과했다. 공명정대하게 과거의 공과를 밝힐 때, 비로소 과거를 과거로 정리할 수 있게 되고 다양한 생각을 가진 시민들의 합의도 이뤄질 수 있기 때문이다. 르완다가 1만 2,000개 마을 법정을 통해 과거사를 정리한 다음 화해와 용서의 장을 마련했던 것처럼 과거를 덮기 위해서는 우선 그러한 과거가 존재했음을 똑바로 바라볼 수 있어야 한다.

인화를 위해 먼저 공과를 똑바로 정리할 수 있어야 한다는 가르침은 일제 강점기 당시의 역사에 국한되는 이치가 아니다. 지금 당장 텔레비전, 신문, 인터넷 등의 뉴스를 보면 인화성 높은 화제마다 여론이 지역, 세대, 남녀, 계층에 따라 갈라져 극렬한 대립 양상을 보이고 있음을 쉽게 확인할 수 있다. 이러한 갈등 상황은 우리가 진지하게 고민해왔던 모든 사회 문제마다 투명하고 공명정대한 길보다는 서둘러 봉합할 수 있는 빠른 길을 선택했기 때문에 불거진 것이다.

뜻을 함께한다는 것은
서로에게 숨김이 없다는 것이다

우리 주변을 둘러봐도 해결해야 할 때 해결하지 못하는 바람에 쌓인 감정의 찌꺼기들이 시간이 지날수록 사그라지는 것이 아니라 오히려 악화되어, 나중에는 작은 일도 큰일로 비화되는 경우를 쉽게 볼 수 있다.

지금의 분위기는 당장의 갈등을 미래를 평계로 회피만 해왔기에 만들어진 것이다. 앞서 밝힌 것처럼 피아 구분은 목적이 아니라 수단이다. 적을 알아보고 경계하자는 충고가 아니라, 친구에게 먼저 손을 내밀기 위해서는 먼저 주변을 정리해야 한다는 조언이다. 그러나 자신의 생존

만을 우선하고 갈등에 익숙해진 지금에 이르러선 적을 알아보는 것 자체가 목적이 된 듯하다.

이제 후대에 부끄럽지 않도록 많은 것을 희생해서라도 자존심을 지키고, 후세대들이 보다 나은 미래를 맞이할 수 있도록 오늘의 편안함을 기꺼이 포기하며 뜻을 함께했던 이들을 가리키는 '동지'라는 표현은 짓궂은 농담이 되어버린 듯하다. 생존이 곧 당위가 된 세상에서 그저 살아남기 위해, 남들만큼은 살기 위해, 남들보다 더 잘살기 위해 발버둥치고 경쟁하느라 경주마처럼 좌우를 돌아볼 틈이 없다.

우리만의 문제가 아니라 전 세계가 이러한 흐름에서 벗어나지 못하고 있다. 신자유주의니 세계화니 포장지만 바꿔가면서 효율이라는 가치에 의해 인간을 경쟁으로 내모는 것은 시절의 분위기가 되어버렸고, 현대인들 또한 이러한 흐름을 당연하게 받아들이게 되었다. 나를 제외한 만인이 곧 적이 된 세상에서, 적을 분별하는 것이 무의미해진 혼돈의 상황에서 나의 안전이 아니라 공동체를 위해 대의를 갖고 동지와 함께 험한 길을 걸어가자는 권유는 이제 쉽게 꺼낼 수 있는 말이 아니게 되었다.

이러한 상황은 정보의 비대칭성과도 관련이 있다. 특정한 소수만 중요한 정보를 독점하고 있기 때문에 우리는 무엇이 문제인지를 정확히 규정하는 것도 쉽지 않다. 천화동인은 '들판에서 만나야 한다'고 했듯이 모든 것을 숨김없이 드러내야 한다는 것을 말한다. 자신만 정보를 독점하는 것이 아니라 모든 정보를 투명하게 드러내고 나눠야 비로소 동지들을 만날 수 있고, 그들과 함께 높은 이상을 실현할 수 있다는 것이다. 천화동인은 그러한 길로 나아가야 한다는 것을 알려주는 괘다.

천화동인의 직관

천화동인은 뜻을 같이하는 사람들과의 만남을 의미한다. 다른 사람의 협조를 얻어서 크게 성공한다는 의미를 갖고 있다. 함께하는 일, 결혼, 학업 등에 모두 좋은 괘다. 주위의 방해와 난관을 이겨내고 뜻이 맞는 동료들, 선배나 친구 등의 도움을 얻어 원하는 바를 이룰 수 있다. 다만 하는 일에 있어서 상당한 경쟁이 따를 것이라는 의미도 가지고 있다.

14장

밝은 달빛이
천 개의 강에 두루 비치다

≡

화천대유.
태양이 중천에 뜨니 음지에도 햇살이 드는구나

화천대유火天大有는 상괘가 불에 해당하며, 하괘가 하늘에 해당한다. 팔괘의 자연명으로 화괘가 위에 있고 천괘가 아래에 있으니 화천이며, 그 의미에 해당하는 대유가 합쳐져 화천대유라는 괘명을 갖게 되었다. 대유大有는 만물이 크고 넉넉하게 있음을 의미한다.

대유괘의 형상을 보면, 하나의 음이 임금의 자리에서 다섯 양의 복종을 받고 있으니 가지고 있는 것이 매우 크다. 그래서 대유다. 또한 대유는 태양이 하늘의 가장 정점인 중앙에 떠 있는 형상이다. 만물이 양지로 나와서 활동하니 그 덕이 매우 크다.

군자는 이 모습을 보고 악을 물리치고 하늘의 아름다운 질서를 따른다. 태양 같은 덕을 펼침에 있어서 천시에 맞게 하니 크게 형통할 수밖에 없다. 그것이 바로 크게 있음, 크게 풍족함을 의미하는 대유와 통한다.

천화동인 다음에 화천대유가 오는 까닭은 밝은 뜻으로 화합하고자 하는 이가 있으면 그 기운에 끌려 많은 사람들이 모여들기 때문이다. 천화동인이 지도자 그룹이 형성되는 시기라면, 화천대유는 그 지도자들을 중심으로 이미 큰 세력까지 형성되었음을 말하는 형국이다. 화천대유괘의 직관을 정리하자면 다음과 같다.

"태양이 되어 하늘에 올랐으면 구석구석 두루 비추어 음지의 불만이 없게 하라."

빛을 밝히면
그림자가 짙어지는 것을 경계하라

《사기史記》에 의하면 고대 중국 은나라의 주왕은 달기를 사랑해 그녀의 말이라면 무엇이든 들어줘, 급기야 술로 연못을 만들고 고기를 매달아 숲을 만들었다고 한다. 이른바 '주지육림酒池肉林'의 유래다. 주왕은 색정에 빠져 정사를 돌보지 않았고 달기와 함께 포락지형炮烙之刑이라는 형벌을 만들어 사람을 산 채로 불에 태워 죽이는 것을 즐겼다고 한다.

제후들의 종용에도 불구하고 거사를 미루던 주나라 무왕이 더 이상 견디지 못하고 은나라의 주왕을 정벌하기 위해 일어서자 제후들이 일시에 군사를 끌고 구름처럼 모여들었다. 이처럼 올바른 뜻을 가진 지도자가 큰 세력을 형성한 것이 화천대유의 형국이다.

화천대유는 좋은 괘지만 모든 것은 극에 이르면 변한다는 역易의 이치를 생각하지 않을 수 없다. 《채근담》에서는 의기라는 독특한 그릇에 비유해 인간사를 이렇게 말한 적이 있다.

의기欹器라는 그릇은 물이 가득 차면 뒤집어져 버린다. 박만撲滿이라는 흙으로 된 저금통은 비어 있으면 온전하게 형태를 유지하지만, 가득 차면 깨져 버린다.

군자는 이 모습을 보고 가득 차고 완전한 곳에 거하지 않는다. 비어 있음에 거주하고, 결함이 있는 곳에 처함으로써 안녕을 유지한다.

의기는 《주역》이 시작되었으며 공자가 일생 동경했던 시대인 주周나라 때의 쇠그릇으로, 비어 있으면 기울어져 있고, 적당하게 차면 반듯한 모양을 유지하고, 가득 차면 엎어져서 내용물이 쏟아져버렸다고 한다.

모든 것을 갖추는 만족함이란 이내 결핍에 이르기 마련이다. 내가 다 갖추고 있으면 세상의 어느 구석은 또 모자라기 마련이다. 지혜로운 사람은 이 이치를 알아서 전부 다 채우지 않고 자신의 것을 덜어서 약간의 부족함을 유지한다.

어렸을 적 어머니는 음식을 먹을 때 항상 포만감이 생기도록 먹지 말고, 약간 부족하다 싶을 정도로만 먹으라고 하셨다. 누구나 한 번쯤 들어본 조언일 것이다. 적당한 섭취는 영양과 즐거움을 주지만, 과한 영양은 질병을 일으키는 독이 된다. 음식뿐만 아니라 세상만사가 그렇다. 내가 욕망을 양껏 채우고 나면 항상 의기처럼 뒤집어지면서 애써 저장한 물이 다 쏟아져버리는 불쾌한 일이 생긴다.

태양은 별으로 말라죽는 이를 근심한다

중천에 떴다면 어두운 곳을 두루 살펴다는 의미도 잊어서는 안 된다. 춘추전국시대, 훗날 진晉나라의 문공이 된 중이가 공자公子였던 시절의 일이다. 진나라에 정변이 일어나자 문공은 적들의 피습을 피하고자 중국 각지를 유랑했다. 그 망명생활은 19년이나 이어졌는데, 이때 중이와 함께 온갖 고락을 함께했던 가신들 가운데 개자추라는 이가 있었다. 개자추는 문공이 굶주림에 고통스러워하자 자신의 허벅지 살을 베어서 고깃국을 끓여다 바칠 정도로 충성스런 신하였다. 훗날 진秦나라의 도움을 받아 조국으로 돌아와 왕이 된 중이는 정치를 잘해서 춘추오패春秋五覇의 한 사람으로 명성을 떨쳤다.

왕이 된 문공은 망명생활을 함께한 신하들에게 높은 관직과 봉록을 내렸다. 그러나 그 논공행상에서 단 한 사람을 빠뜨렸으니 바로 개자추였다. 개자추는 홀어머니가 있는 고향으로 돌아와 이렇게 말했다. "저는 공을 탐내서 군주를 도운 것이 아닙니다. 그것은 군주를 속이는 것이 아니겠습니까." 이후 개자추는 어머니와 함께 산으로 들어갔다.

뒤늦게 자신의 실수를 깨달은 문공은 몸소 신하들을 데리고 개자추 모자가 있는 면산을 찾았다. 그러나 워낙 깊숙이 숨어서 아무리 산을 곳곳이 뒤지며 이름을 불러도 개자추는 나오지 않았다. 그때 누군가 산에 불을 지르면 어머니를 살리기 위해서라도 개자추가 뛰쳐나올 것이라고 제안했다. 문공은 그 말을 따라 면산에 불을 질렀고, 불은 삼일 밤낮을 탔지만 끝내 개자추는 모습을 드러내지 않았다. 불이 꺼진 후에 산 속을 살피니 나무 아래서 서로를 끌어안은 채 타 죽은 모자의 시신이 발견되었다. 중천에 떠올랐지만 음지를 제대로 살피지 못했던 문공은 그렇게 천추의 한을 남겼다. 그날 이후 문공은 면산에 불을 지른 날을 한식으로 정해 더운 음식을 먹지 못하게 했다고 한다. 이것이 한식寒食이라는 명절의 유래다.

대유는 진나라 문공이 고향으로 돌아와 왕이 된 것처럼 매우 만족스러운 형국이다. 대유처럼 포만감을 느끼는 상황이 온다면 스스로 태양이 되어 부족한 곳을 두루 살피고, 스스로 지나치지 않도록 조심해야 걱정 또한 없을 것이다.

개인뿐만 아니라 사회도 마찬가지다. 나라가 경제적으로 크게 성장했다고 하지만 양극화는 더 심해지고, 사회적인 약자가 가진 서러움은 여전히 구석구석 해소가 되지 않은 것 같다. 절대적 빈곤에서는 해방되었어도 상대적 박탈감은 훨씬 심해지면서 우리는 아무리 노력해도 경제적으로 더 나아질 수 없다는 절망에 빠지게 되었다. 이에 따라 부서진 계층 간 사다리를 단번에 뛰어넘으려는 한탕주의가 만연하면서 관련 범죄 또한 늘어나게 되었다. 자살률도 높아지고, 사회안전망이 무너지면서 서로가 서로에게 적의를 가진 채 한 시도 편할 날이 없다. 화천대유의 괘처럼 높이 오를수록 짙어지는 그림자를 경계하며 구석구석 햇살을 비추는 지혜가 간절하다.

화천대유의 직관

화천대유는 군중이 햇볕을 쬐기 위해 모여드는 것을 떠올리게 한다. 중천에 태양이 크게 빛나니 에너지가 충만하다. 모든 것을 갖추고 있으니 근심걱정이 없다. 기운도 좋고 정당함도 가지고 있다. 큰일을 해낼 수 있다. 하지만 이럴수록 보이지 않는 곳에서 불평불만이 생길 수 있으니 태양이 어두운 곳을 두루 비추듯 밝게 살펴야 한다. 또한 중천을 지나 해가 저물듯 내려가는 일에 미리 대비해야 한다. 욕망을 가득 채우기보다는 항상 조금 부족하게 자신을 비워둔다면 근심이 없을 것이다.

15장

마무리를 지을 때의 자세는 낮고 또 낮아야 한다

☷☶

지산겸.
권세도 얻고 실력도 충실하니 매일 관성에 따라 일을 처리한다

지산겸地山謙은 상괘가 땅에 해당하며, 하괘가 산에 해당한다. 팔괘의 자연명으로 지괘가 위에 있고 산괘가 아래에 있으니 지산이며, 그 의미에 해당하는 겸謙이 합쳐져 지산겸이라는 괘명을 갖게 되었다. 겸謙은 겸손하다, 겸허하다는 의미다.

겸괘의 형상을 보면 대지 아래에 산이 있다. 산이 기꺼이 자신의 오만을 버리고 몸을 낮춰, 부족한 대지를 메운다는 뜻이다. 벼가 익을수록 고개를 숙이는 것처럼 군자는 이 모습을 보고 만물의 평등함을 생각하며 경륜과 학식이 높을수록 더욱 겸허한 모습을 보인다.

화천대유 다음에 지산겸이 오는 까닭은 세력이 크게 있는 자가 자칫 넘치는 것은 옳지 못하기 때문이다. 세력을 믿고 오만해지면 반드시 큰

실수를 범하게 되니 대유를 다듬기 위해 겸손을 의미하는 겸괘가 따르는 것이다.

진정한 완성을 위해서는 대유만으로는 부족하다. 군자의 완성이란 겸허한 마음으로 정의라는 도구를 써서 비루한 곳의 부족함을 채워 공평무사함을 실천할 때 비로소 가능해진다. 지산겸괘의 직관을 정리하자면 다음과 같다.

"대인이 일을 완성하고자 할 때는 항상 겸허한 마음으로 공평무사를 실천한다."

누구에게나 자신만의 필살기가 있으니
누구를 대하든 겸손하라

자신의 실력과 권세만 믿고 매너리즘에 빠져 관성에 따라 일을 처리하면 자신도 모르는 사이 위험을 초래할 수 있고, 오랫동안 굳어버린 머리로 그 위험에 헤어나오지 못하는 경우 또한 허다하다. 이때 필요한 것이 겸허함이다.

제나라의 관중이 환공과 함께 고죽이라는 나라를 정벌하고 돌아오는 길에 길을 잃어버렸다. 그때 관중은 늙은 말을 풀어준 다음 그 뒤를 따라감으로써 미로 같은 길에서 벗어날 수 있었다. 때는 겨울이라 오래 헤매면 위험할 수도 있는 상황이었는데 늙은 말의 경험을 활용해 어려움에

서 벗어난 것이다. 관중이 제나라를 춘추전국시대 최강자로 만든 힘은
이렇게 한낱 짐승의 지혜도 기꺼이 빌릴 줄 아는 겸허함에서 비롯되었
기도 하다.

아름다움이 있으면 반드시 추함이 함께 있다.
나 자신이 스스로를 아름답다고 하지 않는다면, 누가 나를 추하다고 할
것인가?
깨끗함이 있으면 더러움이라는 원수가 함께 따르는 법이니,
내가 깨끗함만을 찾지 않는다면 누가 나를 더럽힐 수 있을 것인가?

《채근담》에 실린 글이다. 스스로를 높은 위치에 올려놓으려고 하면
으레 그에 반대하는 반응이 함께 따르는 법이다. 따라서 언제나 낮은 자
세로 겸손할 수 있다면 높은 자리에 오르고자 검증을 받아야 할 때에도
망신을 걱정할 필요가 없으며, 혹 허물이 발견된다고 하더라도 오히려
주변에서 도와줄 것이다.

자신의 부족함을 겸허한 자세로 받아들이며 그것을 전화위복의 계기
로 삼아 성실히 앞으로 나아갈 수 있는 이는 주위에서 좀처럼 보기 힘든,
위대한 사람이다. 마쓰시타 전기산업의 창업자 마쓰시타 고노스케^{松下幸}
^{之助}가 일본에서 경영의 신으로 추앙받는 큰 기업인이 될 수 있었던 힘은
바로 이 지점에서 찾을 수 있다.

그는 자신에게 세 가지 큰 자산이 있다고 했다. 첫째는 가난했던 것,
둘째는 허약했던 것, 셋째는 공부를 하지 못한 것이었다.

그는 자신이 가난했기 때문에 어려서부터 여러 가지 힘든 일을 하면서 세상에 필요한 경험을 쌓을 수 있었고, 타고나기를 건강하지 못했기 때문에 꾸준히 운동을 해서 나이가 들어서도 건강한 신체를 유지할 수 있었고, 학교를 제대로 다니지 못했기 때문에 모든 사람을 스승으로 여기고 하나라도 배울 생각을 할 수 있었다고 술회했다. 곤경이 그에게는 소중한 밑거름이 된 것이다.

우리 대부분은 마쓰시타보다 더 좋은 조건을 가지고 있지만 그와 같은 성취를 이루지 못한다. 남보다 조금 더 나은 점이 있다는 것만으로도 쉽게 자만하게 되기 때문이다. 그러나 내게 주어진 한계에 불평하지 않고 오히려 감사해하며, 모든 사람이 나보다 뛰어난 점이 있다고 생각하며 매사에 겸허할 수 있다면 어떤 어려움을 겪더라도 결국에는 헤쳐나갈 수 있을 것이다.

악발토포握髮吐哺라는 말이 있다. 머리카락을 움켜쥐고 먹은 것을 토한다는 뜻이다. 주공周公은 중국 주나라 무왕의 동생이다. 주공은 아버지 문왕을 도와 주나라를 세웠고, 형인 무왕을 도와서 나라를 크게 넓혔으며, 무왕의 아들이자 조카인 성왕을 도와 나라를 안정시켰다. 그 공으로 주공은 제후국인 노나라의 왕에 봉해졌지만 성왕을 돕기 위해 수도에 남았다. 주공은 자신의 아들인 백금이 노나라의 왕이 되자 그를 불러 조언을 했다.

나는 문왕의 동생이며, 성왕의 삼촌이다. 존귀한 자리에 앉아 있지만, 머리를 감는 도중에도 사람이 오면 머리를 움켜쥐고 사람을 만났고, 음식을 먹고 있을 때 사람이 오면 입에 머금은 것을 뱉은 다음 사람들을 접견하며 높은 사람인 체하지 않았다. 황제의 훌륭한 신하들을 하나도 잃지 않기 위해서였다. 무릇 사람의 마음을 얻기 위해서는 겸손해야 하니, 그대는 노나라로 가서 백성들에게 교만하지 않아야 할 것이다. 그래야 원성을 듣지 않을 것이다.

높은 자리, 산과 같은 높은 자리에 오를수록 땅과 같은 자세로 낮은 신분의 사람들보다 겸손해야 한다. 그것이 지산겸의 가르침이다.

기본적으로 지산겸의 상황은 일을 마무리해나가는 형국이다. 일을 마무리할 때에는 참여한 모두가 만족할 수 있도록 공평무사하게 끝내야 한다. 자신의 만족에 도취되어 주위를 돌아보지 못하면 반드시 후회를 남기고 유종의 미를 거둘 수 없다. 지금 어떤 일을 마무리하는 단계라면 혹시 함께한 이들을 배려하지 않은 채 자신이 이룩한 성취에만 도취되어 있지는 않은지 경계해야 한다.

지산겸의 직관

지산겸은 성인이 스스로 몸을 굽혀 낮은 자리에 처하는 것으로, 예수가 제자의 발을 씻어주는 형상이다. 산이 땅의 아래에 있으니 겸손함과 겸허함을 상징한다. 또한 산의 흙을 덜어 빈 곳을 메워 평탄하게 하는 형상이니 정의를 실천하는 형국이다. 이 운을 얻은 사람은 일시적으로 손해가 따른다고 느낄 수 있으나 궁극적인 면에서 길하고, 점차 대인의 풍모로 발전해나간다. 뭇 사람의 칭송을 듣고 대의명분을 실천하기에 좋은 운이다. 대인은 마땅히 겸허하게 공평무사함과 공정을 추구함으로써 일을 완성시킨다.

3부

두 번째 호흡 축적과 양육

세속에서 다양한 경험을 쌓은 다음
성인의 도를 세상에 실현하다

두 번째는 삶의 올바른 가치를 얻기 위한 투쟁에 대한 이야기다. 원초적 인간이 파란만장한 삶을 겪어내며 중장년에 이른 다음 천지의 도를 실현하는 과정을 담았다.

겸허해 맑은 군자는 미래를 내다보니 즐거움이 있다(16예). 세속에 처한 군자는 때로 이익과 세력을 따라야 하니(17수), 이익이 있으면 부패함도 있다(18고). 이에 지혜와 결단을 발휘해 썩은 부위를 도려내고 정화한다(19림).

어려운 일을 끝낸 다음 산정에 올라 세상을 관조하고(20관), 이를 우러러보는 사람들이 모이면서 갈등이 시작된다(21서합). 갈등을 씹듯 해소하니 사람들이 겉치레에 신경을 쓰고(22비), 형식에만 치우치다 보니 공동체가 무너지기 시작한다.(23박)

처음부터 다시 시작해야 하니 초심으로 돌아간다(24복). 새롭게 건설할 때에는 근본에 집중한다(25무망). 오랫동안 근본과 진리를 묵묵히 추구한 결과, 전대미문의 높은 지혜와 덕을 축적했다(26대축). 이 큰 덕으로 만물을 길러낸다(27이).

끝없이 자라난 것들이 과해 넘침이 있고(28대과), 중용의 도를 벗어난 세상은 대홍수에 잠겨 우주가 끝나는 것 같지만(29감) 다시 하나의 빛이 있으라 하니, 그것을 여명으로 태극의 인간은 다시 새로운 세상을 열어간다(30리).

16장

미리 가늠할 수 있다면
굳이 두려워할 필요가 없다

뇌지예.
번개가 대지를 치며 번쩍이니 사방이 분명해진다

뇌지예雷地豫는 상괘가 우레에 해당하며, 하괘가 땅에 해당한다. 팔괘의 자연명으로 뇌괘가 위에 있고 지괘가 아래에 있으니 뇌지이며, 그 의미에 해당하는 예豫가 합쳐져서 뇌지예라는 괘명을 갖게 되었다. 예豫는 미리 내다본다와 즐겁다는 두 가지 뜻이 있다.

예괘의 형상을 보면 천둥이 땅에서부터 분출하고 있다. 강력한 양기가 지상에서 나와 움직이는 것이다. 군자는 이것을 보고 음악을 만들어 하늘에 제사를 지내고, 선조의 덕을 기린다. 즉 예괘는 현인이 대자연이 진동하는 소리를 듣고 음악을 만들고, 양기가 솟아오르는 모습을 보며 선조의 덕에 감사하며 제사를 지내는 것이다.

지산겸 다음에 뇌지예가 오는 까닭은 많이 가진 자가 겸손함까지 갖춘다면 심신이 건강하고 편안해지며 기쁘고 즐거운 일만 따를 것이니, 즐거움을 의미하는 뇌지예괘가 따르기 때문이다. 뇌지예괘의 직관을 정리하자면 다음과 같다.

"새로운 해가 떠올라 어둠을 밝히니 어찌 기쁘지 않겠는가. 미래를 예측할 수 있는 자, 일상을 즐길 수 있다."

기운이란 정신에서 드러난다

주나라 무왕이 강태공에게 싸우기 전에 적의 허실과 승패를 미리 알 수 없냐고 물었다. 욕심 많은 질문이지만 강태공은 이렇게 답했다.

승패의 징조는 먼저 사람을 파악해야 합니다. 징조란 사람의 정신에서 나타나기 때문에 군자는 적군의 나아가고 물러나는 모습, 움직이고 멈추는 모습, 말을 주고받는 모습 속에서 승패의 징조를 알 수 있습니다.
군사들이 흡족해하고, 장수의 명령을 잘 지키고, 활기차게 전공에 대해 이야기를 주고받는가, 아니면 동요하고, 유언비어가 나돌고, 서로 의심하고 명령을 잘 지키지 않는가를 살펴야 하는 것입니다.

강태공이 답한 승패를 가늠하기 위해 사람의 정신을 읽는다는 것은 태도와 분위기, 말을 파악하는 것으로 보인다. 이처럼 어떤 일을 할 때 함께하거나 마주하게 될 상대방의 분위기, 태도, 말 등을 살핀다면 내가 하려는 일의 승패를 미리 파악할 수 있다.

앞날을 내다보는 자는 두려움이 없다. 사람들은 누구나 직관을 가지기를 원한다. 어떤 이는 고급 정보에 보다 쉽게 접근할 수 있고 어떤 이는 그렇지 못한 정보의 비대칭도 문제지만, 매일의 일상에서 정보를 완전하게 갖추지 못한 상태로 매순간을 살아가야 하는 것은 누구에게나 피할 수 없는 숙명이기 때문이다.

우리는 중요한 선택을 해야 하는 상황들을 숱하게 만나게 된다. 여행을 가든 사업을 하든, 사람들과 어울리게 되든 살다 보면 임기응변과 같은 빠른 결정을 요하는 숱한 돌발상황과 만나게 된다. 그럴 때마다 와이파이가 잘 터지는 도서관에서 며칠이고 시간을 들여 충분히 정보를 수집할 수는 없을 것이다.

따라서 우리에게는 직관, 그것도 훈련된 직관이 필요하다. 훈련된 직관이라는 것은 두 가지 의미를 가지고 있다. 하나는 운동선수가 오랜 훈련 끝에 반사적으로 상대방의 공격에 반응하듯이, 상황에 따라서 즉각적으로 의사결정을 할 수 있는 상황별 대응책을 훈련해두는 것이다.

또 다른 하나는 평소에는 멍하게 있다가도 전쟁과 같은 급박하고 긴요한 상황에서 고도의 집중력을 발휘해 최고의 판단력을 발휘하는 것이다. 그렇게 하기 위해서는 평소에 빠르게 명상 상태로 돌입할 수 있는 몰입 훈련이 필요하다.

승패를 내다볼 수 있는 징조가 반드시 있는데도 그 징조를 발견하지 못하고 스스로 함정에 빠지거나 다 된 일을 놓치는 까닭은 우리 자신의 정신이 맑지 못하기 때문이다. 그리고 일의 성패를 좌우할 수 있는 지혜가 있는데도 그것이 떠오르지 않는 까닭은 평소에 직관 훈련을 해두지 않았기 때문이다.

뇌지예는 건강한 심신이 바탕이 되어 앞을 내다본다는 의미다. 따라서 뇌지예란 결실을 맞이하는 기쁜 마음을 품고 하루하루 정진해 나가는 것이다. 앞을 내다본다는 것은 직관에서 비롯되며, 직관의 기술을 익히는 기본은 긴박한 순간일수록 흔들리지 않고 잔잔한 물 같은 마음을 유지하고자 하는 꾸준한 노력으로 다져진다.

예측 가능한 삶에서
즐거움도 생겨나는 법이다

미래를 예측하는 또 다른 방법은 예측 가능한 삶을 사는 것이다. 그것은 철저한 자기 관리를 통해서 가능하다.

벤저민 프랭클린은 풍족하지 못한 집안에서 태어나 정규교육을 2년밖에 받지 못했지만 철저한 자기 관리를 바탕으로 미국 사회 전반에 걸쳐 지대한 영향을 미쳤다.

그는 인격의 완성을 위해 스무 살 때 열세 가지 삶의 지침을 정하고 매일 자신이 그 덕목을 잘 수행했는지 점검하면서 철두철미하게 자신을 갈고닦았다. 그 지침이란 절제, 침묵, 질서, 결단, 검약, 근면, 진실, 중용, 청결, 신중, 순결, 겸손이다.

물론 프랭클린만큼 투철하게 자신을 변화시켜나가는 과정을 밟기란 쉬운 일이 아니다. 사람마다 타고난 그릇이 다르고 기질의 청탁이 다르기 때문이다. 하지만 위인의 몸가짐을 참고하며 자신만의 지침을 만들고 머릿속에 되뇌다 보면 그에 미치지는 못하더라도 언젠가는 가까운 곳까지는 이를 수 있을 것이다.

프랭클린이 아메리칸 원주민들과 협상할 일이 있었다. 필라델피아에서 만난 원주민들은 술을 마시면 끝장을 봤기 때문에 협상이 끝나고 나면 럼주를 많이 주겠다고 약속했다. 원주민들은 약속을 지켰고, 서로 만족한 결과를 갖고 돌아갔다. 그런데 그날 오후 럼주를 마신 원주민들이 싸움판을 벌였다. 다음날 나이가 많은 원주민 세 사람이 프랭클린을 찾아와 술 핑계를 대면서 전날의 소란에 대해서 사과했다.

프랭클린은 이 일에 대해서 이렇게 술회하고 있다. "만약 개척자들에게 땅을 마련해주기 위해 이들을 절멸시키는 것이 신의 뜻이라면 럼주가 바로 그 수단이 될 것이다. 술은 예전에도 해안가에 살던 원주민들을 절멸시킨 바 있다."

불규칙한 생활은 우리의 일상을 통제할 수 없고 예측하기 힘든 상황으로 몰아가기 마련이다. 반면 일정한 자기관리를 통해 예측 가능한 항상성을 가진 사람이 된다면, 자신의 미래 또한 예측 가능한 것이 된다. 뇌지예는 이렇게 말한다. '예측 가능한 삶에서 즐거움도 생겨나는 것'이라고.

뇌지예의 직관

뇌지예는 미래를 내다보는 것이다. 앞날을 내다보는 사람은 두려움이 없다. 지금 당장의 길흉에 연연하지 않는다. 현재는 준비하는 단계로 점차 발전해 나가는 운기다. 씨앗이 싹을 틔웠으니 힘든 고비는 넘긴 셈이다. 이제 점차 자라나 열매를 볼 수 있을 것이다. 날씨를 예측하고, 미래를 내다보며 농부의 성실성으로 일상에 충실해야 할 것이다.

17장

이익을 좇는 데에도
최소한의 예의가 필요하다

☷

택뢰수.
현인은 때때로 세력을 좇아 자신의 뜻을 이룬다

택뢰수澤雷隨는 상괘가 연못에 해당하며, 하괘가 우레에 해당한다. 팔괘의 자연명으로 택괘가 위에 있고 뢰괘가 아래에 있으니 택뢰이며, 그 의미에 해당하는 수隨가 합쳐져 택뢰수라는 괘명을 갖게 되었다. 수隨는 앞서 간 사람, 혹은 특정한 세력을 따른다는 의미다.

수괘의 형상을 보면 연못 속에 우레가 있는 것이다. 뢰는 동쪽을 의미하고, 택은 서쪽을 의미한다. 또한 뢰로 표현되는 팔괘의 진은 장남을 의미한다. 양기인 장남이 자신의 소리를 내는 활동을 멈추고 지는 해를 따라 서쪽의 집으로 들어가 평안하게 쉬는 것이 수괘의 모양이다.

뇌지예 다음에 택뢰수가 오는 까닭은 물질이 풍성하고 기쁨과 즐거움이 있으면 그것을 함께하고자 하는 이들이 따르게 되기 때문이다. 여기서 중요한 점은 천화동인의 대의를 따라서 세력이 형성된 화천대유와, 뇌지예로부터 형성된 즐거움이나 이익을 보고 따르는 택뢰수는 분명히 다르다는 것이다. 택뢰수괘의 직관을 정리하자면 다음과 같다.

"즐거움을 좇아 세력을 따른다. 소인배들의 욕심만을 따르면 흉하고, 정도를 지키면서 따르면 길할 것이다."

시류에 휩쓸리는 소인에게도
소인 나름의 도가 있다

춘추전국시대 제나라의 왕이 진나라와 초나라 사람들이 퍼뜨린 유언비어에 속아 덕망 높은 맹상군孟嘗君을 파면시킨 일이 있었다.

맹상군이 재상에서 파면되자 그의 주위에 구름처럼 몰려 있었던 사람들이 모두 흩어졌다. 그러다 맹상군이 다시 복귀하자 하나둘씩 식객들이 다시 찾아들기 시작했다. 맹상군은 "내가 식객을 좋아해서 삼천 명이나 거두었지만 파면당하고 나니 남아 있는 이가 없었는데, 복직되니 저들이 부끄러운 줄도 모르고 찾아드는구나"라면서 탄색했다. 그러자 풍환이라는 현인이 맹상군에게 말했다.

공께서는 아침에 시장으로 사람들이 모이는 것을 보셨을 것입니다. 날이 밝았을 때는 서로 어깨를 부딪치면서 앞다퉈 문으로 들어가지만, 날이 저물면 휘적휘적 쳐다보지도 않고 문 밖을 나가버립니다. 사람들이 아침을 좋아하고 저녁을 싫어해서가 아닙니다. 해가 저물 때는 이익이 될 만한 물건이 시장 안에 남아 있지 않기 때문입니다. 공이 벼슬을 잃었을 때 사람들이 떠난 것도 이와 같은 이치입니다. 빈객들을 원망하지 마시고 그들을 예전처럼 거두어 주십시오.

맹상군은 풍환에게 엎드려 절하며 가르침을 받들겠다고 말했다. 이렇게 세상의 이치를 깨치고 덕을 베푼 맹상군은 천하의 패자가 될 수 있었다.

택뢰수는 이익을 보고 사람들이 모여드는 것을 말하니 이 고사에 나오는 빈객들처럼 힘이 있는 세력을 따르는 것을 의미하는 괘다. 이익이 있으면 모이고, 이익이 사라지면 흩어지는 것은 인간사의 흔한 풍경이다. 하지만 이러한 시기에도 최소한의 절도를 지키지 않으면 훗날 큰 위험을 초래할 것이다. 누군가를 따르려고 한다면 적어도 풍환과 같은 통찰력과 처세술은 있어야 한다. 풍환은 맹상군의 빈객으로 들어갈 때 가진 것이 없어도 비굴하지 않았고, 맹상군이 위기에 처했어도 그의 곁을 한결같이 지켰다.

맹상군과 같은 대인은 식객들을 모두 포용했지만, 이런 경우는 드물다. 내가 따르는 사람이 맹상군과 같기를 바라는 것은 과한 욕심이다. 최소한의 도리도 없이 이익만 맹목적으로 따르는 자는 언젠가 차가운 바람이 불면 떨어지는 낙엽처럼 세상과 사람으로부터 버려지는 위험을 자초할 것이다. 물론 대의를 위해 때로는 큰 세력을 어쩔 수 없이 따라야 할 때가 있다. 하지만 그 시기에도 최소한의 도리는 지키도록 노력해야 할 것이다.

노태우 전 대통령의 북방외교는 상당히 높이 평가받을 만하다. 1988년 북한과의 관계 개선을 필두로 사회주의 진영과도 점차 우호적인 분위기를 형성해 나갔다. 1990년 9월에는 소련과 수교가 수립되었고 1992년 8월, 여섯 개 항의 공동성명을 골자로 하는 한중수교가 타결되었다. 이에 따라 대만과의 단교는 정해진 수순이었다.

이 일로 배신감을 느낀 대만에서 태극기가 불태워지는 등 한동안 소란스러웠으나 중국이 한국의 두 번째 수출대상국으로 부상하며 한국 경제발전에 크게 기여했던 것 또한 사실이다.

이처럼 적도 동지도 없는 국제관계에서 자국민의 이익을 최우선으로 삼아 실용적인 선택을 취하는 것은 택뢰수의 한 속성을 보여준다. 다만 차후에라도 대만의 유감을 달래기 위한 후속 조치가 따랐더라면 더욱 세련된 외교가 되었을 것이다.

큰 이익을 위해서 큰 세력을 따르는 것은 어느 정도 용인이 되는 바가 있다. 하지만 개인의 이익을 위해 집단을 희생시키는 선택은 용납받기 힘들다. 큰 이익을 좇아 세력을 따를 때에도 허겁지겁 달려들 것이 아니라 차분하게 도리를 따져보는 시간을 가져야 한다. 그렇게 하지 않는다면 이익이 곧 재앙으로 변하는 날이 올 것이다.

이익은 누구나 좋아하는 것이지만 정도를 어기면서까지 따르면 맹수와 한 울타리에서 지내는 것처럼 위험해진다. 택뢰수는 강한 세력이나 이익을 따르는 데에도 일정한 도가 있음을 알려준다.

택뢰수의 직관

택뢰수는 강한 세력을 따른다는 의미를 갖고 있다. 수동적으로 움직이는 것이 길하다. 자신이 머리가 되려고 하면 어려움을 겪는다. 좋은 동반자를 만날 수 있으니 그 사람의 의견을 존중하고 따르는 것이 좋다. 일을 벌이지 말고, 한 걸음씩 나아간다는 생각으로 성실하게 자신의 직분에 충실하면 성과를 거둘 수 있을 것이다. 장사에도 상도가 있듯이 이익을 따를 때에도 최소한의 정도가 있다는 것을 잊지 말아야 한다.

18장

썩은 것을 방치하면
곧 나 자신까지 썩게 된다

☷

산풍고.
독안에 썩는 냄새가 진동을 하고 구더기가 들끓는다

산풍고山風蠱는 상괘가 산에 해당하며, 하괘가 바람에 해당한다. 팔괘의 자연명으로 산괘가 위에 있고 풍괘가 아래에 있으니 산풍이며, 그 의미에 해당하는 고蠱가 합쳐져 산풍고라는 괘명을 갖게 되었다. 고蠱는 그릇(명皿) 위에 벌레(충虫) 세 마리가 들끓고 있는 모양이니, 벌레가 음식물을 좀먹고 상하게 한다는 의미다. 이외에도 벌레 자체, 독毒이라는 의미도 가지고 있다.

고괘의 형상을 보면 산 아래에 바람이 있는 것이다. 군자는 이 괘를 보고 산처럼 축적된 과거의 폐단을 새로운 바람으로 쇄신한다.

택뢰수 다음에 산풍고가 나오는 까닭은 재물과 즐거움을 보고 모여든 세력들은 반드시 부정부패를 일으키니 썩는다는 의미의 산풍고괘가 따르는 것이다. 사람들이 모여들면 자질구레한 일부터 중대사까지 해결해야 될 일이 많아진다. 고에는 이처럼 일반적인 일의 뜻도 있지만 대체로는 부패한 문제를 나서서 해결한다는 의미에서의 일을 의미한다. 산풍고괘의 직관을 정리하자면 다음과 같다.

"썩는 냄새가 나면 당장 덮개를 열어라. 소인은 외면하고, 현인은 고치기를 주저하지 않아 늘 새로워진다."

벌레가 기어 다닌다면
피하지 말고 당장 잡아야 한다

매일 이웃 마을의 닭을 훔쳐 먹는 사람이 있었다. 그는 동네 친구에게 이일을 자랑했다.

"나는 매일 훔친 닭으로 끼니를 해결하네."

그러자 친구가 크게 꾸짖었다.

"어찌 사람으로 그런 짓을 한단 말인가? 그것은 군자가 할 수 있는 일이 아닐세."

닭을 훔쳐 먹던 남자는 꾸중을 듣고 곰곰이 생각하더니 대답했다.

"그럼 앞으로는 달마다 한 번씩만 훔치다가 내년부턴 그만 두겠소."

잘못을 알았다면 당장 그만둬야 한다. 썩은 냄새가 집안을 가득 채우고 벌레가 스멀스멀 기어 다닌다면 문제의 원인이 되는 장독을 당장 열어야 한다. 언제까지 덮어 막고 피해 다닐 수 없다. 지금 당장 사태를 직면해야 문제가 눈덩이처럼 불어나는 것을 막고, 그나마 피해를 최소화할 수 있다.

나쁜 습관이나 중독도 마찬가지다. 이미 사태가 심각해졌는데도 나쁜 습관에서 헤어 나오는 것을 차일피일 미루면 나락으로 떨어지는 일만 남아 있을 뿐이다.

산풍고와 같은 상황에 이르렀다면 이미 많이 늦었다. 줄이고 미루고 할 것 없이 지금이라도 당장 그만둬야 한다. 악취를 느끼고 더 이상 미룰 수 없다는 생각이 드는 순간, 이제 장독을 열고 싶다는 마음이 드는 그 순간, 그때 여느냐 아니면 놔두느냐가 인생에서 중요한 분수령이 된다.

율곡 이이는 당시 자신이 살고 있던 16세기 후반의 조선이 중쇠기^{中衰期}라고 진단해 조선을 대대적으로 개혁하는 〈만언봉사〉, 〈시무육조〉와 같은 국정개혁안을 선조에게 올렸다. 또한 구체적인 숫자에 대해서는 의견이 분분하지만 '십만 양병설'과 같은 국방 개혁안도 올렸다. 하지만 나라의 대들보가 썩어가는 와중에서도 일신의 안위만을 염려했던 선조의 소극적인 태도로 율곡의 개혁안은 거의 실현되는 바가 없었다. 결국 1592년 조선은 임진왜란을 맞게 된다.

조선은 임진왜란 이후 170만 결이던 전국의 경지 면적이 3분의 1도 안 되는 54만 결로 줄어들었고, 인상살식^{人相殺食}(사람이 사람을 먹다)의 참혹한 상황이 벌어지기도 했다. 음식이 썩어가고 벌레가 들끓는 장독을 열어야 할 때 열지 않은 결과는 이렇게 처참한 것이다.

우리에게 설혹 쌓인 실수가 있다고 할지라도 실수 자체가 잘못은 아니다. 인간은 누구나 살아가면서 크고 작은 잘못을 저지른다. 다만 실수 이후에 어떻게 행동하느냐가 그 사람이 누구인지를 결정한다. 다산 정약용은 애초에 허물이 없는 이보다 허물을 고치는 자가 더 훌륭한 사람이라고 했다.

허물이 없었던 사람은 무엇이 문제인지조차도 모를 수 있다. 앞으로 허물을 만들 가능성도 높다. 하지만 버겁고 힘들지라도 허물을 인정하고 고치려는 사람은 실수하기 전보다 더 나아질 수 있다. 잘못과 실수를 솔직하게 인정하고, 고치려고 하는 사람이 바로 어른이다.

최근 몇 년간 정치권에서는 적폐라는 말이 유행했다. 박근혜 정권 하에서도 그랬고, 현 문재인 정부 하에서도 적폐라는 말을 자주 쓴다. 이 말은 1993년 들어선 문민정부 시절에 이미 유행했었다. 김영삼 전 대통령이 대통령 재임 중에 아버지 김홍조 옹을 만났을 때, 수천 년 동안 쌓인 적폐를 고치느라 아주 힘이 든다고 말했다. 하지만 정작 문민정부 후반에 이르러 한국은 외환위기를 맞았고, 그 어려움을 극복하는 과정에서 양극화가 심화되었다. 한국은 지금도 이른바 '갑질'과 같은 말로 상징되는 계층 간의 갈등으로 기업부터 골목의 식당에 이르기까지 도처에서 몸살을 앓고 있다. 한편으로 칼자루를 쥔 자의 횡포에 신음하면서도 돌아서면 누군가에게 부당한 요구를 하며 자신이 당했던 갑질을 보상이라도 받듯 누리기도 한다.

적폐란 무엇일까? 정치지도자들이 서로에게 '적폐'라는 딱지를 붙이며 다투는 동안 한국은 OECD 자살률 1위 국가이자 누군가의 비극에 무덤덤해진 곳이 되었다. 그럴 수밖에 없다. 비극은 당장 남의 일이 아닌 일상이 되었기 때문이다. 문제를 해결하고 싶다면 덮어놨던 뚜껑을 들고서 우리 안을 똑바로 바라봐야 한다. 개인이든 사회든 벌레로 들끓는 장독의 뚜껑을 열어야 할 때 열지 않는다면, 비극은 반드시 반복된다. 그것이 산풍고의 지혜다.

산풍고의 직관

산풍고는 독 안에 구더기가 썩고 있는 형상이다. 구더기를 걷어내야 하는데 차일피일 날짜만 미루고 있으니 좋을 일이 없다. 냄새가 사방에 진동해 견디기 힘들 때까지 버티는 형국이다. 잘못은 하루라도 빨리 바로잡는 것이 좋다. 염증이 생긴 살의 고름을 짜내면 처음에는 고통스럽지만 그래야만 병이 낫는다. 그 고통이 두려워 썩어가는 것을 방치한다면 나중에는 절단을 해야 하니 더 큰 고통을 겪게 될 것이다.

19장

모든 조직에는
어른다운 어른이 있어야 한다

☷
☱

지택림.
집안의 큰 어른이 오시니 상석으로 모신다

지택림地澤臨은 상괘가 땅에 해당하며, 하괘가 연못에 해당한다. 팔괘의
자연명으로 지괘가 위에 있고 택괘가 아래에 있으니 지택이며, 그 의미
에 해당하는 림臨이 합쳐져 지택림이라는 괘명을 갖게 되었다. 림臨은 무
엇인가에 임한다, 군림한다, 굽어본다는 뜻이 있다. 높은 곳, 높은 지위
에서 굽어보는 자는 대인이기 때문에 크다는 의미도 있다.

림괘의 형상을 보면 연못 위에 땅이 있다. 지는 어머니이니 유연한 어
른이고, 택은 막내딸에 해당하니 어른이 아이들을 이끄는 것이 림괘의
모양이다. 군자는 이 괘를 보고 백성을 포용하고 보호하고 안심시킨다.
올바르게 교화시키려는 마음이 무궁하게 일어난다.

산풍고 다음에 지택림이 오는 까닭은 고蠱가 만들어놓은 많은 일들을

윗사람이 임해 굽어서 살펴보고, 다 해결하고 나면 결국에는 대업을 성취하고 큰 덕을 쌓을 수 있기 때문이다. 지택림괘의 직관을 정리하자면 다음과 같다.

"스승이나 어른이 집안의 한 자리에 임하면, 기회를 놓치지 않고 예의와 법도를 다해 가풍을 바로 잡는다."

스스로 어른이 될 수 없다면
기꺼이 어른의 지혜를 빌려라

노나라 정공은 공자를 중도의 재상으로 임명했다. 공자는 평소의 철학대로 백성들에게 예법을 정해 어김없이 실천하도록 했다. 이러한 공자의 철학은 점차 하나의 생활방식으로 자리를 잡았고, 이에 따라 중도의 민심은 평안해지고 사회는 질서가 바로잡혔으니 다른 지역의 제후들도 이를 본받고자 했다. 정공은 점차 공자를 중용했고, 노나라의 국력이 전에 없이 강력해졌다. 공자가 노나라에서 벼슬을 하던 동안 도적, 무뢰배들은 스스로 노나라를 떠나고, 길거리에 물건이 떨어져도 줍는 사람이 없었다고 한다.

지택림은 공자와 같은 고수가 와서 한 수 가르쳐주는 것과 같은 괘다. 어르신이 집안에 임하니 좌중이 일어나 인사를 하고, 각자가 처해야 할 위치에 자리를 잡고 안정을 찾는 것이 지택림괘가 의미하는 바다.

여기서 고수는 꼭 연륜이 풍부한 연장자만을 가리키진 않는다. 가장 현명하고 결단력이 있는 사람이라면 누구나 지택림에서 이야기하는 고수, 어른이 될 수 있다.

영화 〈대부〉의 대표적인 장면 가운데 하나는 일개 대학생에 불과했던 마이클의 복수극일 것이다. 꼴레오네 집안의 보스인 비토 꼴레오네가 습격을 받아 사경을 헤매게 되었다. 가장이 부재한 상황에서 장남을 비롯한 아들들과 참모들은 아무도 제대로 된 해결책을 찾지 못하고 목소리만 높여댔다.

이때 철부지일 것만 같았던 막내 마이클 꼴레오네는 명확한 해결책을 제시한다. 당장 아버지를 습격한 이들에게 복수를 해서 본보기를 보여야 한다는 것이다. 처음에는 비웃던 가족들도 점차 그의 말에 귀를 기울인다. 단순히 감정적인 발언이 아니라 매우 구체적인 실천 방안까지 제시했기 때문이다. 심지어 그는 그 일을 얼굴이 덜 알려진 자신이 맡아 해결하겠다고 했다. 그 순간 야단법석이던 좌중은 물을 끼얹은 것처럼 냉정함을 되찾았다.

영화 속 한 장면이지만 지택림의 역할이 잘 드러난다. 나이와 상관없이 가장 현명하고 실천적인 용기를 가진 마이클이 혼란스러운 상황을 일순간에 정리했기 때문이다. 벌레가 들끓고 소리만 시끄러운 혼란스러운 상황을 만났다면, 자신이 지택림의 고수가 되든지 아니면 그러한 고수를 초대하거나 찾아가서 조언을 구해야 한다.

사람의 지혜와 용기에는 한계가 있다. 그러한 내공은 한순간 길러지지 않는다. 또한 한 분야에서는 절정의 고수인 사람이 다른 분야에서는 지독한 철부지일 수 있다. 따라서 자신이 잘 모르는 분야에서 현인을 찾는 것은 부끄러운 일이 아니다. 오히려 자신이 부족하다는 것 자체를 모르거나 그것을 인정하지 않는 것이야말로 부끄러운 일이며, 곧 위험을 초래하는 어리석은 일이기도 하다.

스승을 맞이하기 위해서는 자격이 필요하다

지금은 세계적인 IT기업으로 명성을 떨치고 있지만 구글이 처음부터 승승장구했던 것은 아니다. 래리 페이지와 세르게이 브린, 이 두 젊은 사업가는 기술력은 뛰어났지만 경영에 그다지 밝은 편은 아니었기에 수익모델을 발굴하는 것이나 조직을 관리하는 등 사업의 기본기에는 부족함이 많았다.

구글이 세계적인 기업으로 발돋움하게 된 계기는 2001년 3월 에릭 슈미트를 영입하고 나서다. 애플의 이사였던 그는 처음에는 구글에 합류할 의사가 없었으나 두 젊은이의 열정과 아이디어에 감복해 구글의 CEO가 되었다. 이후 에릭 슈미트는 자신의 20년 경험을 전적으로 투입해 구글을 세계 정상의 IT기업으로 만들었다. 에릭 슈미트가 없었다면 지금의 구글은 상상도 할 수 없을 것이다. 여기에는 자신들의 한계를 솔직하게 인정한 래리 페이지와 세르게이 브린의 겸허함이 전제되었음은 물론이다.

한 집안이든 기업이든 조직에는 제대로 된 어른이 있어야 한다. 요즘 시절을 비판적으로 볼 때 자주 쓰는 표현 중의 하나가 어른이 없는 시대라는 것이다. 한국인들은 일제 강점기, 동족 간의 전쟁, 민주화와 외환위기 등 격변의 현대사를 거치면서 '반만 년 역사를 가진 민족'이라는 구호가 무색할 정도로 과거의 정신적 문화와 극심하게 단절되어 버렸다. 그 후유증은 이제 우리 문화 전반에 걸쳐 남아 있다. 옛 지혜는 끊겼고 당연한 말을 하면 꼰대로 불린다. 늙은이는 젊은이를 이기적이고 패기가 부족하다고 비난하고, 젊은이는 늙은이를 생각이 굳고 막무가내라는 식으로 매도한다. 서로를 괴물로 바라보는 것이다.

다시 어른이 필요한 시대다. 지금 여기를 살아가는 우리는 어쩌면 우리 사회의 어른을 스스로 구축해야 하는, 독특한 책임을 가진 세대일지도 모르겠다.

우리 사회를 지속적으로 정화시키면 재야에 묻혀 있던 공자가 재상의 지위에 오르듯 어른이 임하면서 우리 사회를 크게 한 발 더 진보시킬 수 있을 것이다. 지택림은 말한다. 마루를 쓸고 방을 닦아 어른이 집안에 스스로 임할 수 있도록 해야 한다고.

지택림의 직관

지택림은 노인이 방 안에 들어와서 질서를 잡는 것을 의미한다. 상하좌우가 자세를 고쳐 앉으니 상서로운 기운이 임한다. 윗사람과 아랫사람이 서로 협조해서 일을 진척시킨다. 독단적으로 경솔하게 행동해서는 안 된다. 매사를 예의와 법도에 맞게 하고 의사소통을 원활하게 하면 어려운 일도 너끈하게 해결할 수 있다.

20장

풍경을 눈에 담고 싶다면
천천히 걸어야 한다

☵

풍지관.
바람이 불어 바다에 물결이 일어나는 것을 관망한다

풍지관風地觀은 상괘가 바람에 해당하며, 하괘가 땅에 해당한다. 팔괘의 자연명으로 풍괘가 위에 있고 지괘가 아래에 있으니 풍지이며, 그 의미에 해당하는 관觀이 합쳐져 풍지관이라는 괘명을 갖게 되었다. 관觀은 본다, 관찰한다는 의미다.

관괘의 형상을 보면 바람이 땅 위에 부는 모습이다. 바람이 사방팔방, 산천을 주유하며 관람하는 것 같은 모양이다. 옛 왕은 이 모습을 보고 천하를 주유하며 백성들을 관찰하고 교화를 베푼다.

지택림 다음에 풍지관이 따르는 것은 대인이 성취한 일, 대자연이 이루는 위업을 사람들이 우러러보기 때문이다. 대자연을 관조하는 것 역시 관이다. 풍지관괘의 직관을 정리하자면 다음과 같다.

"지혜로운 사람은 파도 너머 멀고 깊은 바다를 응시하며 작은 일에 일희일비하지 않는다."

평상심이란 정성스러운 마음이다

천지는 고요하고 움직임이 없는 것 같지만, 기운은 쉼이 없으니 잠시도 머무르지 않는다. 일월은 밤낮을 바꾸며 분주히 달리지만, 본래 밝음은 영원히 바뀌지 않는다.

따라서 군자는 한가로울 때 다급함을 준비하는 마음을 가지고, 바쁜 중에 여유 있는 마음을 가질 수 있어야 한다.

《채근담》에 나오는 말이다. 세월이 아무리 흘러도 겨울이 지나면 봄이 오는 자연의 이치는 변함이 없다. 군자는 그러한 자연의 이치를 보면서 변함이 없는 평상심을 갖는다. 그것이 《중용中庸》에서 말하는 어느 한쪽으로 치우침이 없는 마음 상태인 '중'이다. 세월이 변해도 바뀌지 않는 중의 일상성이 용이다. 그 평상심은 한가로울 때 분주한 마음이며 분주할 때 한가로운, 이른바 온전한 마음을 말한다. 풍지관은 이러한 온전한 마음, 평상심을 가르치는 괘다.

관은 평상심이지만, 일반적인 의미에서의 평상심이 아니다. 보통 사람의 평상심과 군자의 평상심은 다르다. 우리는 평상심을 여느 때와 다르지 않은 마음 정도로 생각하지만, 군자에게 평상심이란 정성스러운 마음이다. 이러한 군자의 평상심을 유지하기 위해서는 상당한 기술이 필요하다.

중국 당나라 때의 선승 조주선사는 불교의 지극한 깨달음, 즉 최고의 경지에 대해서 한마디로 이렇게 말했다. "평상심이 도다."

이 말은 도가 일상적인 것으로 낮아진 것일 수도 있지만, 평상심이 대단히 높아진 것일 수도 있다. 여기서 선사가 말한 평상심은 후자로, 오랜 수련 끝에야 있을 수 있는 높은 경지일 것이다.

풍지관이 맞이한 형국은 저 높은 곳에서 아래를 내려다보는 안목이다. 산정에서 아래를 내려다보면 각양각색의 삶이 펼쳐진다. 넘치고, 부족하고, 분주하고, 한가한 것, 그 가운데 한 가지의 상태에만 빠지지 않고 그 모두를 아우를 수 있는 것이 평상심이다. 즉 넘침 속에서 부족함을 보고 한가함 속에서 분주함을 보면서 미리미리 성실하게 대비하는 온전하고 정성스러운 마음이 평상심이다. 풍지관은 우리에게 그러한 군자가 가진 평상심의 지혜를 알려준다.

거리를 두고 깊게 들여다보면 모든 것이 달라 보인다

풍지관은 큰일을 치르고 난 후의 고요함이기도 하다. 이 고요함을 잘 보내는 것도 기술이다. 전쟁을 치르던 시기의 습관을 전쟁 이후의 사회에도 유지한다면 곧 문제가 생기기 마련이다. 직장이나 사회에서 치열하게 경쟁하던 습관을 가족이나 사적인 공간까지 끌고 와서 주위에 피해를 주는 경우도 쉽게 볼 수 있다. 자신의 습벽을 건전한 방향으로 풀지 못하고 시절과 장소에 걸맞지 않은 일들을 벌이는 것이다. 이 모든 것이 고요함이라는 본바탕을 평소에 갈고 닦지 않은 소치로 생긴 병폐다.

전쟁터에서 뼈가 굵은 사람들은 평화의 시기를 견디지 못하는 경향이 있다. 전쟁에서 이기는 것과 통치하는 기술이 다르기 때문에 혁명가들은 권력을 쟁취하고 나서 자기 자신도 정적에 의해서 제거되거나 이전 권력자와 다르지 않은 행태로 퇴행하면서 혁명의 성과를 스스로 무너뜨리기도 한다. 평화의 시기에는 급진적인 발전이 없다 하더라도 천천히 지켜보면서 모든 것이 제자리를 찾을 때까지 기다리는 인내가 필요하다. 전쟁의 시기에는 지도자의 말이 절대적이었지만, 평화의 시기에는 시간이 걸리더라도 대중들의 의식이 성장할 때까지 기다리면서 함께 걸어가는 현명함이 요구되는 것이다. 풍지관은 평화의 시기에 흙탕물이 자정작용으로 저절로 맑아질 때까지 기다리는 인내와 지혜를 요구하는 괘다.

그렇게 찬찬히 맑아지는 물 속 깊은 곳을 들여다보면 세상이 외부에서 보는 것처럼 단순하지 않다는 것도 알 수 있게 되며 새로운 통찰력이 자라나게 된다. 그렇게 풍지관은 일상을 천천히 걷고 주의 깊게 관찰하면서 평상심과 통찰력을 찾아나가야 할 것을 알려주는 괘다.

나아가 들여다본다는 뜻을 가진 '관觀'이라는 글자에 대해서 조금 더 깊게 생각해본다. 불교에서 관음觀音이란 세상의 모든 소리를 관觀한다는 뜻이다. 관음보살觀音菩薩의 다른 이름은 관자재보살觀自在菩薩로 고통의 소리를 듣고 문제를 해결해주는 깨달은 자를 의미한다. 자신의 소리에 귀를 기울여보자. 외면하고 덮어뒀던 마음의 문을 열어서, 내 속에서 울부짖는 소리를 관하는 것이다. 스스로에게 솔직해질 수 있다면 얻을 수 있을 것이다.

풍지관의 직관

풍지관은 대지에 바람이 불고, 바다에 물결이 이는 것을 관망하는 형국이다. 이 운을 얻으면 특히 정신적인 면에서 많은 발전이 있다. 물질적인 일이라면, 작은 일에는 성취를 거둘 수 있지만 큰일은 천천히 지켜보면서 무리하지 않는 것이 좋다.

21장

어른이 단단한 까닭은 무수한 고난을 갈무리했기 때문이다

☲
☳

화뢰서합.
딱딱한 음식물도 씹고 또 씹으면 부드러운 영양분이 된다

화뢰서합^{火雷噬嗑}은 상괘가 불에 해당하며, 하괘가 우레에 해당한다. 팔괘의 자연명으로 화괘가 위에 있고 뢰괘가 아래에 있으니 화뢰이며, 그 의미에 해당하는 서합^{噬嗑}이 합쳐져 화뢰서합이라는 괘명을 갖게 되었다. 서합^{噬嗑}은 입을 오물거리며 음식물을 씹는 모습이다. 합에는 합한다는 의미도 있다.

서합괘의 형상을 보면 불과 우레가 만나는 형상이니 번개가 번쩍이고 천둥소리가 난다. 뇌전^{雷電}은 하늘과 땅이 이어지고, 합해지는 것이니 씹어서 합하는 의미의 서합이 된다. 번갯불에 모든 것이 분명해지니 청천백일 하에 모든 것을 밝히는 선명한 법령을 의미하기도 한다. 옛 왕은

이 모습을 보고 형벌을 명명백백하게 집행하고 법령을 세워 백성을 다스렸다.

풍지관 다음에 화뢰서합이 오는 까닭은 관의 통찰력을 가진 현인을 우러러보던 사람들이 모여들어서 합하기 때문이다. 이질적인 것이 합할 때 다소 난관이 따르기에 이물질을 씹어서 합한다는 의미의 서합이 온다. 화뢰서합괘의 직관을 정리하자면 다음과 같다.

"잡목이 무성한 산길도 걷고 또 걸으면 길이 생기는 법이니 현인은 고난을 두려워하지 않는다."

할 수 없는 것과 하지 않는 것은 다르다

제나라 선왕이 맹자에게 물었다. "불능不能(할 수 없음)과 불위不爲(하지 않음)는 어떻게 다릅니까?"

맹자가 답했다. "태산을 옆구리에 끼고 북해를 건너뛰라고 한다면 그것은 불능입니다. 하지만 노인이 짚을 수 있는 지팡이를 하나 구해달라는 요청에 못한다고 대답한다면 그것은 불위입니다. …《시경》에서 말하기를 '아내에게 선하게 대하니 그것이 형제에게 이르고, 나아가 온 나라에 퍼지는구나'라고 한 것은, 가까운 사람을 대하는 선한 마음과 행동을 다른 곳에까지 넓혀간다는 말입니다.

가까운 곳에서부터 점차 먼 곳으로 은혜를 넓혀 간다면 천하를 안정시킬 수 있습니다. 그렇게 하지 않으면 자신의 가족도 제대로 평안하게 하지 못할 것입니다. 옛 성현들이 보통사람보다 탁월했던 이유는 그들이 선한 마음과 행동을 넓혀 가는 일을 잘했기 때문입니다."

《맹자》〈양혜왕〉에 나오는 말이다. 우리는 힘써 행하려고 하지 않으면서 할 수 없다고 말하는 경우가 많다. 공을 들이면 해낼 수 있는 일을 귀찮거나 또는 실패했을 때의 두려움 때문에 할 수 없는 일로 치부하는 것이다. '하지 못함'이라는 핑계로 '하지 않음'을 반복했던 현실을 직시하고 태도 또한 긍정적으로 바꾸고자 한다면, 삶의 방향도 그만큼 바뀔 것이다.

뇌의 가소성이라는 말이 있다. 한쪽 방향으로 계속 생각하면 뇌세포의 연결이 그렇게 바뀐다는 것이다. 사람의 머릿속에도 길이 있다. 처음에는 잡념만 있던 길에 지혜의 길, 덕성스러운 군자의 길을 만든다. 초기에는 잡풀과 가시덤불이 많아 그 길을 다시 찾기도 어렵고, 헤쳐 나가는데 시간도 오래 걸리지만 꾸준히 계속 다니면 큰 길이 열리고, 나아가 그 길이 편해지는 법이다.

화뢰서합은 우리가 살아가는 방식을 이와 같이 긍정적이고 적극적인 태도로 바꾸라고 가르치는 패다. 화뢰서합은 '장애물이야말로 영양분이 된다'고 말한다. 우리에게도 '위기는 곧 기회다'라는 말이 퍽 익숙하지만, 막상 일상에서 나를 괴롭히는 문제와 만났을 때 이를 적용하기는 쉽지 않다.

《역경》에서는 하나가 무너지는 것은 새로운 무언가를 건설하는 계기라고 말한다. 따라서 변화가 일어나 기존에 하던 일에 장애가 생기고, 심지어는 더 이상 그 일을 하지 못하게 되었을 때에도 그 자체가 큰 기회가 될 수 있다고 본다. 지금의 어려움에 일희일비하지 말자는 것이다.

1992년 6월 다베이 준코田部井淳子는 여성 최초로 7대륙 최고봉에 등정하는 위업을 이룩했다. 1970년 5월 안나푸르나 삼봉을 등정한 것을 필두로 에베레스트에서 1992년 만년설인 카르스텐츠 피라미드에 이르기까지 20여 년의 여정을 거쳐 불가능해 보였던 일을 해낸 것이다.

다베이 준코는 어린 시절 약골에 겁 많은 소녀였다고 한다. 성인이 되어서도 키가 150센티미터밖에 되지 않을 정도로 체격이 왜소하기도 했다. 그럼에도 불구하고 초등학교 4학년때 선생님을 따라 2,000미터 높이의 산을 끝까지 따라가 정상에 오르는 것을 경험한 다음 자신감을 갖게 되었고, 그 후부터는 주말마다 가족들을 졸라 등산을 했다고 한다. 이렇게 다베이 준코는 자신이 가진 한계를 조금씩 이겨낸 끝에 어지간한 산악인들조차 엄두도 못낸 일을 해냈다.

다베이 준코가 가진 약점은 도리어 그녀를 강하게 해주는 영양분이 되었다. 그 출발점은 2,000미터 산을 오른 기쁨이었다. 높은 산을 처음 오르는 한 걸음 한 걸음이 얼마나 힘겨웠을지는 쉽게 짐작이 간다. 그럼에도 포기하지 않고 차근차근 오른 끝에 정상에 도달했고, 그 경험은 그녀의 인생을 바꿔 놓았다.

화뢰서합괘는 말한다. 인생의 장애물을 꼭꼭 씹어 먹으면 반드시 극복할 수 있다. 이렇게 장애물을 영양분으로 삼기 위해서는 한 번에 하나씩 느리더라도 꾸준히 해나가야 한다. 삶에서 맞닥뜨리는 어려움들을 버겁더라도 한 번에 하나씩 꼭꼭 씹어 먹는다면, 인생의 등산길에서 지치면 잠시 쉬더라도 꾸준히만 올라간다면, 어느새 자신이 바라던 곳에 도착한 사람이 되어 있을 것이다.

컴퓨터가 보편화되고 워드프로세스 소프트웨어가 등장했을 때, 한 소설가는 컴퓨터 앞에 한참을 우두커니 앉아 있다가 결국 눈물을 펑펑 쏟았다고 한다. 이 첨단기기가 장악할 새로운 세상에서 자신이 할 수 있는 일이 아무것도 없을 것 같다는 좌절감 때문이었다.

우리 역시 살아오면서 내가 익숙하던 방식이 더 이상 통하지 않는다는 것을 알았을 때 절망과 분노와 슬픔을 느껴본 적이 있을 것이다. 그런 경험이 아직 없다면 살아가며 언젠가는 반드시 그런 아득함과 마주할 때가 있을 것이다.

그러나 그를 비롯한 오늘날 소설가들은 컴퓨터라는 새로운 기기를 통해 원고지를 숱하게 찢어가며 글을 썼던 시기 못지않게 활발하게 작품 활동을 하고 독자들과 소통하고 있다. 화뢰서합은 위기와 장애물을 맞이한 형국을 알려주며 동시에 고난을 대하는 태도가 어떠해야 하는지에 대한 지혜를 알려준다.

화뢰서합의 직관

화뢰서합은 입으로 음식물을 씹어 삼키는 것과 같은 괘다. 딱딱한 음식물을 씹어 삼키는 것은 고난을 의미한다. 하지만 결국 음식이 나에게 영양분이 되듯이 어려운 일을 맞닥뜨리게 되지만 그것을 잘 이겨내고 상당한 성과를 거둔다는 뜻이기도 하다. 사람들 간에는 다툼이 생기기 쉽다. 하지만 반드시 필요한 다툼이나 경쟁도 있는 법이다. 장애물에 맞서 두려움을 갖지 말고, 그것을 씹어 먹는다는 자세로 계속 전진하면 반드시 크게 얻는 바가 있을 것이다.

22장

자신을 속이는 삶을 살면
인생 전체가 거짓말이 된다

≣

산화비.
사라지는 모든 것의 마지막 불꽃은 아름답다

산화비山火賁는 상괘가 산에 해당하며, 하괘가 불에 해당한다. 팔괘의 자연명으로 산괘가 위에 있고 화괘가 아래에 있으니 산화이며, 그 의미에 해당하는 비賁가 합쳐져 산화비라는 괘명을 갖게 되었다. 비賁는 꾸민다, 빛난다는 의미가 있다. 화장을 하는 것처럼 겉모양을 포장하고 꾸미는 일을 의미한다.

비괘의 형상을 보면 중천에 있던 태양이 산 아래까지 내려와 걸려 있다. 해가 지기 전 매우 화려한 빛깔을 뿜내는 석양을 의미하기도 하고, 햇빛이 가장 대지에 가깝게 근접해 있는 것으로도 보인다. 군자는 이 모습을 보고 서민들의 소소한 일상을 품은 사소한 사연까지 밝히고 경청해 옥사를 무리하게 집행하지 않는다.

화뢰서합 다음에 산화비가 오는 까닭은 사람들이 모이면 사회적 관계가 형성이 되어 꾸미는 일이 필요하기 때문이다. 관계가 형성이 되면 삼강오륜과 같은 예법이 필요하다. 남 앞에 나서기 전 차림새를 점검하듯 자신을 다듬어야 하는 것이다.

산화비를 현실에 적용해보자면 화려한 겉보기에 현혹되어 있는 형국이다. 정말로 중요한 것은 눈에 잘 보이지 않는 법이다. 이면에 숨은 실질을 구하지 않는다면 곧 운이 기울고, 어려움에 빠질 것이다. 산화비괘의 직관을 정리하자면 다음과 같다.

"지혜로운 사람은 화려한 외양에 현혹되지 않고, 숨겨진 이면의 실질을 가다듬는다."

비단옷을 입고 밤길을 걷는 까닭은
현혹되었기 때문이다

초나라의 항우는 군사를 끌고 함양으로 들어가 진나라의 삼대 황제 자영을 죽이고 궁궐에 불을 질렀다. 그뿐 아니라 궁녀들을 겁탈하고, 시황제의 능을 파헤쳐 보물을 취했다. 함양에 먼저 도착해서 선정을 베풀었던 유방과는 지극히 대조되는 행동이었다. 이후 동쪽으로 옮겨간 항우는 관중이라는 지역에 머물렀다.

혁혁한 전과를 올린 항우는 고향인 초나라로 돌아가고 싶어 했다. 그러자 한생이라는 책사가 항우에게 관중은 산과 강으로 둘러싸여 있고, 산물이 풍성하니 이곳을 발판으로 삼아 천하를 얻어야 한다고 조언했다. 그러나 항우는 출세하고 고향에 돌아가지 않는 것은 금의야행錦衣夜行, 비단옷을 입고 밤길을 걷는 것과 같다는 말을 남기고 고집스럽게 고향으로 돌아간다. 이에 한생은 초나라 사람들은 원숭이에게 옷을 입힌 것과 같다더니 그 말이 맞다며 혀를 찼고, 그 비난을 들은 항우는 한생을 가마솥에 삶아 죽였다고 한다.

그렇게 항우는 고향에 돌아가 비단옷의 화려함을 뽐냈지만 그때부터 이미 그의 기세는 서산 너머로 기울어가고 있었다. 얼마 지나지 않아 유방이 관중을 점령해 대반격을 시작했고, 결국 천하는 유방의 손에 넘어가고 말았다.

우리는 살아가면서 세상의 변화에 둔감해 늘 하던 대로 하다가, 또는 형식에만 구애되는 바람에 정작 중요한 것을 놓치는 경우가 많다. 작은 성과에 도취되어 자만하고, 남에게 그럴 듯하게 보이는 것에만 신경을 쓰다가 본래 원하던 목적을 망각하고 가진 것마저 잃게 되는 일 또한 주변에서 어렵지 않게 찾아볼 수 있다. 항우와 같이 산을 뽑을 만한 힘과 세상을 덮을 만한 기세를 가졌던 영웅도 그 함정에서 헤어나지 못했다. 산화비는 우리에게 이러한 어리석음이 가진 위험성을 경고한다.

산화비는 외적으로 그럴듯하게 꾸민 가상의 것에 속는다는 의미를 가진 괘다. 아름다움이란 실용성과 같은 알맹이를 바탕으로 다양한 변주가 일어난 결과다. 따라서 알맹이가 빠져버린 꾸밈은 아름다움이라고 할 수 없다. 우리가 삶을 제대로 살아가고, 인생이란 전쟁터에 함몰되지 않으려면 외양의 그럴듯함에 현혹되지 않는 지혜가 필요하다.

스스로가 납득할 만한 진짜 삶을 살아라

1990년대 2차 세계대전에 관한 비밀문건의 기밀이 해제되면서 소문으로만 떠들던 놀라운 군대에 대한 진실이 밝혀졌다. 그 부대의 이름은 고스트 아미Ghost Army, 즉 유령부대였다.

이 유령부대의 임무는 실제로 없는 군 장비와 무기, 군대를 존재하는 것처럼 만들어서 적들을 혼란시키는 것이었다. 이 유령부대의 부대원들은 화가나 배우와 같은 예술가들, 무대 디자이너, 건축가, 광고회사 직원, 음향 전문가 등으로 구성되어 있었다. 이들의 수는 천백여 명에 불과했지만 가짜 탱크, 장갑차 등을 실제처럼 배치했고, 음향효과를 통해 수만의 군사가 주둔하는 것 같은 소리를 냈다.

항공기로 정찰을 하던 독일군들은 여기에 제대로 속아 넘어갔다. 1945년 라인강 도하작전에서도 고스트 아미가 엉뚱한 곳에 도하를 할 것처럼 기만전술을 펼쳤기에 그곳에 독일 병력이 집중되었고, 그 사이에 미군은 수만 명의 희생을 감수해야 할 도하작전을 안전하게 수행할 수 있었다고 한다. 이들은 적군뿐만 아니라 아군까지도 속이며 철두철미하게 작전을 수행했고, 전쟁 이후에도 이 부대를 다시 또 활용할 수 있을지 모른다는 생각에 미국 정부는 이들의 신원을 숨겼다고 한다.

겉은 같으나 속은 다른 것을 사이비似而非라고 한다. 비슷하지만 결국은 진짜가 아닌 것이라는 뜻이다. 양두구육羊頭狗肉이라는 말도 있다. 음식점에서 비싼 양의 머리를 밖에 걸어놓고 실제로는 개고기를 판다는 사자성어다.

전쟁과 같은 극단적인 상황에서는 이러한 기만이 좋은 생존 수단이 될 수 있을 것이다. 그러나 서로 죽고 죽이는 불안한 삶이 아니라 더불어 화합하는 삶을 살고자 한다면, 또 오랫동안 볼 사이라면 지금 당장 화려하게 보이는 겉포장으로 타인은 물론 스스로까지 속이려 하기보다는 그에 상응하는 혹은 그것을 뛰어넘는 충실함으로 속을 채우기 위해 힘써야 한다. 포장지는 언젠가 반드시 벗겨지기 마련이다. 설령 끝까지 꾸민 모습으로 속이는 데 성공했다고 하더라도, 평생이 거짓말인 삶은 돌아봤을 때 허무함만을 남길 뿐이다.

널리 알려진 이야기지만 가구상으로 일하던 스티브 잡스의 아버지는 보이지 않는 가구 뒷면에도 좋은 목재를 사용했다고 한다. 숨은 진실은 언제고 드러나기 마련이고, 바로 그 지점에서 명품과 모조품을 가르는 결정적인 차이가 생겨난다.

인생도 마찬가지다. 자크 라캉Jacques Laca은 남의 욕망만 만족시키는 삶을 모조품 인생이라고 했다. 다른 사람의 기준에 의해서가 아니라 나 자신을 설득할 수 있는 행복을 추구했다면, 보이지 않는 삶의 구석에서까지 스스로가 납득할 만한 가치를 갖고 있다면, 삶을 돌아봤을 때 아쉬움은 있을지언정 후회는 남기지 않을 것이다. 산화비쾌는 우리에게 이러한 지혜를 알려준다. '진짜를 살아라'.

산화비의 직관

산화비는 서산 너머로 기울어가는 해를 의미한다. 아름답되 세가 꺾이면서 완전히 사그라지기 전에 빛을 뿌리는 것이기에 비장하다. 노을은 스러져가는 존재의 고독함을 떠올리게 한다. 낭만적이지만 기력은 부족하니 큰일을 벌여서는 안 된다. 비는 또한 여성의 머리를 꾸미는 비녀와 같은 상식품을 의미한다. 그런데 여기서 의미하는 것은 값싼 장식품처럼 겉보기만 화려하지 실속은 약하다는 의미가 강하다. 남들에게 보이기 위한 외면보다 내면의 실질에 힘써야 한다.

23장

내일을 당겨 오늘을 버틴다면
결국 내일은 맞지 못하게 된다

☷

산지박.
바닷가의 모래성이란 언젠가는 무너지기 마련이다

산지박山地剝은 상괘가 산에 해당하며, 하괘가 땅에 해당한다. 팔괘의 자연명으로 산괘가 위에 있고 지괘가 아래에 있으니 산지이며, 그 의미에 해당하는 박剝이 합쳐져 산지박이라는 괘명을 갖게 되었다. 박剝에는 깎여 나가다, 부서진다는 의미가 있다.

박괘의 형상은 산이 땅에 붙어 있는 모양이다. 산이 점차 깎여 땅이 되기 때문에 박이다. 효의 배열을 보면 하나의 양효가 음효들 위에 불안하게 올라가 있는 모양이다. 언제 떨어져서 부서질지 모르는 형국이다. 군자는 소인이 군자를 쫓아버리는 이 형상을 보고 평상시에 백성의 생활을 넉넉하고 평안하도록 돕는다.

산화비 다음에 산지박이 오는 까닭은 형식이 극도에 이르면 만물의 형통함이 다하기 때문이다. 예의가 점점 고착화되면 형식주의로 흘러 공동체 전체가 속 빈 강정처럼 쉽게 부서질 수 있다. 예의 자체에만 집착 하면 허례허식에 빠져 실질을 잃게 된다. 알맹이 없이 겉모양만 화려한 것은 바닷가의 모래성처럼 쉽게 무너지고 만다.

한편으로 형식에만 치우친 것은 결국 무너진다는 의미도 있지만 산 화비에서 이미 해가 넘어가는 형상이었기 때문에 일의 과정으로 보면 산화비에서 조금씩 무너지나가 산지박에 이르러서 확실히 무너졌다고 볼 수 있다.

산지박괘의 직관을 정리하자면 다음과 같다.

"지혜로운 사람은 불타는 자신의 성을 보며 좌절하지 않고, 언제든 다시 시작할 수 있다는 각오를 다진다."

마지막 큰 열매는 먹지 않는다

연산군은 조선시대에서 최고의 폭군으로 꼽히는 왕이다. 연산군은 두 번의 사화士禍를 통해서 숱한 대신들을 참살하고, 민가를 헐어가며 전 국 토를 사냥터로 만들었고, 전국에서 자신의 쾌락을 위해 가려 뽑은 여성 들인 흥청興淸들과 황음무도한 행각으로 하루하루를 보냈다. 이에 대해 간언한 내시 김처선을 잔혹한 방법으로 살해한 것을 보면 연산군의 폭 정은 차라리 광기에 가까웠다.

1506년(연산 12), 절대권력을 누리던 연산군은 연회에서 시를 짓다가 갑자기 눈물을 흘리며 인생의 덧없음을 노래했다고 한다. 이때가 중종 반정이 일어나기 9일 전이니 다가올 자신의 운명을 예감하고 있던 것인지도 모르겠다. 반정이 일어나자 궁궐을 지키던 장수와 군사들은 연산군을 지키기는커녕 수챗구멍으로 도망가기 바빴으며 넓은 궁궐 안은 텅 비어 적막마저 감돌았다. 곧 반정 세력에게 사로잡힌 연산군은 이렇게 말했다고 한다.

"내 죄가 위중하니 이렇게 될 줄 알고 있었다. 좋을 대로 하라"

산지박은 바로 이와 같은 괘다. 산이 무너져 내리는 것이다. 도미노처럼, 각기 모양이 다른 돌멩이로 쌓아올린 돌탑처럼, 바닷가의 모래성처럼 불안하고 위험한 형국이다.

무도한 폭정이 계속되는 것처럼 음의 세력이 밝은 양의 세력을 모두 갉아 먹고 마침내 썩은 고목나무가 쓰러지듯이 무너지는 것이다. 하지만 나무에 매달렸던 과실이 다음 세상을 위한 씨앗이 되듯이 새로운 시작을 준비할 수 있는 형상이기도 하다.

이 산지박에 대처하는 모양은 군자와 소인이 다르고, 그렇기 때문에 서로 다른 길을 걷게 된다. 군자는 무너진 나무의 과실을 이어 받아 다음 세상을 도모할 수 있지만 소인은 모든 것이 썩게 되는 냉혹한 형국이다. 성실한 농부는 아무리 배가 고파도 종자는 먹지 않는다. 산이 무너지는 것 같은 형국에서 종자마저 먹어치워 버린 소인은 다음 세상을 기약할 수 없이 사라져 버리지만, 종자를 남겨둔 현인은 지금의 위기가 지나고 나면 다시 풍년이라는 희망을 가질 수 있을 것이다.

산지박의 효사에 '석과불식碩果不食'이라는 말이 있다. '큰 과실은 먹지 않는다' 혹은 '먹히지 않는다'로 해석하는데, 신뢰와 성실성을 가진 군자는 사라지지 않는다는 의미를 가지고 있다. 실패해서 빈털터리가 될 수도 있지만, 그럼에도 군자에게는 그간 축적한 힘, 다음 세상을 위한 마지막 과실의 씨앗만큼은 어떻게든 남기 마련이다. 그리고 종자가 있다면 미래를 도모할 수 있다.

나는 마흔이 될 때까지 저축을 한 적이 한 번도 없다. 대신 나 자신에게 그 모두를 투자했다. 공부하고 기술을 연마하고, 미래를 준비하는 데 모두 쏟았다. 돈을 은행에 저축하는 대신 자신에게 투자한다면 훨씬 큰 성공을 거둘 것이다.

헨리 포드가 남긴 말이다. 자동차의 대중화 시대를 연 '자동차의 왕' 헨리 포드는 19세기 중반에 태어났다. 따라서 포드가 마흔 무렵이었을 때는 지금보다 평균 수명이 짧은 20세기 초였으니 백세시대라고 하는 현대에는 마흔을 '쉰이 될 때까지'로 바꿔야 할지도 모르겠다.

산지박은 4대 난괘難卦 가운데 하나다. 64괘 가운데 괴롭기로는 네 번째 안에 든다는 것이다. 삶이란 좋은 일의 연속이 아니다. 누구라도 언제든 누구보다 어려운 처지에 내몰릴 수 있다. 하지만 그럼에도 흔들리지 않고 자신만의 마지막 열매를 지켜나간다면 분명히 언젠가 다시 일어날 수 있을 것이다.

산지박의 직관

산지박은 산이 무너져 내리는 형상을 의미한다. 산사태가 벌어지니 위기에 처한 형국이며, 공든 탑이 무너져 내린다는 의미도 있다. 기존의 일을 무너뜨리고 새롭게 시작하는 운이다. 과거의 것에 연연해서는 안 된다. 과거의 잘못을 수습하고 다시 시작하되 큰 규모의 일을 벌여서는 안된다. 운이 하향곡선을 그릴 때는 주위에서 들리는 나쁜 유혹도 많다. 사람들의 도움을 받기 힘드니 소나기를 맞더라도 무소의 뿔처럼 혼자 나아가야 한다.

24장

길을 잘못 들었으면
헤매지 말고 처음으로 돌아가라

≣≣

지뢰복.
하나의 세계가 무너지고 모든 것을 처음부터 새롭게 시작하다

지뢰복^{地雷復}은 상괘가 땅에 해당하며, 하괘가 우레에 해당한다. 팔괘의 자연명으로 지괘가 위에 있고 뢰괘가 아래에 있으니 지뢰이며, 그 의미에 해당하는 복^復이 합쳐져서 지뢰복이라는 괘명을 갖게 되었다. 여기서 복^復은 다시 돌아온다는 의미다.

복괘의 형상을 보면 우레가 땅 속에 있다. 곤^坤(땅)인 어머니의 모태에서 진^震(우레)인 장자가 막 태어난 형상이다. 하나의 양이 태어났으니 열두 달로 따지면 밤이 가장 긴 동지가 있는 자월^{子月}에 해당한다. 밤이 가장 긴 그때를 지나고부터 낮이 점점 길어지기 때문이니, 음이 극에 이르러 양이 탄생한 것이다. 이 시기에 황제는 관문을 닫고 상인이 지나가지 못하게 했으며, 지방 행차를 삼갔다. 하나의 양을 잘 길러내기 위해서 닭

이 알을 품듯 모든 것이 안정을 취해야 하는 시기이기 때문이다.

산지박 다음에 지뢰복이 오는 까닭은 하나의 사물이 무너지고 소멸되고 나면 처음부터 다시 시작하게 되기 때문이다. 박이 지속되어 궁극에 이른 즉 변하고 뒤집히는 일이 발생하니, 아래로부터 처음부터 다시 시작하는 기운이 생겨난다.

지뢰복괘의 직관을 정리하자면 다음과 같다.

"잘못을 바로 잡고자 온 길을 돌아가는 수고를 아끼지 않는다. 초심으로 돌아가면 두려울 것이 없다."

살얼음을 걷듯 초심을 유지하라

맹자는 제자에게 호연지기浩然之氣에 대해 말하면서 송나라 사람의 고사를 들려줬다.

송나라 사람 중에 논에 심은 모가 빨리 자라지 않는 것을 답답하게 여겨, 논으로 들어가서 모를 조금씩 뽑아 올린 사람이 있었다. 그리고 집으로 돌아가 모가 빨리 자라도록 돕느라고 힘들었다고 말했다. 이 이야기를 듣고 가족들이 놀라서 논으로 나가보니 싹들이 이미 거의 말라 죽어버렸다.

호연지기를 기르는 것도 이와 같아서 좋은 기운을 기르지 않는 사람은 밭의 잡초를 제거하는 김매기를 하지 않는 것과 같고, 그 기운을 무리하게 기르려는 사람은 싹을 뽑아 올리는 것처럼 위험하다. 따라서 호연지기를 가진 사람이 되기 위해서는 올바른 마음을 품고 꾸준히 실천해야 하며, 도중에 중단하거나 갑자기 모든 것이 이뤄지기를 기대해서는 안 된다.

지뢰복은 과거의 것이 무너지고 새로운 상황을 맞아 처음부터 시작하는 것이니 초심으로 돌아가야 한다. 초심은 순수하고 맑다. 그리고 매사에 삼가며 한 발씩 조심스럽게 나아간다. 지뢰복괘의 가르침은 바로 이 초심이다.

1919년 3월 독립운동이 일어난 지 얼마 지나지 않은 1919년 4월, 상하이에서 임시정부가 시작되었다. 1919년 9월 대한민국 임시정부는 한성정부와 노령정부(대한민국 의회)를 합병하면서 그 규모를 더욱 키워나갔다. 함께한 독립운동가의 수나 조직의 크기로 볼 때 한국 최대의 독립운동 단체였으며, 동시에 한국사상 최초의 민주적인 정부 기구였다. 1948년 대한민국의 정부는 대한민국 임시정부의 법통을 이어받아 수립되었다.

김구는 독립한 대한민국 정부의 뜰을 쓰는 청소부가 되고, 문지기가 되어도 자신은 만족할 것이라고 말했다. 실제로 1919년 41세의 김구는 상하이 임시정부를 찾아가 자신을 문지기로 써달라고 하기도 했다. 지극히 평범한 사람이라는 뜻을 가진 백범白凡이라는 호에서도 짐작할 수 있듯이, 그가 가진 초심은 후일 임시정부의 수장으로 대한민국 정부의 기틀을 세우는 데 큰 힘이 되었다.

어떤 일은 처음부터 다시 시작해야
비로소 고쳐진다

지뢰복괘는 말한다. 다시 시작하는 것은 괴롭다. 하지만 어떤 문제는 가던 방향을 조금 변경하는 정도가 아니라 처음부터 다시 밟아나가야 비로소 풀리기도 한다. 다시 시작하는 것은 괴롭지만, 되돌아갈 수만 있다면 이전보다 훨씬 나은 모습으로 거듭날 수 있다. 그러니 과거의 영광이나 헛된 기대는 버리고, 현실을 밑바닥까지 직시하면서 초심을 바탕으로 떨쳐 일어나야 한다. 그것이 지뢰복괘의 가르침이다.

1995년 삼성은 자사의 휴대전화 15만 대를 불태웠다. '애니콜 화형식'으로 세간에 알려진 유명한 사건이다. 당시 이건희 삼성전자 회장은 대표 상품인 애니콜의 불량률이 11.8%에 달하는 것을 보고받고선 임직원 2,000여 명이 지켜보는 앞에서 휴대전화 15만 대를 쌓아놓고 불도저로 산산조각을 낸 뒤 전소시켰다. 극단적인 퍼포먼스겠지만, 이 일을 계기로 삼아 삼성전자 애니콜은 같은 해 8월 모토로라를 제치고 휴대전화 국내시장 점유율 1위를 차지하게 되었다.

과거의 잘못을 바로잡고자 처음으로 돌아가서 다시 시작하겠다는 마음은 쉽게 가지기 어려운 것이다. 그동안 쌓아올린 모든 것을 내려놓아야 하기도 하고, 큰 손실을 감수해야 하거나 자존심이 상할 수도 있다. 하다못해 우산을 깜빡했어도 놓고 온 자리로 되돌아가기 망설여지는 게 인지상정이다.

하지만 잘못 끼워진 옷의 단추를 꿰는 일이 그렇듯 처음부터 다시 시작하지 않으면 안 되는 일이 있다. 그때는 잘못된 과정들을 숨김없이 드러내 짓밟고 불태워버리는 용기를 내야 한다.

지뢰복의 직관

지뢰복은 되돌아오는 형국이다. 무엇인가를 처음부터 다시 한다는 의미를 갖고 있다. 앞서 세 번째 괘인 수뢰준은 위에서 막고 있는 양이 있지만 지뢰복은 순수하게 한 개의 양기만 가장 아래에 있다. 따라서 저항선, 방벽, 방해세력이 없이 순수하고 자연스럽게 처음부터 시작하는 느낌이다. 물론 다시 시작한다는 자체가 쉬운 일은 아니다. 그럼에도 순수했던 초심으로 돌아갈 수 있다면 매사 겸허해지고 신중해진다. 대인관계도 초면이 중요하고, 기획안도 초안이 중요하듯이 하고자 하는 일에서 서두르지 말고 조심조심 나아가야 한다.

25장

빈손으로 왔는데
빈손으로 돌아가더라도
무엇이 아쉽겠는가?

☰☳

천뢰무망.
진행하는 일이 생각만큼 진전이 없어 잠시 멈춰서 고민하다

천뢰무망天雷无妄은 상괘가 하늘에 해당하며, 하괘가 우레에 해당한다. 팔괘의 자연명으로 천괘가 위에 있고 뢰괘가 아래에 있으니 천뢰이며, 그의미에 해당하는 무망无妄이 합쳐져 천뢰무망이라는 괘명을 갖게 되었다. 무망无妄은 허망함이 없다, 망령됨이 없다는 의미다.

무망의 형상을 보면 하늘 아래서 천둥이 울리니 만물이 함께 행동한다. 군자는 이 모습을 보고 하늘의 변화 시기에 맞춰서 만물이 자라도록한다. 무망은 천명을 말한다. 그리고 무위의 도를 말한다. 천명이 돕지않으면 제대로 일을 처리할 수 없다. 군자는 이것을 잘 알기에 하늘의 시기에 맞춰서 모든 일을 도모하는 것이다.

지뢰복 다음에 천뢰무망이 오는 까닭은 만물이 처음 시작할 때는 본

성으로 돌아가기 때문이다. 만물의 본성, 본령에는 망령됨이 없으니 무망이다. 천뢰무망괘의 직관을 정리하자면 다음과 같다.

"지혜로운 사람은 일이 지체됨을 맞아 천리에 순응하며, 사람과 사물의 본질을 생각한다."

삶에 대한 부정은
살고 싶다는 더 큰 긍정이어야 한다

지知라는 이름을 가진 자가 북방을 여행하다 무소위無所謂(이르는 바가 없음)라는 자를 만났다. 지가 무소위에게 물었다. "어떻게 해야 대도를 알고 대도를 얻고 대도에 안주할 수 있습니까?"

세 번이나 물었지만 무소위는 아무 대답 없이 가버렸다.

지는 해답을 얻지 못한 채 남방을 떠돌다 광굴狂屈이라는 자를 만나 역시 똑같은 질문을 했다.

그런데 광굴의 대답이 걸작이었다. "지금 말해주려고 했는데 방금 잊어먹었소."

이후 지는 궁궐로 들어가 황제에게 똑같이 물었다.

황제는 대답했다. "마음으로 생각하고 헤아리는 것이 없어야 대도를 알게 될 것이고, 힘써 행하는 것이 없어야 대도에 머무를 수 있게 되며, 따르는 것도 믿는 것도 없어야 대도를 얻게 될 것이오."

지는 크게 기뻐하며 황제에게 말했다. "우리는 대도를 알지만, 무소위와 광굴은 모르고 있습니다."

"무소위는 대도에 부합하는 자이며 광굴은 대도에 근접한 자요. 우리는 아직 멀었으니 무릇 아는 사람은 말이 없고, 말하는 자는 알지 못하는 것이오."

《장자》에 나오는 이야기다. 천하에 변하지 않는 이치, 변함이 없는 무상한 도를 일컫는 괘가 천뢰무망이다. 수많은 인간들의 온갖 힘과 지혜, 희로애락이 교차하며 역사가 흘러갔지만 천하는 변함없이 무심하게 사계를 반복할 뿐이다. 그 도도한 흐름에 빗대 보면 영웅호걸도 하루살이요, 역사의 격랑에서 발버둥치는 것이 허망하게 느껴지기도 하지만 변함없이 그 자리를 지키며 만물을 키우는 것이 천지의 법칙이다. 천지의 도는 어디로도 도망가지 않는다. 그래서 무망이다.

사물의 본질에는 죄가 없고 본성으로 돌아가면 편안해진다. 사물의 원형, 인간의 원형은 모두 흠결이 없고 선하다. 그래서 우리는 본질, 본성으로 돌아가야 한다. 그것이 천뢰무망이 의미하는 바다. 이러한 본질에 도달하는 방법은 비우고 버리는 것이다. 세속적인 욕망을 채우기보다 오히려 비울 때, 그 비움에 집중할 때 본질, 진리에서 도망가지 않는 무망의 진리에 도달할 수 있다고 말한다. 《도덕경》에는 이런 이야기가 나온다.

학문을 한다는 것은 매일 더하는 것이요, 도를 닦는 것은 매일 감한다는

것이다. 감하고 또 감하는 것은 지극한 무위를 말함이다. 무위는 무불위

니, 못하는 것이 없다(위학일익 위도일손 손지우손이지어무위 무위이무불위^{為學日}

^{益 為道日損 損之又損以至於無為 無為而無不為}).

무위는 전지전능하다는 말이다. 천지의 도는 함이 없이 하지 못하는
것이 없다. 함이란 욕심과 의도를 가지고 하는 것을 가리킨다. 하지 못하
는 것이 없다는 까닭은 천지란 대곳 펴부터 쉬지 않고 만물을 길러내고
천변만화하는 세계를 연출하기 때문이다. 전지전능한 천지의 도와 같아
지고 싶다면, 무엇인가를 더하기보다는 내 것이라고 내세우는 것을 감
하고 또 감하고, 비우고 또 비워야 한다. 그렇게 하지 않으면 세상이 우
리가 더하고 채워서 가진 것들을 빼앗음으로써 우리에게 깨달음을 주는
날이 올 수도 있다.

우리는 살아가며 소중한 무엇인가를 잃는 순간을 경험하게 된다. 내
가 소유한 내 것에 대해서 부정해야 할 때도 있다. 그래야만 그나마 견딜
만하기 때문이다. 더 나아가 우리는 살아가기 위해 우리 자신마저 부정
해야 할 때도 있다.

김지하 시인은 가혹한 고문을 받고 세상을 나온 다음 하루하루가 견
딜 수가 없었다고 한다. 그 당시 그가 살기 위해서 중얼거렸다는 말은 그
가 남긴 어떤 시보다 우리의 가슴을 아프게 한다.

"나는 아무것도 아니다. 나는 아무것도 아니다."

그는 왜 자신을 부정해야 했을까? 야만에 의해 자신이 철저히 무너졌
던 기억을 품는 것이 더 큰 고통이었기 때문이지 않을까 하고 감히 추측

만 할 뿐이다.

그럼에도 우리는 살아내야 한다. 지독한 부정이란 결국 살아야 한다는 더 큰 긍정이고, 더 큰 긍정이어야 한다. 과거 단단한 나의 것, 나아가 자기 자신까지 다시 허물지 않으면 이미 무너져 내린 자신 속에서 새로운 나를 다시 세울 수 없기 때문이다.

힌두교에서 세계관의 근간을 이루는 삼주신三主神으로 창조의 신인 브라흐마, 유지의 신 비슈누, 파괴의 신 시바가 있다. 파괴의 신인 시바도 대표적인 신으로 존숭을 받는 이유가 바로 여기에 있다. 파괴 없이는 창조도 없기 때문이다. 파괴의 과정이란 고통스럽기 마련이지만 받아들여야 한다. 천뢰무망은 이처럼 소멸하는 우주의 법칙을 받아들이는 지혜를 알려주는 괘다. 천지의 이치에서 벗어나는 것은 없으니 허물어지는 것에 두려움을 갖지 말라.

천뢰무망의 직관

천뢰무망은 자연 그대로의 모습을 의미한다. 무색무취의 세계로, 순수한 자연의 본성으로 돌아가 변화하는 천지의 이치에 순응할 것을 말한다. 세상 만물이 천지의 이치에서 빠져나가는 법이 없음을 알면, 불확실한 미래가 앞에 놓여 있다 할지라도 두려움이 없을 것이다. 그러니 코앞에 닥친 일에 일희일비하지 말고 멀리 내다봐야 한다. 자신의 것을 갖지 못함을 안타까워할 필요도 없다. 세상이 아무리 변화무쌍하게 변한다고 해도 차면 기울고 다시 기울면 차는 것만큼은 변하지 않는 이치다. 무리한 욕심을 버리고 자신의 길을 지키면 좋은 운이 도래할 것이다. 지금은 다만 큰 지혜를 바탕으로 천명을 기다리는 괘다.

26장

가지가 높고 무성하면
그만큼 뿌리도 깊고 단단하다

☰

산천대축.
오랫동안 쌓아온 성의 완공이 눈앞으로 오다

산천대축山天大畜은 상괘가 산에 해당하며, 하괘는 하늘에 해당한다. 팔괘의 자연명으로 산괘가 위에 있고 천괘가 아래에 있으니 산천이며, 그 의미에 해당하는 대축大畜이 합쳐져서 산천대축이라는 괘명을 갖게 되었다. 대축大畜은 크게 쌓는다는 말이다.

대축괘의 형상은 산 안에 하늘이 있는 것이다. 군자는 이것을 본받아 선현들의 지식과 지혜와 실천적인 삶을 공부하며, 그 덕을 쌓아간다. 산천대축은 오랜 기간 산처럼 지혜와 실력을 축적한 사람이 하늘이라는 밝고 강력한 기운까지 품고 있는 이상적인 형상이다. 군자는 이렇게 밝은 지혜와 덕이 가득한 사람의 모습을 본받는다. 그렇게 자신을 기름으로써 군자는 온고지신溫故知新의 힘으로 세상에 큰 뜻을 펼친다.

천뢰무망 다음에 산천대축이 오는 까닭은 본성으로 돌아가면 진실하고 정성스러운 마음만 가득하니 천명을 따라서 큰 덕과 재화를 쌓기 때문이다. 산천대축괘의 직관을 정리하자면 다음과 같다.

"온갖 고난을 차근차근 돌파하며 힘과 지혜가 쌓였다. 이제 오랜 세월 축적한 덕을 나누는 일만 남았다."

왕도도, 지름길도 없다

장자가 노나라의 마지막 왕인 노애공을 찾아갔다. 노애공은 장자를 대수롭지 않다는 듯 쳐다보며, 노나라는 유학이 발전해서 당신의 도가^{道家} 철학을 따르는 사람이 없을 것이라고 했다.

그러자 장자는 이렇게 말했다.

"유학자가 둥근 모자를 쓰는 것은 천문을 안다는 것이요, 네모난 신발을 신는다는 것은 지리를 안다는 뜻이며, 옥패를 차고 다니는 것은 큰 일을 맞이했을 때 결단력을 발휘할 수 있다는 뜻입니다. 지금 당장 방을 붙여서 진정으로 유학의 도를 모르면서 유생의 옷을 입는 자는 죽이겠다고 해보십시오. 그러면 노나라에 얼마나 많은 선비가 있는지 알게 될 것입니다."

노애공 또한 그 결과가 궁금해 장자가 시킨 대로 했다. 그랬더니 온 나라에 유생의 복장을 한 사람이 사라졌다. 닷새가 지나자 단 한 사람만이 유학자의 차림을 하고 있었는데 불러서 유학의 도에 대해서 물어보니 대답하기를 거침이 없었다. 장자가 비로소 말했다. "노나라에 유생이 딱 한 사람이 있군요."

'진짜가 나타났다'는 말이 있다. 영웅의 겉모습, 현인의 겉모습, 지도자의 겉모습, 군자의 겉모습을 하고 그럴듯하게 속이는 사람들이 많다. 심지어는 자신조차도 스스로가 그런 사람인 줄 착각하기도 한다. 이러한 기만은 아름답지 않다. 태양 앞에 물러나는 어둠처럼 진짜가 나타나면 그런 거짓은 사라지고 말 것이다. 산천대축은 바로 그 태양 같은 '진짜'를 말한다.

한편 유생이 거침없이 유학의 도에 대해 답할 수 있었던 까닭은 타인의 평가나 시선에 휘둘리지 않고 오랜 시간 치열하게 공부하고, 묵묵하게 자신을 단련했기 때문이다. 대축의 형국을 얻기 위해서는 이렇게 충분한 시간의 축적이 필요하다.

옛날 중국 대사마大司馬(오늘날의 국방장관)의 신분을 가진 사람 집에 갈고리를 만드는 사람이 있었다. 여든이 되었어도 갈고리 하나만큼은 사람들에게서 경탄이 절로 나오게 할 만큼 잘 만들었다. 이에 대사마가 물었다. "어떻게 이렇게 갈고리를 잘 만드는 것입니까? 여기에 특별한 도가 있습니까?"

갈고리 장인은 이렇게 답했다. "저에게는 단 하나의 도가 있습니다. 스무 살 때부터 갈고리를 만들었는데, 다른 일은 쳐다보지도 않고 오직 이 갈고리 만드는 일에만 평생을 쏟았습니다. 제 온 정성을 다해 오랫동안 만들다보니 잘 만들게 된 것입니다."

왕도는 없었다. 그저 평생을 바쳐 정성을 다한 것이 고수가 된 비결이었다. 사람들은 해보지도 않고, 최종적인 결과물만 보고 경탄하지만 어떤 한 가지에 온 정성을 다해 오랜 시간을 투자하면 반드시 잘 하게 된다. 일상의 작은 습관들을 고쳐나가 자신의 삶을 바꾸고자 하는 노력 또한 마찬가지다. 좋은 습관을 만들기 위해서는 일정한 시간을 들여 꾸준히 실행해 몸에 새겨야 한다.

영국의 심리학자 제인 워들의 주장에 따르면 66일 동안 매일 꾸준하게 같은 행동을 반복하면 필요한 상황에 맞춰 자동적으로 행동이 나오는 습관이 형성된다고 한다. 그는 일반인 참가자들을 대상으로 다음과 같은 실험을 진행했다. 참가자들에게 점심시간에 무조건 과일을 한 조각 먹게 한다거나 물 한 병을 매일 마시는 것 혹은 저녁식사 전에 15분 동안 달리기를 하는 등의 행위를 하나씩 선택해 매일 실천하게 한 것이다. 워들이 면밀히 조사한 결과 개인차가 있었지만 평균적으로 66일이 지나면 생각이나 의지와 상관없이 습관적인 행동을 하는 것으로 파악되었다.

어떤 분야의 전문가가 되는 것이든 나쁜 습관을 좋은 습관으로 바꿔 인격자가 되는 것이든 사람이 바뀌기 위해서는 충분한 훈련 시간이 필요하다. 산천대축은 충분한 시간의 축적을 통해 한 분야의 전문가가 되거나 일가를 이뤄 그 뜻을 크게 펼쳐나가기 시작하는 형상을 의미한다.

산천대축의 직관

산천대축은 크게 쌓음이 있다. 열한 번째 지천태괘와 함께 크게 길한 괘 가운데 하나다. 산천대축은 오랜 노고 끝에 큰 업적을 이루는 것을 의미 한다. 편법을 사용하지 않고 화려하지 않지만 묵묵히 자신의 길을 걸었 던 결과로 남들이 우러러볼 만한 업적을 이루는 것이다.

따라서 산천대축은 벽돌 한 장 한 장을 쌓아올리듯 견고하게 걸어왔 으므로 자신만의 성채를 구축해 남들의 칭송을 받는 형국이다. 다만 축 에는 정체된다는 의미도 있다. 성채는 변화를 거부한 채 바람을 맞고 버 티고 서 있다. 이미 일가를 이뤄서 새로운 바람이 들어오지 않기에 변화 와 발전이 더디다는 의미도 있다. 전반적으로는 하늘의 도를 이루고, 크 게 성공한다는 매우 길한 의미를 갖고 있다. 하늘을 가슴에 품고 가짜가 아닌 진짜로 살아가며 하늘의 덕을 널리 퍼뜨리는 것이 앞으로 대축이 나아갈 길이다.

27장

음식을 씹으려면
윗니와 아랫니가 함께 있어야 한다

☷

산뢰이.
의좋은 형제가 뭉쳤으니 손발이 척척 맞는다

산뢰이山雷頤는 상괘가 산에 해당하며, 하괘는 우레에 해당한다. 팔괘의 자연명으로 산괘가 위에 있고 뢰괘가 아래에 있으니 산뢰이며, 그 의미에 해당하는 이頤가 합쳐져 산뢰이라는 괘명을 갖게 되었다. 이頤는 기른다는 의미다.

이의 형상을 보면 산 아래 우레가 있다. 이를 보고 군자는 말을 삼가고 음식을 절제한다. 우레는 본래 큰소리로 자신의 양기를 천하에 떨치지만 지금은 산 속에 있다. 따라서 청년을 진정한 실력자로 길러내는 것과 같은 형상이니 세상에 뜻을 펼쳐나갈 때 조급하게 서두르면 안 된다는 뜻이며, 불필요한 말을 삼가고 오직 정성으로 나아가야 한다는 의미다. 효의 배열을 보면 양 입술에 이가 가지런히 있는 모양이다. 초효와 상효 두 개의 양이 마치 음식물처럼 음효를 씹어 몸을 기르는 형국이다.

산천대축 다음에 산뢰이가 오는 까닭은 대축의 큰 덕이 만물을 길러내기 때문이다. 만물이 크게 쌓인 다음에는 그것으로 양육할 수 있기에 이가 온다. 길러낸다는 의미에서 다섯 번째 괘인 수천수와 비슷하지만 수천수괘의 수는 아이를 기르는 음식에 해당하고, 산뢰이괘는 만물이 쌓인 자산을 바탕으로 각자의 기질에 따라서 선택해 기르는 것을 가리킨다. 전자는 육체적이고 물질적인 의미가 강하며 후자에는 정신적이고 무형적인 의미가 포함되어 있다.

한편으로는 열한 번째 괘인 지천태괘와도 흡사하다. 비교하자면 지천태는 N극과 S극의 만남이니 자석이 이끌리듯 자연스러운 결합을 의미하며, 산뢰이는 서로 노고를 다 하고 힘을 합쳐 한 가지 일을 이뤄내는 적극적인 동지라는 의미가 강하다. 산뢰이괘의 직관을 정리하자면 다음과 같다.

"톱니바퀴가 맞물린 것처럼 원활하게 일이 돌아가는 것은 상하가 서로 힘을 합쳐 상대방을 기르기 때문이다."

당신이 살아야 나도 살 수 있다

북위北魏시대, 양일이라는 젊은 관리가 광주光州지방의 자사로 부임해갔다. 그는 덕망과 지혜를 골고루 갖추고 있어 부임한 곳의 백성들을 위해

밤낮을 가리지 않고 정사에만 몰두했다고 한다. 흉년이 들자 자신의 목숨을 담보로 나라의 허락 없이는 열 수 없는 창고를 개방해 백성들을 구제했고, 탐관오리들을 감찰하기 위해 감사원을 지역 곳곳에 배치했으며, 공직자들이 지방으로 파견될 때에는 접대를 받지 못하도록 자기가 먹을 식량은 스스로가 챙겨가도록 했다. 그래서 지방의 백성들이 감사의 뜻으로 파견된 공직자들에게 음식을 제공하면 공직자들은 '양 자사께서는 천리안을 가지고 계신 분인데 어떻게 그 분을 속일 수 있습니까'라고 하면서 결연히 거절했다고 한다.

위가 진심으로 아래를 사랑하면 아래도 이에 호응하는 것이 세상의 이치다. 산뢰이는 그런 괘다. 가난한 백성들을 위해 위험을 무릅쓰고 부족한 곳을 채워주는 것이 하늘의 사랑이고, 그 사랑에 보답해 신뢰와 노력으로 보답하는 것이 땅의 사랑이다.

산뢰이괘는 이렇게 상하가 협조하는 음양의 조화를 통해 생기는 큰 평안과 기쁨을 뜻하며, 매사가 원활하게 잘 통해 크게 길한 형국이다. 자신이 윗사람이라면 아랫사람의 말에 더 귀를 기울이고, 낮은 위치에 있다면 높은 위치에 있는 이와 적극적으로 소통하는데, 이때 자칫 교만해지지 않는 것이 중요하다. 위아래가 서로 교류하면서 협력해 만사를 크게 이룰 수 있는 상황을 만났을 때에는 상대방에게서 최대한 이익을 얻어내겠다는 마음가짐보다는 어떻게든 상대방도 성장하고 나도 성장하겠다는 상생의 마음을 가져야 한다는 것이 산뢰이의 지혜다.

한 시절을 장악했던 최고의 바둑기사 이창호가 본격적으로 대중들의 주목을 받기 시작한 시기는 '쌍십절의 반란'이라고 불리는, 1990년 10월

10일 열렸던 동아일보 국수전 대국에서부터다. 여기서 그는 스승인 조훈현 9단을 3연승으로 이기면서 바둑계에 일대 파란을 몰고 왔다.

조훈현은 왜 '젊어서부터 호랑이를 키우냐'는 지인들의 우려 섞인 조언을 감내하면서 제자들을 길렀을까? 바로 훌륭한 후진을 키워내지 않으면 한국 바둑이 세계 바둑에 잠식당할 수도 있다는 우려 때문이었다.

조훈현이 이창호를 내제자로 받아들여서 길러낸 과정은 수양아들을 키우는 것과 다름이 없었다. 조훈현 부부는 이창호의 도전기가 있는 날이면 새벽부터 아침밥을 지었고, 손수 운전해서 대국장까지 데려다주곤 했다고 한다.

이렇게 스승 밑에서 성장한 이창호는 열여섯에 세계대회 우승을 차지하면서 세계를 놀라게 했다. 이창호의 등장 이후로 세계바둑계의 판도는 한중일 삼자가 서로 다투던 상황에서 이창호 한 기사를 두고 각축하는 양상으로 바뀌었고 세계대회 우승을 놓고 조훈현과 이창호가 벌이는 사제 대결은 흔하게 볼 수 있는 풍경이 되었다.

그 모든 것은 산뢰이의 이치에서 비롯되었다고 할 수 있다. 조훈현이 아낌없는 애정으로 제자를 길러냈기 때문에 스승과 제자 두 사람이 함께 세계 바둑계를 석권할 수 있었던 것이다. 산뢰이괘가 말하는 바는 여기에 있다. 승부에서 오랫동안 승자로 남고 싶다면 남을 짓밟고 올라서려고 하지만 말고, 서로를 길러낼 수 있어야 한다.

산뢰이의 직관

산뢰이는 이로 씹어서 삼킨다는 것이다. 입의 저작활동에 의해서 음식물을 영양분으로 만드는 괘다. 이로 씹는다는 의미를 가진 괘로는 스물한 번째 괘인 화뢰서합과 산뢰이가 있다. 그런데 화뢰서합에는 이물질이 있는 반면 산뢰이에는 없다. 그래서 보다 순탄하다. 윗니와 아랫니가 서로 만나 함께 성과를 내는 것이니 상하가 서로 협력한다는 의미가 있다. 아랫사람은 윗사람을 따르고 윗사람은 아랫사람을 길러내는 운이다. 서로 다른 상대방에 대한 이해심과 포용력, 애정을 발휘한다면 더욱 큰 성공을 이끌어낼 것이다.

28장 과일이 너무 익으면 썩게 된다

☰

택풍대과.
내가 가진 것보다 남의 것이 더 좋아 보여 욕심을 부리다

택풍대과澤風大過는 상괘가 연못에 해당하며, 하괘는 바람에 해당한다. 팔괘의 자연명으로 택괘가 위에 있고 풍괘가 아래에 있으니 택풍이며, 그 의미에 해당하는 대과大過가 합쳐져 택풍대과라는 괘명을 갖게 되었다. 대과大過는 크게 지나친다는 의미다.

대과는 연못에 물이 너무 많아 나무가 잠기고 썩는 형상이다. 아래의 바람에 해당하는 손巽괘는 자연에 비유할 때 일반적으로는 바람으로 해석하고, 나무로 해석할 수도 있다. 오행에서도 바람은 목木의 기운으로 본다. 비가 많이 와서 홍수가 났고, 연못의 물이 넘쳐 흘렀으니 물에 잠긴 나무는 썩고 병들었다. 세상에 지나친 일들이 너무 많아 군자는 은둔한다. 세상이 나를 비난해도 수치스러워 하지 않고, 출세하지 못해도 번

민하지 않는다.

산뢰이 다음에 택풍대과가 오는 까닭은 충분히 자라난 이는 과한 행동을 벌이기 때문이다. 천지의 양육을 바탕으로 각자의 기질에 따라 자라나게 되면 자신의 색깔과 그릇에 맞는 성취를 거두게 된다. 하지만 자아실현을 한 이후에도 욕심을 부리며 자리에 연연하거나 무리하게 일을 벌이다 보면 가진 것도 잃고 사회적 지탄을 받기 마련이다. 택풍대과괘외 지관을 정리하자면 다음과 같다.

"스스로 지나치지 않나 돌아보라. 현인은 늘 침묵보다 웅변을 걱정하고, 모자람보다 지나침을 두려워한다."

목적지를 분명히 해야
길을 걸을 때 헤매지 않는다

초나라 위왕이 사자를 시켜 장자에게 벼슬을 내린다는 칙서를 보냈지만 장자는 거절하며 이렇게 말했다.

전하는 제물로 바치기 위해 기르는 소를 알 것입니다. 온몸에 비단을 걸치고 몇 해 동안 수놓은 옷을 입고 매일 좋은 물과 여물을 제공받지만 평생 사당에 갇혀 지내야 합니다. 결국 제물로 바쳐질 때는 들판에서 자유롭게 뛰어노는 동료들을 부러워할 것입니다.

분수를 알라는 말이 있다. 스스로의 처지를 넘어서는 일을 경계하자는 의미다. 택풍대과는 분수가 지나쳤다는 의미를 갖고 있다. 우리는 때때로 자신의 신세를 한탄하며 부자와 권력자를 부러워한다. 하지만 분수를 넘어선 욕심은 자신의 자유만 제한하게 될 것이다. 사당이 아무리 화려해도 그 속에 얽매인 생활은 금은보화로 치장된 감옥에 갇힌 죄수의 꼴일 뿐이다. 자신에게 과분한 재물과 명예를 탐하면 언젠가는 사당의 소처럼 욕심의 제물이 되고 말 것이다.

젊었을 때는 뭐든 해낼 수 있을 것 같다. 그래서 이것저것 일을 벌이고, 최고의 자리에 오르기 위해서 노력을 아끼지 않는다. 그 자체가 나쁜 것은 아니다. 좌충우돌하고 실수하는 자체가 모두 성장해나가기 위한 과정이기 때문이다.

하지만 자신이 가고 있는 길이 정말 자신이 원하는 길인가에 대한 점검은 필요하다. 그러한 자기 점검의 과정이 없다면 어느새 추구하는 가치에 잡아먹혀 수단이 목적에서 어긋나기 쉽다. 진정 자신이 원하는 것을 얻기 위해서는 결과만큼 과정을 충실히 해야 한다. 좋은 목적을 위해서 수단과 방법을 가리지 않는, 목적과 이율배반적인 과정은 목적마저 망가뜨리기 마련이다.

길을 걸어갈 때에는 진짜 얻고 싶은 것이 무엇인지 알면서 걸어야 하고, 가는 과정이 올바른지 점검하면서 걸어야 한다. 젊은 날을 바쳐 큰 부를 얻게 된 이들이 그 대가로 다른 많은 것을 잃고 나서 후회하는 것을 우리는 쉽게 볼 수 있다. 물론 부를 추구하는 것은 결코 나쁘지 않다. 다만 진정으로 원하는 것이 무엇인지 모른 채 그저 부를 좇았을 뿐이라면 그 많은 세월을 투자하고도 빈껍데기만 얻게 된 것이다. 그들의 후회가 익숙하게 느껴질 정도로 자주 나오는 까닭이 그저 식상한 교훈을 전하기 위해서만은 아닐 것이다.

《대학》에는 '내 자식 모자란 것을 모르고 내 벼가 잘 자라는 것을 못 본다'는 말이 있다. 내 자식을 지나치게 귀애하다 보면 내 자식이 하는 모두가 올바르고 대단한 것이라고 착각하게 된다. 그리고 내가 농사지은 벼가 잘 사라길 바라는 욕심이 과하게 되면 남의 벼는 더 클 자리는데 내 벼만 늦게 자라는 것 같은 느낌이 든다. 이 모두는 자신이 가진 것에 만족하지 못하기 때문에 벌어지는 착시현상이다. 현실을 똑바로 바라보지 못하는 것이다.

미국의 어떤 경영학 박사가 외국의 작은 바닷가 마을로 여행을 간 적이 있었다. 그곳에서 한 식당에 들어간 그는 식당 주인인 어부가 물고기를 잡는 모습을 지켜봤다. 그런데 그는 오후 3시까지만 조업을 하고 일찍 집으로 돌아가려는 것이었다. 경영학 박사는 그 모습을 보며 의아하게 여겼다.

"왜 더 조업을 하지 않습니까?"

"물고기를 낚는 일 외에도 할 일이 많습니다."

"그게 무엇인지요?"

"집에 가서 아이들과 놀아줘야 하고, 마을 여기저기 어슬렁거리다가 친구들과 어울려 맥주도 마시고, 얼큰하게 취하면 별이 잘 보이는 뒷산에 올라가 노래도 한 곡 부르고, 그래도 시간이 남으면 다시 친구들하고 어울려 포커도 한 판 쳐야죠."

이에 경영학 박사는 이렇게 말했다.

"물고기를 더 많이 잡아서 도시로 팔면 큰돈을 벌 수 있습니다. 지금부터 저녁 9시까지 조업을 하고, 회사를 세워 통조림을 만들어 물고기가 부족한 큰 도시에 내다 파세요. 그렇게 20년만 열심히 일하면 큰 부자가 될 수 있습니다."

"20년 후에 큰 부자가 되면 뭘 할 수 있을까요?"

"오후 3시까지만 일을 하고, 동네를 어슬렁거리다 친구를 만나서 맥주 한 잔을 하고, 아이들과 놀아주고, 여유롭게 포커나 치면서 여생을 보내는 거죠."

욕심은 항상 우리에게 무리한 일을 벌이게 만들지만 그 결과는 대개 좋지 않다. 자신이 지금 진정으로 원하는 길을 가고 있는지, 그것을 얻기 위해서 꼭 이 방법밖에 없는지 점검해봐야 하는 까닭이다. 수단에만 너무 빠져서 목적을 잊고 자신이 하지 말아야 할 일을 하거나, 결과물을 보는 데에만 급급해 지나치지는 않았는지 잘 돌아봐야 한다. 택풍대과괘는 이러한 지혜를 우리에게 알려준다.

택풍대과의 직관

택풍대과의 과는 크게 지나쳤음을 의미한다. 분수에 맞지 않는 일을 벌이고 있거나, 쾌락이나 욕망에 빠져서 너무 멀리 왔음을 가리킨다. 정상적인 궤도를 이탈했으니 어려움을 겪지 않을 수 없다. 허세, 허영, 낭비,

탐락, 무모한 사업 등을 주의해야 한다. 택풍태과를 만났다면 당장 결단을 내려 정상적인 생활로 들어서야 한다. 비록 지금은 곤란한 상황에 놓여 있지만 지금이라도 멈출 수 있다면 차츰 좋아질 것이니 희망을 잃어서는 안 된다.

29장

늪에 빠졌을 때
발버둥을 치면
더욱 깊은 곳으로 빠진다

☵

중수감.
나오려고 노력할수록 더 빠져드는 곤란에 처하다

중수감重水坎은 상괘와 하괘 모두 물에 해당한다. 팔괘의 자연명으로 수괘가 위와 아래에 모두 중복되어 있으니 중수이며, 이렇게 같은 팔괘가 겹칠 경우 팔괘의 괘명인 감坎을 그대로 사용해 중수감이라는 괘명을 갖게 되었다. 감坎은 팔괘 가운데 하나로 자연에 비유하면 물에 해당하지만 한자로는 구덩이, 험지라는 의미를 갖고 있다.

감의 형상은 물이 계속되는 모습이다. 물이 한 번 물러나고 있는데, 다시 물이 흘러 들어온다. 물이 끊임없이 흐르는 것을 습감習坎이라고 한다. 군자는 이 모습을 보고 덕행을 닦고 배우고 가르치는 일을 평소와 같이 쉬지 않고 한다. 택풍대과 다음에 중수감이 오는 까닭은 지나친 행동을 계속 하다보면 결국 큰 위기를 맞기 때문이다. 중수감괘의 직관을 정리하자면 다음과 같다.

"누구나 늪과 같은 구덩이에 빠질 때가 있다. 차분하게 도움의 손길을 찾되 본성을 잃지 말라."

고통 앞에서도
존엄만은 지켜야 무너지지 않는다

진채지액陳蔡之厄은 진나라와 채나라에서 겪었던 괴로움이라는 뜻으로, 공자의 생애 가운데 가장 고통스러웠던 시기에서 유래된 말이다

노나라를 떠난 뒤 여러 나라를 전전하던 공자의 행렬은 시간이 흐를수록 초라한 몰골이 되었다. 그러던 중 초대를 받아 초나라로 가던 공자를 진나라와 채나라의 사대부들이 들판에 7일간 가둬놓았다.

그렇게 일주일 동안이나 풀만으로 연명하는 처지에 이르자, 공자의 제자들이 지치고 병들어서 더 이상 견딜 수 없는 지경이 되었다. 이런 상황에서도 공자는 예악을 중시하는 자신의 지론에 걸맞게 강의를 하고 악기를 연주했다. 이 모습에 화가 난 자로가 물었다.

"군자도 곤궁함에 빠질 때가 있습니까?"

"군자는 곤궁에 처하면 참고 견디지만, 소인은 곤궁에 처하면 함부로 군다. 너는 많이 배우면 군자가 된다고 생각하느냐?"

"그렇지 않습니까?"

"그렇지 않다. 일관성이 있어야 군자가 된다."

중수감은 4대 난괘 가운데 가장 큰 고통을 의미한다. 고통과 시련의 시기를 맞아 일관성을 유지하는 것은 쉽지 않은 일이다. 다만 그럼에도 일관성을 간직하고자 노력한다면 당장 위기를 벗어나는 데에는 도움이 되지 않을지라도 긴 호흡으로 보면 훗날 더 큰 성취를 이룰 수 있는 바탕이 될 수 있을 것이다. 한 인간의 진로는 대개 어려움 앞에서 어떤 선택을 하는지에 따라 결정되기 마련이다.

중수감은 빠져나올 수 없는 고통, 피할 수 없는 고통이다. 중산간이 단순히 옴짝달싹 못하는 것을 의미한다면 중수감은 피하지도 못하는 상황에서 견디기 힘든 고통을 겪는 것이다. 《백범일지》를 보면 백범 김구는 고통에 대해 다음과 같이 회고했다.

김구는 모진 고문을 받을 때는 이를 악물고 독한 마음을 내서 견뎠다. 그런데 고문보다 더 괴로운 것은 굶는 것이었다. 일제는 그렇게 굶긴 다음에는 장식이 잘 되어 있는 방으로 데려가 좋은 음식을 대접하며 회유를 하곤 했다. 사실과 상관없이 듣기 좋은 이야기를 하면 사식도 허락하지만, 굴복하지 않으면 절대로 허락하지 않았다. 석 달 동안 김구의 아내가 매일 아침저녁으로 사식을 가지고 왔지만, 일본 순사들은 매번 돌려보냈다. 김구가 한 번도 그들이 듣기에 좋은 말을 하지 않았고, 회유에도 응하지를 않았기 때문이다.

그러나 김구 역시 며칠씩 굶어 정신이 혼미한 상태일 때, 다른 사람들이 받은 사식에서 나는 고깃국에 김치냄새가 코를 찌르면 '나도 남에게 해가 되는 말이라도 해서 가져오는 밥을 받아먹을까'라는 생각까지 들었다고 고백했다. 김구 정도 되는 위인도 이러한데, 우리네 보통사람들이 고통 앞에서 스스로를 잃는다고 해도 나무랄 수만은 없을 것이다.

하지만 고통 앞에서 끝내 주저앉을지라도 스스로의 존엄을 지키려는 시도조차 포기하지는 말아야 한다. 그 사람이 누구인지는 위기의 상황에서 더욱 극명하게 드러나기 때문이다. 고통스러울수록 허우적거리지 말고 작은 빛이라도 찾아나서는 것, 어렵지만 그것이 우리가 선택할 수 있는 최선의 길이라는 것을 중수삼괘는 말해준다.

중수감의 직관

중수감은 4대 난괘 가운데 하나다. 개인적으로는 4대 난괘 중에서도 가장 힘든 괘라고 생각한다. 중수감은 깊은 물속에 빠져드는 것과 같다. 흔히 수렁에 빠졌다고 이야기하는 형국이다. 늪에 빠져서 움직이면 움직일수록 더 깊이 잠겨드니 난감할 따름이다. 만사가 자신의 마음과 같지 않을 때는 가만히 기다리는 수밖에 없다. 그럼에도 희망만은 잃지 않고 무리하지 않는 선에서 자신이 할 수 있는 작은 것이라도 하나씩 해나가며 도움의 손길을 기다려야 한다.

30장

두 개의 태양이 떠 있으니
사방이 그림자 없이 환하다

☲

중화리.
두 개의 태양이 뜨는 날, 희망의 불씨가 밝게 드러나다

중화리重火離는 상괘가 불에 해당하며, 하괘도 역시 불에 해당한다. 팔괘의 자연명으로 화괘가 위와 아래에 모두 중복되어 있으니 중화이며, 중수감괘와 마찬가지로 팔괘가 겹쳤을 때 그 괘명인 리離를 그대로 사용해 중화리라는 괘명을 갖게 되었다.

리離는 팔괘 가운데 하나라 자연에 비유하면 불에 해당하지만 한자로는 붙다, 부착하다, 매달린다는 의미를 갖고 있다. 리는 특이하게 계속되다, 붙다 외에도 떨어진다는 상반된 의미를 모두 갖고 있는 한자다. 참고로 같은 괘가 반복될 때 쓰이는 중重이라는 한자는 무겁다는 의미를 갖고 있지만 접두사로 쓰일 적에는 겹친다는 의미도 갖고 있다.

리의 형상을 보면 밝음이 또 한 번 일어나는 것이고, 백야처럼 낮이

계속되는 것이다. 군자는 이를 보고 밝음을 이어가며 사방을 비추는 태양이 된다.

중수감 다음에 중화리가 오는 것은 위험에 빠진 자는 누군가가 던져준 밧줄, 도움의 손길을 붙들고 빠져나와야 하기 때문이다. 중화리괘의 직관을 정리하자면 다음과 같다.

"어둠이 가면 밝음이 나를 붙든다. 이두운 시기를 반성하고 양기를 한 곳에 집중하면 대업을 이룰 것이다."

잘못된 과거를 끊어내고
정도에 힘을 집중하라

수나라 양제는 대운하와 고구려 원정 등 끊임없이 전쟁이나 대규모 사업을 일으키는 바람에 백성들의 원성이 자자했다. 요역과 병역이 얼마나 지독했던지 백성들이 스스로 팔과 다리를 자르는 자해가 빈번했으며, 그렇게 자른 팔과 다리를 복된 손과 복된 다리라고 부를 지경이었다고 전한다. 이렇게 수양제의 학정이 계속되자 견디지 못한 농민들은 전국 각지에서 무리를 지어 탐관오리를 공격하고, 지주들의 식량을 탈취하기 시작했다.

당시 태연유수였던 이연은 황제의 감시를 피하기 위해 짐짓 유흥에 빠진 척하고, 황제의 측근들에게 뇌물을 주면서 일신을 보전하고 있었다. 그러다 국경지대에 돌궐족이 침입했을 때 이연은 이를 제대로 격퇴하지 못하고 병사만 잃게 되었다. 평소 이연을 범상치 않게 생각했던 양제는 이 일을 기회로 삼아 이연을 죽일 속셈으로 당장 그를 연행해오라고 명했다.

어쩔 줄 모르고 있는 이연에게 둘째 아들인 이세민은 거듭 반란군을 일으킬 것을 종용했다. 이에 결국 이연은 마음을 굳히고 군사를 이끌고 출진해 수나라를 멸하고 당을 건국했다. 이와 관련해 수양제가 이연 군의 습격을 받은 다음 반란의 주모자가 누구냐고 묻고는 반군 장수인 사마덕감으로부터 '온 천하가 주모자다'라는 답변을 들으며 죽었다는 이야기도 전해진다.

이연을 설득했던 둘째 아들 이세민은 당 태종이 되었는데, 그가 다스리던 시대는 중국 역사상 손꼽히는 황금시대 가운데 하나로 당대의 연호를 따서 정관지치貞觀之治라고 불린다. 태종은 수나라의 실패를 반면교사로 삼아 대신들과 매사를 토론해 정책을 결정했으며, 백성들의 의식주를 풍족하게 하는 것을 최우선 목표로 삼았다. 중수감괘가 수나라 양제의 시대를 의미한다면 중화리는 당 태종이 다스리는 정관지치를 의미한다. 밝고 건강한 기운으로 가득한 것이다. 당 태종은 과거의 잘못을 충분히 숙고하며, 밝은 덕을 베풀었기에 중화리의 밝은 시대를 맞이할 수 있었다. 이렇게 강력한 양의 기운은 잘못된 과거를 결연히 끊어내고 정도에 집중하는 데에서 발생한다.

주자 또한 이런 말을 한 적이 있다.

"양기가 일어나는 곳에는 쇠와 돌도 뚫을 수 있다. 정신을 하나로 모으면 무슨 일이든 이뤄지지 않음이 없다."

중수감 뒤에 오는 중화리는 한 줄기 빛을 놓치지 않고 있으면 다시 생명을 얻을 수 있음을 말해준다. 하나의 태양으로 생명을 다시 얻는 도움을 받고, 또 하나의 태양으로 밝고 따듯한 삶을 살아간다. 양기를 집중하면 어둠이 사라지고 밝음이 나를 붙든다.

그 빛을 붙잡고 놓치지 않는다면
기회는 다시 주어진다

1995년 삼풍백화점 붕괴사고는 한국인들에게 큰 충격을 안겨준 비극이다. 삼풍백화점은 기업주가 불법으로 설계를 변경하고, 다 짓고 난 이후에도 여러 번 구조를 변경하면서 총체적인 부실공사로 지어진 건물이었다. 32인치여야 할 건물 기둥이 23인치밖에 되지 않았고, 붕괴되기 전에 설계감리회사가 붕괴 우려를 분명히 피력했음에도 불구하고 무리하게 영업을 지속했다. 한국 현대사에서 황금만능주의의 탐욕이 인간을 어떻게 위험으로 몰아넣는지 보여준 대표적인 사건이 바로 삼풍백화점 붕괴사고다.

그러나 삼풍백화점이 붕괴되기 전에 한국인들은 이미 비슷한 비극을 한 차례 겪었다. 백화점 붕괴사고 8개월 전에 성수대교가 이미 붕괴되었다. 그럼에도 우리는 비극을 통해 반성하지 못하고 양기를 붙드는 것에 집중하지 않았다. 그 결과는 비극의 반복이었다. 한 개인의 삶으로 범위를 좁혀도 마찬가지다. 감위수의 고난을 겪고도 밝음을 붙잡는 반성이 없다면 비극은 곧 습관이 되어 평생을 지배한다.

삼풍백화점 사고로 수많은 이들이 소중한 사람을 잃었지만 기적적으로 돌아온 이들도 있었다. 그 가운데 한 명은 보름이 넘는 시간 동안 어둠속에 갇혀 있으면서도 끝내 무너지지 않았다. 아무리 절망적인 상황에서도 희망의 빛을 붙들고 견딘다면 언젠가 두 개의 태양이 나를 비추는 날이 올 것이다. 중화리괘는 어둠 속에서도 양기를 붙들고 집중하면 인생 2막의 기회를 맞이할 수 있다고 말한다.

중화리의 직관

중화리는 바로 앞의 중수감과는 정반대의 괘다. 두개의 태양이 뜬 형상이니 매우 밝다.《역경》에서는 대체로 음에 해당하는 수의 기운을 나쁘게, 양에 해당하는 화의 기운을 좋게 본다. 그 화가 겹쳤으니 매우 강한 운기를 가지고 있다. 하고 있는 일에 큰 발전을 이루니 일취월장할 수 있다. 밝고 공명정대하게 모든 일을 처리한다. 다만 불길이 타오르고 나면 재만 남는 법이니 지나치게 독단적인 행동은 후일의 화를 부를 수 있다. 특히 남녀관계에서 지나치게 성급한 행동을 주의해야 한다. 좋은 기회를 맞아 정도로 나아가면서 양기를 집중하면 큰일을 이룰 것이다.

이로써《주역》의 〈상경〉이 끝났다. 〈상경〉은 천지로 시작해 수화로 끝난다. 〈상경〉에서는 천과 지, 수와 화가 서로 교류하기보다는 단지 겹쳐서 이어질 뿐이다. 천지와 자연의 생성 과정에 방점을 뒀기 때문이다. 하지만 〈하경〉에서는 본격적인 음양의 교류가 시작된다. 그래서 〈하경〉은 부부를 의미하는 택산함괘로부터 시작된다.

4부
세 번째 호흡 사랑과 축제

부부가 가문을 일으켜
왕국을 만들고 축제를 벌이다

31번 택산함에서 45번 택지취까지

세 번째는 가문에 관한 이야기다. 남녀가 사랑하고, 결혼하고, 가문을 일으키고, 자신들만의 왕국을 건설해 축제를 벌이기까지의 과정을 담았다.

남녀가 서로 사랑하니(31함), 변함없이 그 사랑이 지속된다. 첫 만남의 신선함을 일상에서 찾아야 하는데(32항), 질투하는 소인배가 있으니 더 머무르지 못하고 살던 곳에서 물러난다(33돈).

물러난 곳에서 힘을 기르며 다시 집을 짓고(34대장), 축적된 양기를 발휘해 사회활동을 왕성하게 전개한다(35진). 어느덧 해가 저물고(36명이) 황혼이 되어 집으로 돌아온다(37가인).

집에서 함께하는 시간이 길어지니 다툼이 잦아지는구나(38규). 다툼으로 다리를 절게 되는 어려움을 겪는다(39건). 서로에 대한 원망을 풀고 미래를 향해 나아간다(40해).

자신 것을 먼저 내놓고 상대방을 돕는 것으로(41손) 큰 성공을 거두니 가문이 크게 일어난다(42익). 허물을 스스로 찾아 고치니(43쾌), 새로운 만남들도 이루어진다(44구). 가문에 사람들이 모여들어 하나의 왕국을 이루고, 한바탕 축제를 벌인다(45취).

31장

상대방도 나처럼
공감할 수 있기에
진심은 언젠가 반드시 통한다

☰

택산함.
봄바람 부는 날, 마음으로 마음을 얻다

택산함澤山咸은 상괘가 연못에, 하괘는 산에 해당한다. 팔괘의 자연명으로 택괘가 위에 있고 산괘가 아래에 있으니 택산이며, 그 의미에 해당하는 함咸이 합쳐져 택산함이라는 괘명을 갖게 되었다.

함咸이란 본래 모두, 즉 전체라는 뜻에서 나아가 두루 미친다, 두루 미쳐서 같게 만든다는 의미를 갖고 있지만 《역경》에서는 주로 감정이라고 할 때의 감感이나 마음, 또는 부부의 의미로 활용된다.

함의 형상을 보면 산 위에 연못이 있다. 산이 자신의 일부를 파내어 하늘에서 내린 비를 담아둔 형상이다. 군자는 이 모습을 보고 자신을 비워 다른 사람을 받아들인다. 괘의 모양을 보면 음과 양이 모두 셋이다. 짝을 만나 연애하는 형국인 것이다.

〈하경〉의 첫 번째 괘인 함괘는 어떻게 등장할까?《서괘전》〈하경〉의 시작은 다음과 같은 글로 시작된다.

천지가 있은 다음에 만물이 있고, 만물이 있은 다음에 남녀가 있으며 남녀가 있은 다음에 부부가 있다. 부부가 있은 다음에 부자가 있고, 부자가 있은 다음에 군신이 있으며 군신이 있은 다음에 상하가 있고 상하가 있은 다음에 예의를 만든다.

이 글을 보면 중간 연결고리, 즉 중핵이라고 할 수 있는 부부가 생겨난 다음에 모든 가족 공동체와 사회가 만들어진다. 〈하경〉이 부부를 의미하는 함괘로 시작되는 까닭은 여기에 있다. 택산함괘의 직관을 정리하자면 다음과 같다.

"사람의 마음을 진정으로 얻으려면 이성으로 설득하기보다 감성으로 감동시켜야 한다."

인간은 논리회로로 움직이는 기계가 아니다

한나라의 황제가 범죄를 저지른 자신의 보모를 처벌하려고 했다. 유모는 겁에 질려 현인, 기인으로 소문난 동방삭을 찾아가 도움을 청했다. 동방삭은 난감한 표정을 지으며 한동안 생각에 잠기더니 한 가지 방책이 생각난 듯 말했다.

"황제 앞에서 물러날 때 아무 말 없이 뒤돌아보고 또 뒤돌아보고 하시오. 그 방법밖에 없소이다."

유모가 형을 받고 돌아서면서 동방삭이 시킨 대로 했다. 황제는 그 모습을 보고 어린 시절의 기억을 떠올리며 감정의 동요가 일어났다. 결국 옛정을 생각해서 유모를 석방시켜 주었다.

텔레파시라는 이처럼 마음에서 마음으로 느낀다는 의미의 게다. 불가에서 쓰던 말로 이심전심以心傳心이라는 말도 있는데 진리는 말이나 문자가 아니라 마음에서 마음으로만 전해진다는 의미다. 철학이나 논리보다 마음이 중요한 때를 맞이했으니, 공감 능력이 중요하다.

우리는 살면서 이성, 합리, 논리에 지쳐버리는 일들이 많다. 차가운 효율성 때문에 인간성이 짓밟히는 경우가 많기 때문이다. 합리라는 미명 하에 이뤄지는 폭력은 얼마나 많으며, 인간이 짐승보다 못한 취급을 받는 경우는 또 얼마나 많은가? 기계적인 효율과 셈어림은 인간이라는 목적에 복무하는 수단이지 결코 뜨거운 감정과 인간성을 대체할 수는 없을 것이다.

언젠가 한 불교 관련 서적에 나오는 에피소드를 인상 깊게 읽었다. 부모 말을 듣지 않는 학생이 한 명 있었다. 고등학교에 올라간 뒤로 성적이 많이 떨어지자 아버지가 한 번 심하게 혼을 냈다고 한다. 이후로 이 학생은 학교는 잘 나가지 않고 친구들끼리 어울려 다니며 일탈행위를 하기 시작했다. 부모는 때려도 보고 말로 달래도 봤지만 소용이 없었다. 학교 선생님 역시 좋은 말로 설득을 해봤지만 학생은 여전히 겉돌기만 했다.

해답을 찾지 못한 부모는 겨울방학을 맞아 오래 전부터 간간히 만나며 알고 지내던 주지스님이 있는 사찰에 학생을 보냈다.

일탈로 괴로운 것은 부모뿐만이 아니었다. 학생 또한 오랫동안 부모와 사이가 좋지 않아 잦은 가출로 인해 심신이 피폐해져 있는 상태였다. 사찰에 도착한 학생이 절 기둥에 앉아 졸고 있던 차에 스님이 곁에 왔다. 또 혼나거나 잔소리를 들을 것이라고 생각했던 학생은 잠에서 깨어 바짝 긴장한 자세로 스님을 쳐다보았다.

스님은 아무 말 없이 물을 끓여 김이 모락모락 나는 씻을 물을 학생의 발 앞에 가져다줬다. 발 닦을 수건까지 손수 챙겨다 주고, 사랑방으로 안내해서 깨끗이 빨래가 된 옷을 건네주었다. 옷을 갈아입고 우두커니 앉아 있으니 잠시 후 스님이 다기를 가져와 차 한 잔을 건넸다. 따듯한 차 한 잔을 들이킨 학생은 스님이 다시 차를 한 잔 따라주자 천천히 말문을 열고 그동안의 심경을 털어놓기 시작했다.

백 마디 좋은 말보다 마음이 담긴 따뜻한 위로나, 관심을 거두지 않으면서 그저 묵묵히 지켜보는 것이 훨씬 더 효과적일 때가 많다. 그렇게 마음에서 마음으로 사람을 변화시키는 것이 택산함이다. 즉 택산함이란 논리나 효율보다는 가슴과 가슴으로 만나 서로 애정을 나누고 평화와 즐거움을 얻는 것을 가리킨다.

택산함의 직관

택산함은 사랑하는 사람을 만난 것과 같은 상황이다. 마음 속 깊은 감정으로 깊이 공감하는 것을 의미한다. 서로의 마음이 전류처럼 통하게 되니 사람들의 협조를 얻어서 원하는 일을 이룰 수 있다. 특히 사람의 감정을 다루는 일, 문화나 예술, 예능과 관련된 일이라면 더욱 길하다. 물론 이성관계, 연애나 결혼에도 좋은 괘다. 세상과 주파수가 잘 통하는 시기이니 직관과 통찰력을 발휘하는 일이라면 대체로 좋다. 이러한 형국에는 이성보다는 감성을 잘 발휘하면 더 큰 성과를 거둘 수 있다.

32장

살아가며 겪는 세월 가운데
똑같은 날은 단 하루도 없다

☰☴

뇌풍항.
어제와 같은 오늘, 일상이 반복되다

뇌풍항雷風恒은 상괘가 우레에 해당하며, 하괘는 바람에 해당한다. 팔괘의 자연명으로 뇌괘가 위에 있고 풍괘가 아래에 있으니 뇌풍이며, 그 의미에 해당하는 항恒이 합쳐져 택산함이라는 괘명을 갖게 되었다. 항恒은 늘, 항상, 변하지 않는다는 의미다.

항괘의 형상을 보면 천둥소리와 번개에 생명이 탄생하고, 바람이 만물을 성장시킨다. 자연에서 항상 일어나는 만물이 자라는 방식인 것이다. 군자는 이것을 보고 뜻을 바로 세워 본래의 길을 바꾸지 않는다.

택산함 다음에 뇌풍항이 오는 것은 부부로부터 모든 사회가 만들어지니 부부관계는 마땅히 오래도록 이어져야 하기 때문이다. 뇌풍항괘의 직관을 정리하자면 다음과 같다.

"일상이 지루하다면 시인의 마음으로 들여다보라. 평범한 것에서 거대한 변화의 조짐을 발견할 것이다."

일상을 무뚝뚝한 얼굴로 맞는다면
일상 또한 우리를 무뚝뚝하게 맞을 것이다

제나라 왕을 보필하며 벼슬을 하는 장계응이라는 사람이 있었다. 그가 낙양에 있을 때, 가을바람이 불어오자 고향의 버섯찌개와 농어회가 생각이 나서 이런 말을 했다고 한다.

"인생에 귀한 것이 자신의 뜻대로 살아가는 것인데, 어찌 수천 리 떨어진 곳에서 명예와 벼슬이나 탐하면서 살아가야 하겠는가(인생귀득적지 하능기환수천리이요명작人生貴得適志 何能羈宦數千里以要名爵)?"

그는 곧 관직을 그만두고, 고향으로 돌아갔다. 얼마 후 제나라가 망하자 사람들은 그를 현인이라고 칭송했다.

장계응은 고향에 있을 때는 고향에서 겪는 일상의 소중함을 몰랐다. 하지만 관직에서 늘 불안에 시달리다 보니 그 일상의 소중함을 알게 되었다. 새로운 것을 찾아 떠나는 것이 인간이다. 하지만 새로움이란 마음에 달린 것이기도 하다. 늘 보는 풀 한 포기도 애정을 갖고 자세히 보면 매일 매일 새로움이 있다. 뇌풍항괘는 일상의 소중함을 말한다. 또한 변함없는 것 같은 일상에서 미래에 일어날 큰 변화의 씨앗도 발견할 수 있는 법이다.

매일 같은 날이라도 같은 날이 아니다. 비슷한 날들의 반복 같지만 미세한 변화의 조짐들이 축적되는 것이다. 칠면조의 역설이라는 말이 있다. 칠면조 무리들은 매일 아침 먹이를 주니까 다음날 아침도 당연히 먹이를 줄 것이라고 생각한다. 아침마다 먹이를 주는 일이 몇 달 동안 반복되었기 때문이다. 하지만 불행하게도 그 날은 칠면조를 잡아 요리하는 추수감사절이었다. 기존에 있었던 일을 토대로 미래를 예측한 것에는 한계가 있다는 이야기다. 뇌풍항이 알려주듯이 내면에 보이지 않는 흐름까지 읽을 수 있어야 미래를 가늠해 대비한다고 할 수 있을 것이다.

그리고 그렇게 하기 위해서는 일상에 보다 깊은 애정을 가져야 한다. 일상에는 우리가 모르는 깊은 신비들이 풍성하게 숨어 있기 때문이다. 유홍준 전 문화재청장은 자신의 책《나의 문화유산답사기》에 인용한 글 한 줄로 안목을 다음과 같이 명쾌하게 정의했다. "알면 사랑하게 되고, 사랑하면 보이나니 그때 보이는 것은 예전에 보이던 것과 다르니라."

일상이 지루하다면 매일 만나는 일상을 무뚝뚝한 표정으로 그냥 지나치지 말고 새로운 방식으로 깊이 들여다보는 것은 어떨까. 필요하면 더 깊이 알아도 보고 공부를 할 수도 있다. 흥미를 갖고 알아나가기 시작하면 애정이 생겨난다. 그러다보면 점차 그것에 동화되기 시작해 더 큰 일체감으로 하나가 되는 경험을 하게 된다. 그렇게 되면 그것이 무엇이든 예전부터 마주해왔던 익숙한 풍경에서 다른 것을 보게 될 것이다. 그 속에 숨은 진실을 알 수도 있고, 그것이 앞으로 세상에서 무엇을 만들어 나갈 것인지 들여다보게도 된다. 새로운 직관과 통찰이 열리는 것이다.

웹툰 〈트라우마〉의 에피소드로 소개되어 널리 알려진, 현대인의 삶을 끝없는 부러움의 고리로 정리한 이야기가 있다. 중학생은 놀이터에서 뛰어노는 초등학생들을 부러워하고, 입시를 앞둔 수험생은 그렇게 초등학생을 물끄러미 바라보는 중학생 시절을 그리워한다. 군에 갓 입대한 이등병은 대학생들을 부러워하고, 취업을 준비 중인 대학생들은 하루의 여운을 술의 쓴맛으로 덮는 직장인들을 보면서 부러워한다. 직장인들은 그런 젊은이들 모두를 바라보며 아무 걱정 없이 살았을 때라며 그리워한다.

우리는 이렇게 지금이 아닌 다른 무엇인가를 동경한다. 그렇게 일상을 버리는 것은 너무 안타까운 일이다. 지금 여기, 내가 하고 있는 일, 내가 만나고 있는 사람들과 같은 일상에 조금 더 애정을 갖고 정성을 다한다면 일상 또한 우리를 맞는 얼굴을 달리할 것이다. 그것이 뇌풍항괘가 우리에게 알려주는 지혜다.

뇌풍항의 직관

뇌풍항은 어제와 같은 오늘, 오늘과 같은 내일로 변화가 없다는 의미다. 일상의 잔잔함이 지속되는 형국이며 앞으로도 당분간 그러할 것이다. 다만 눈에 띄는 변화는 없어도, 보이지 않는 곳에서는 움직임이 있는 법이니 정신적인 발전이나 새로운 기운의 태동이 느껴질 수도 있다. 깊이 들여다보는 총명함을 발휘하면 미래를 대비할 수 있을 것이다.

33장

때로는 스스로를 땅에 묻은 채
세월을 견뎌야 할 때가 있다

☰☶

천산돈.
부패한 무리들이 점차 세력을 형성해나가는 형국

천산돈天山遯은 상괘가 하늘에 해당하며, 하괘는 산에 해당한다. 팔괘의 자연명으로 천괘가 위에 있고 산괘가 아래에 있으니 천산이며, 그 의미에 해당하는 돈遯이 합쳐져 천산돈이라는 괘명을 갖게 되었다. 돈遯은 달아나다, 물러난다는 의미다. '돈'과 '둔' 두 가지로 읽는데 일반적으로 둔이라고 읽지만 《역경》에서는 돈이라고 읽는다.

돈괘의 형상을 보면 하늘 아래 산이 있는 것이다. "태산이 높다 하되 하늘 아래 뫼이로다"라는 시구도 있듯이, 산이 아무리 높아도 하늘에 이를 수는 없다. 정상에 이르러 하늘을 보면 하늘이 더욱 높아 보일 뿐이다. 산이 쫓아오면 하늘은 오히려 산으로부터 더 멀어진다. 군자는 이 형상을 보고 소인배에서 멀리 떠난다. 소인을 미워하기 때문이 아니라 자신을 지키기에 엄격하기 때문이다.

뇌풍항 다음으로 천산돈이 오는 까닭은 오래 머무르면 반드시 물러나야 할 일이 생기기 때문이다. 부부관계는 변치 말고 오래 이어져야 하지만,《역경》은 세상사의 이치를 말하는 것이니 만물은 한 곳에 오랫동안 머무르는 것이 가능하지 않다. 따라서 물러난다는 의미를 가진 돈이 오는 것이다. 천산돈괘의 직관을 정리하자면 다음과 같다.

"때로는 물러나 세월을 견뎌야 할 때가 있다. 빈 낚싯대를 드리우며 강태공의 지혜를 생각한다."

나만의 공간과 시간으로 물러나
스스로를 반추하라

《삼국지연의》에서 유비는 헌제의 밀서를 받고 조조를 죽이려 하다 기밀이 탄로나 서주로 도망쳤으나 조조가 공격해오자 원소에게 몸을 의탁했다. 다시 관도대전에서 원소가 패하자 유비는 형주로 도망가 형주자사 유표의 객장客將이 되었다.

유표의 보살핌 아래 7년을 숨어 지냈을 때의 일이다. 유표의 관저를 찾아가 담화를 나누다 화장실을 다녀온 유비의 눈시울이 붉게 충혈되어 있었다. 유표가 그 이유를 물으니 유비가 이렇게 답했다.

"말을 타고 전장에서 싸울 때는 넓적다리에 살이 붙을 일이 없었는데 지금 이렇게 굵어진 것을 보니 세월은 마냥 흐르고, 나이는 먹는데 해놓은 일이 하나도 없는 것이 슬퍼서 울었습니다."

비육지탄髀肉之嘆이라는 고사의 유래다. 유비는 당시로는 많은 나이임에도 아무것도 가진 것 없이 숨어서 지내야 했다. 7년이라는 긴 기간을 세월만 썩히며 숨어서 지낸다는 것은 쉬운 일이 아니다. 그러나 그는 이후 적벽대전에서 승자가 되었고, 결국 중국이라는 광대한 지역의 3분의 1을 다스리는 군주가 되었다.

인간에게는 누구나 숨어서 지내야 할 시절이 있다. 당시 유비의 나이는 40대 후반으로, 지금 기준에서도 적지 않은 나이이니 평균 수명이 짧은 당시로서는 말할 것도 없었다. 그 늦은 나이에도 큰 포부를 갖고 기다리니 때를 만나 큰 업적을 이루고 재기할 수 있었다. 하물며 젊은 나이라면 더 말할 것도 없다. 무기력한 세월도 인생의 긴 과정으로 보면 어쩔 수 없이 견뎌야 하는 형옥의 세월, 통과의례의 세월, 피할 수 없는 성장프로그램의 일부이기 마련이다. 그러니 일이 제대로 풀리지 않는다고 해서 자신의 무기력함을 탓할 필요는 없다. 누구에게나 천산돈의 시기가 있는 법이니, 지금 아무것도 할 수 없다면 다만 버티고 살아남기만이라도 해야 한다.

은거해 목숨을 보전한 사람들의 대표적인 예로 죽림칠현을 많이 이야기한다. 죽림칠현은 삼국시대 직후 위나라에서 진나라로 왕조가 바뀌던 시절, 정권을 장악한 사마씨들의 횡포와 부패한 관리들의 전횡을 피해 출세할 생각을 버리고 세속을 벗어나 은거한 일군의 선비들 가운데 칠인을 의미한다.

이들 왕융, 혜강, 산도, 향수, 유영, 완함, 완적은 노장사상을 동경했고, 사마씨와 끝까지 대립했던 혜강만을 제외하고는 세속의 문제에 대해서 무관심하게 한 발 물러남으로써 일신을 보전했다. 그들은 대나무 숲과 같은 한가로운 곳에서 고아한 청담淸談을 나누었고, 이들을 사모해 이들이 보여준 삶의 방식을 좇는 이들이 중국뿐만 아니라 고려에도 많았다고 한다.

우리가 지금 안고 있는 다양한 사회문제에 대해 어떤 태도를 취할 것인지에 대해서는 쉽게 한 가지로 잘라 말하기 어려울 것이다. 하지만 천산돈은 우리에게 적어도 부패한 세력과 한몸이 되기 위해 노력하지는 말자고 말한다. 그들이 권세를 장악했을 때에는 한 걸음 물러나 미래를 도모하는 것이 지혜다. 혹 뜻을 얻지 못하더라도 그곳에서 한가로움을 즐길 수 있는 법이니, 권력과 성공이라는 세속의 고정관념에 빠져 일신을 망치지 말아야 한다.

물론 그렇게 몸을 묻은 삶은 하루하루가 고독하고 힘들겠지만, 천산돈이라는 생활이 인생에서 꼭 나쁜 것만은 아니다. 김대중 전 대통령은 책 읽을 시간이 없을 때에는 다시 감옥에 들어가고 싶은 마음까지 든다고 했다. 천산돈의 생활을 통해 평소에는 할 수 없었던 자신만의 실력을 기르는 시간을 가질 수도 있고, 그간의 삶을 가만하게 되짚어봄으로써 세상을 객관적으로 바라볼 수 있는 통찰력을 기를 수도 있다. 소인이 득세하는 난세를 맞아 벙어리처럼 물러나 미래를 준비하는 것, 그것이 천산돈이 우리에게 알려주는 지혜다.

천산돈의 직관

천산돈은 도망간다는 뜻을 가진 괘다. 은둔하는 것이 좋다는 의미다. 지금은 시운이 자신과 맞지 않으니 세상 밖으로 나가서 싸우지 말고, 문을 닫고 자신을 지키는 것이 좋다. 돈遯은 돼지(돈豚)에 간다(착辵)는 의미가 합쳐진 글자니 돼지처럼 어리석은 흉내를 내며 숨는다는 의미가 있다. 극단적인 결론을 내리지 말고, 어리석은 체 함구하면서 일신을 보존해야 한다. 언젠가 자신의 가치를 빛내는 시기를 맞이할 수 있을 것이다. 문화나 예능 방면의 사람들에게는 의외의 행운이 찾아올 수 있다.

34장

자신 있게 휘두른 칼은
때로 자신까지 놀라게 한다

≡≡

뇌천대장.
거침없이 일을 처리하며 자신의 힘을 과시하다

뇌천대장雷天大壯은 상괘가 우레에 해당하며, 하괘는 하늘에 해당한다. 팔괘의 자연명으로 뇌괘가 위에 있고 천괘가 아래에 있으니 뇌천이며, 그 의미에 해당하는 대장大壯이 합쳐져 뇌천대장이라는 괘명을 갖게 되었다. 대장大壯은 크고 굳세다, 크고 강하다, 크고 장하다는 의미를 갖고 있다.

대장의 형상을 보면 우레가 하늘에 있는 것이다. 우레인 진은 실천적인 행동을 의미하고, 하늘인 건괘는 변하지 않는 도를 의미한다. 천지를 진동시키는 우레의 강한 기세를 보면 자칫 도를 넘는 행동을 할 우려가 있는 형상이다. 이런 때일수록 한결같은 하늘을 생각해야 한다.

군자는 이 괘를 보고 예가 아니면 따르지 않고 행하지 않는다. 거침없이 나아가는 기세일수록 더욱 바른 도를 생각해서 예의를 지키며 조심한다는 것이다.

효의 배열을 보면 양효가 음효를 몰아내고 있으니 양기 네 효가 뭉쳐 지극히 강한 세력을 형성한 모양이다. 그래서 대장이다.

천산돈 다음에 뇌천대장이 오는 까닭은 물러나서 힘을 길러 크고 강성해지기 때문이다. 음양의 이치, 곧 세상사의 이치는 생장수장生長收藏이니 생기고, 자라나고, 거두어들이고, 사라져서 숨기를 반복한다. 생장과 소멸을 반복하고 진퇴를 반복하는 것이다. 그런 연유로 천산돈 다음에 뇌천대장이 오는 것이다. 뇌천대장괘의 직관을 정리하자면 다음과 같다.

"장비가 조조군을 밀어붙인다. 장팔사모를 휘두르다 보면 깜짝 놀랄 일도 있을 것이니 마음의 중심을 잘 붙들어야 한다."

인생이라는 술에 취하지 말고
다만 즐겨라

맹자는 "사람들이 가진 묵은 악습은 남의 스승 되기를 좋아하는 것이다"라고 말했다. 우리가 젊었을 때 쉽게 범하기 쉬운 실수 가운데 하나가 남에게 너무 쉽게 충고를 하는 것이다. 나이를 떠나서 나와 상대방은 다른 사람인데, 자신의 기준으로 상대방의 삶에 너무 쉽게 개입해 충고를 던진다.

어른들에게만 해당되는 이야기가 아니다. 젊은이가 어느 정도의 성공을 거둔 이후에 자신의 기세만 믿고 뭇 사람들의 위에 있다고 착각하는 것 또한 참 아슬아슬해 보인다. 그런 이들은 대체로 자신의 생각만이 옳다고 믿고 남의 말을 들으려 하지 않는데, 뇌천대장의 괘가 가르치는 위험이 바로 여기에 있다. 새로 만든 강력하고 화려한 수레는 잘 달리지만 어설픈 마부가 몰게 되면 그만큼 크게 전복되기도 쉽다.

인생 삼재三災라는 말이 있다. 삶에서 겪을 수 있는 큰 불행 세 가지를 기리기는데 각각 젊어서 일찍 성공을 맛보는 초년출세初年出世, 중년에 평생의 동반자를 잃는 중년상처中年喪妻, 노후가 쓸쓸한 노년빈한老年貧寒이다.

옛말이 아니라도 소년 천재로 사람들의 입에 오르내렸던 사람이나 초반에 성공한 청년 창업가들이 그 기세를 길게 이어가지 못하는 경우는 주변에서도 쉽게 찾을 수 있다. 오랫동안 축적한 내공을 바탕으로 이룬 단단한 성공이 아니라 번뜩이는 재능과 시절이 서로 잘 맞아 실력 이상의 큰 성공을 거두었기 때문이다. 그렇게 성공을 거둔 사람들의 가장 큰 문제는 돈을 잃게 되는 것이 아니라 인생철학이 올바로 정립되지 못한 채 성공 이후를 맞는다는 것이다.

자신의 능력을 실제보다 과대평가하고 과거의 성공에서 빠져 나오지 못하며, 예전에 그랬듯이 또다시 쉽게 성공을 거두거나 큰돈을 벌 수 있을 것이라고 생각한다. 쉽게 얻은 성공의 가장 큰 위험은 그렇게 얻은 성공을 잃는 것이 아니라 다시 일상으로 돌아오기 어려울 정도로 정신이 망가진다는 것이다. 도박판에 몸을 담은 사람들은 항상 이번이 마지막이라고 말한다. 딱 한 번만 크게 따면 이제 정말 그만둘 것이라고 하지만 사과씨를 심고 배가 열리기를 기대할 수 없는 일이다. 한탕주의란 마음을 심었는데 일상을 성실히 살아가는 마음이라는 열매가 맺힐 수는 없다. 설령 운 좋게 큰돈을 얻고 도박판을 떠날지라도 쉽게 얻은 돈을 쉽게 탕진해버린 다음 도돌이표처럼 도박판으로 돌아와 가진 것을 모두 잃는 방식으로 인생을 탕진하기 쉽다.

대우그룹 회장 김우중의 성공신화는 1990년대 한국인들 사이에서 굉장히 큰 인기를 끌었다. 1993년 그가 쓴 《세계는 넓고 할 일은 많다》는 한 해를 대표하는 베스트셀러에 들었고, 당대 한국 젊은이들의 필독서가 되었다. 그가 내세운 기치는 그 이름도 찬란한 '세계경영'이었다.

그러나 그 성공의 정체는 자기 자본보다 훨씬 큰 남의 자본을 끌어들여 공격적으로 해외 공장을 사들이는 방식으로 세계 각국에 대우의 생산 기지를 건설해 나가는 일종의 한탕주의였다. 이 방식은 1990년대까지 큰 성공을 거뒀다. 1990년대 중반 대우자동차가 폴란드, 체코, 루마니아를 넘어 우즈베키스탄까지 공장을 구축하자 당시 우즈베키스탄 대통령은 김우중을 현대판 칭기스칸, 이른바 킴기스칸이라고 부르면서 치켜세웠다.

하지만 때로는 진취적이지만 때로는 불안해 보였던 세계경영은 오래가지 못했다. IMF 외환위기로 국가 신용 등급이 급락하자 신규 차입은 어렵게 되었고, 해외 채권자들의 상환 압력은 대우의 목을 죄어왔다. 결국 1999년 8월 대우그룹은 채권자들에 의해 해체되고 워크아웃 절차를 밟게 되었다.

세계경영을 기치로 지구가 좁다는 듯 해외를 맹렬하게 돌아다닐 때의 김우중 회장은 뇌천대장이라는 파죽지세의 기세를 타고 있었다. 하지만 그 화려했던 시기에 내실을 기하지 않고 앞으로 나아가는 기세에만 편승했기에 기호지세騎虎之勢(호랑이 등에 올라타 내릴 수가 없음)가 되어 불의의 사태에 대비할 수 없었다. 그래서 뇌천대장은 강력한 기운이 나를 붙들어 거침없이 나아갈 때 오만하지 말고 마음의 중심을 잘 붙잡고 내실을 기하라고 말한다.

뇌천대장은 번개가 내리치듯 강한 힘을 가진 괘다. 따라서 이 괘가 들이왔을 때에는 그 박력에 홀리지 말고 자신의 정신을 잘 붙잡아서 도리에 어긋난 큰 실수를 범하지는 않고 있는지 잘 점검해야 한다. 예와 도리를 지키면서 강하게 나간다면 누구나 칭송하고 그 기운에 합류하려고 할 것이다.

뇌천대장의 직관

뇌천대장은 욱일승천의 기세가 있는 왕성한 괘다. 젊고 강력한 혈기가 구태를 몰아내고 새로운 신세계를 개척해나가는 것 같은 형상이다. 매우 전투적인 괘로 거침이 없다. 대나무가 쪼개어지는 형상을 의미하는 파죽지세를 떠올리게 한다. 하지만 너무 강한 기세는 불안요소가 되기도 한다. 집안보다는 밖으로 나가서 활동하는 괘이며, 강한 기운만 믿고 나서다 실수하기 쉬우니 조심해야 한다. 중뢰진괘와 함께 크게 놀랄 일이 생긴다는 의미도 있다.

35장

황무지에 깃발을 꽂으니 곧 나의 땅이 된다

☷

화지진.
패기와 실력을 갖춘 젊은이가 새로운 일을 시작하다

화지진火地晉은 상괘가 불에 해당하며, 하괘는 땅에 해당한다. 팔괘의 자연명으로 화괘가 위에 있고 지괘가 아래에 있으니 화지이며, 그 의미에 해당하는 진晉이 합쳐져 화지진이라는 괘명을 갖게 되었다. 진晉은 앞으로 나아간다는 의미를 갖고 있다. 오늘날 승진昇進, 전진前進 등으로 많이 사용되는 글자 '진進'의 뜻과 같다.

진의 형상을 보면 밝음이 땅위로 솟아나온 것이다. 태양의 서광이 땅에서부터 솟아나 대지를 막 비추기 시작한다. 군자는 이 괘를 보고 밝은 덕으로 세상을 비춘다.

뇌천대장 다음에 화지진이 오는 까닭은 대장이란 양기가 왕성해지는 것으로 만물의 기운이 오르면 위로 상승하거나 앞으로 나아가기 때문이다. 따라서 아침에 해가 동쪽에서 떠오르고 한낮에 사람들이 활발하게 어디론가 나아가는 것처럼 상승하고 전진한다는 의미의 진이 오게 된다. 화지진괘의 직관을 정리하자면 다음과 같다.

"태양이 밝았으니 앞날을 개척해나갈 때를 맞았다. 주저하지 말고 나아가라."

체력은 기본이고 또 전부다

산 속 조그마한 오솔길도 사람들이 계속해서 다니면 큰 길이 된다. 하지만 아무도 다니지 않으면 잡풀이 우거져서 그 길은 막히고 없는 것처럼 되고 만다. 지금 그 잡풀이 그대의 마음에 가득해 길을 막아버리고 말았다.

맹자가 제자인 고자를 꾸짖을 때 한 말이다. 화지진이라는 한창의 시기를 만났으니 좋은 길을 열어가야 한다. 하지만 가다 말다를 반복하면 잡풀이 가득해서 또 길을 잃고 말 것이다. 온전히 큰 길이 열려 그 길이 완전히 익숙해질 때까지 꾸준히 가야 한다.

인생행로를 개척할 때 반복함으로써 길을 만들어내고 원하는 지점까지 이르기 위해서는 항상 기본과 체력이 중요하다. 예를 들어 2002년 한일월드컵에서 한국이 어떻게 4강에 올랐는지를 살펴보면 기본과 체력의 중요성을 명확하게 이해할 수 있을 것이다.

2000년이 막 시작되었을 때만 해도 한국 축구는 깊은 자괴감에 빠져 있었다. 시드니 올림픽과 아시안컵 등에서도 기대만큼의 성과를 내지 못해 이대로라면 2002년 한일월드컵에서 개최국으로서 체면을 차릴 수 없는 성적을 낼지도 모른다는 우려가 나오기도 했다.

히딩크는 이러한 상황에서 한국 축구대표팀 감독직을 수락했다. 전폭적인 지원을 받았다고 하지만 그만큼의 압박도 감당해야 했기에 그가 대표팀을 꾸려나가는 과정은 결코 쉽지 않았다. 한국 축구대표팀의 경기 결과가 실망스러울 때마다 감당하기 힘든 비난들이 여기저기서 쏟아졌다. 한국 축구선수들은 개인기가 부족하기 때문에 조직력과 전술로 승부를 해야 한다는 주문도 끊임없이 이어지는 등 도처에서 감독의 권한에까지 간섭했다.

그러나 히딩크 감독은 주위의 불만어린 시선과 질타에도 흔들리지 않고 북중미 골드컵 경기 전날까지도 체력을 기르는 훈련을 계속했다. 그렇게 한국축구만의 색깔이 서서히 새로 만들어졌다.

이처럼 히딩크 감독이 뚝심 있게 자신의 신념을 관철하자 한국 축구대표팀의 성적은 마법처럼 나아지기 시작했고, 월드컵 개막을 앞두고 세계 유수의 팀들과 평가전을 가진 결과 1승 1무 1패라는 나쁘지 않은 성적을 거뒀다. 승패라는 성적을 떠나 모든 평가전들의 내용 자체가 좋았다. 이렇게 좋은 분위기로 시작된 월드컵에서 한국 대표팀은 4강 진출이란 한국 축구사상 유례없는 성과를 이뤘다.

당시 히딩크 감독이 선수들에게 늘 강조한 것은 한국 축구인들 스스로가 부족하다고 여겼던 기교나 전술이 아니라 체력이었다. 가장 기본적인 자원인 체력이 다져지지 않은 상태에서 기술을 익히는 것은 의미 없는 일이라고 여겼기 때문이다.

삶이라는 전쟁터에서 자신이 원하는 먼 고지에 오르기 위해서는 무엇보다 기본과 체력이 중요하다. 전장에서 시간이 흐르면 흐를수록 기술은 무뎌지기 마련이고 준비한 전략이 통하지 않을 정도로 상황 또한 복잡해진다. 그때 발을 멈추지 않도록, 무너지지 않도록 버텨주는 힘이 바로 체력이다. 당장은 패퇴해서 물러나더라도, 곧 전장으로 다시 나서게 해주는 용기 또한 체력에서 비롯된다. 나를 뒷받침하는 기본, 체력을 길러 지치지 않고 나아간다면 끝내 서 있는 자는 바로 내가 될 것이다. 그것이 새 아침을 맞은 것 같은 형국인 화지진이 우리에게 알려주는 직관이다.

화지진의 직관

태양이 떠올랐으니 어둠을 걷고 일어나 나아갈 때다. 앞으로 나아간다는 의미를 갖고 있으며, 새롭고 밝은 기운이 다가오니 원하는 것을 이룰 수 있다. 포기하지 말고 나아가고 또 나아가라. 다만 스스로를 잘 관리해야 하는 것도 잊지 말아야 한다. 한편으로 뇌천대장보다는 약하지만 화지진에도 외화내빈의 의미가 있으니 길운 가운데서도 조급하지 말고 내적으로도 충실하고자 노력한다면 더욱 좋을 것이다.

36장

노을이 아름다운 까닭은
내일 다시 해가 떠오르기 때문이다

☰

지화명이.
어두워지는 황혼의 산길을 내려가다

지화명이地火明夷는 상괘가 땅에 해당하며, 하괘는 불에 해당한다. 팔괘의 자연명으로 지괘가 위에 있고 화괘가 아래에 있으니 지화이며, 그 의미에 해당하는 명이明夷가 합쳐져서 지화명이라는 괘명을 갖게 되었다.

명이明夷에서 '이夷'는 오랑캐라는 뜻 외에도 상한다, 상처를 입다, 평온하다 등 여러 의미를 가지고 있다. 명이란 밝음이 상하는 것이니 태양이 물러나는 것, 해가 저무는 것이라고 볼 수 있다.

명이의 형상을 보면 태양이 대지 밑으로 사라져 천지가 어두워졌다. 군자는 이 괘를 보고 사람들을 대할 때 총명함을 감춘다. 명이의 시절을 만나 총명함을 감추는 것, 어둡고 어리석은 모양으로 세상과 만나는 것이 진정으로 밝은 지혜라는 것이다.

화지진 다음에 지화명이가 오는 까닭은 나아감이 있으면 상함이 있는 것이 세상의 이치이기 때문이다. 전쟁터의 장수처럼 왕성하게 활동하던 사람이 늙어서 예전처럼 움직이지 못하면 다양한 방식으로 상처를 입게 된다. 해가 저무는 것처럼 왕성한 기운이 쇠퇴하니 명이가 오게 된다.

물러난다는 측면에서 천산돈과 흡사해 보이지만 천산돈은 소인배에게 쫓겨서 숨는 것이고, 지화명이는 때가 되어 스스로 산을 내려가듯 자연스럽게 내려오는 것이다. 중천건괘도 흡사한데 중천건은 왕과 같은 최고의 지위에서 전체를 내려다보고 있는 형상으로 밝은 양기가 가득 찬 지금에서 미래를 대비하는 것이고, 지화명이는 지금 빛이 약하니 자신의 분야에서 열심히 일하다 상처입고 쇠퇴해가는 장수의 형상이다. 지화명이괘의 직관을 정리하자면 다음과 같다.

"해는 저물고 지친 몸을 누일 때가 왔다. 다음날을 준비하며 잠자리에 들 때다. 성숙해지고 더욱 단단해져 내일을 맞을 것이다."

올라가는 길이 다르면
내려가는 길도 다르다

예라는 명궁에게 배운 방몽이라는 궁수가 있었다. 그는 예의 기술을 모두 익힌 후에 이렇게 말했다. "이제 천하에 나보다 활을 잘 쏘는 사람은 스승인 예밖에 없다." 결국 방몽은 기회를 엿보아 스승인 예를 죽이고 말았다.

맹자는 이 일화에 대해서 이렇게 말했다. "사태가 그렇게 된 데에는 예에게도 잘못이 있다."

이 말을 들은 공명의가 따져 물었다. "억울하게 죽음을 맞은 예에게는 무슨 잘못이 있습니까?"

그러자 맹자는 다른 일화를 이야기했다.

과거 정나라에서 자탁유자라는 사람을 시켜서 위나라를 침략했다. 위나라에서는 유공지사를 장수로 내세워 그를 막으려고 했다. 그런데 싸우다가 자탁유자가 팔을 다쳐 도망을 가게 되었다. 쫓기던 중 막다른 길에 다다라 자신이 죽을 것이라고 여기던 자탁유자가 마부에게 혹시나 하고 자신을 쫓아오는 장수가 누구인지를 물었다.

이에 유공지사라는 답을 듣고는 "그렇다면 나는 죽지 않겠구나" 하고 안심했다. 이를 마부가 의아하게 생각하며 묻자 자탁유자가 이렇게 말했다. "유공지사는 윤공지타에게 배웠고, 윤공지타는 나에게 배웠다. 윤공지타는 올바른 사람이니 그가 선택한 유공지사도 역시 올바른 사람일 것이다."

과연 자탁유자가 유공지사에게 붙잡혔을 때, 유공지사는 자탁유자가 스승의 스승임을 알고 이렇게 말했다. "저는 스승님이 가르쳐준 기술로 스승님을 해치지는 못하겠습니다. 그러나 오늘은 국가의 공무로 왔기 때문에 그냥 돌아갈 수는 없습니다."

이렇게 말한 유공지사는 화살촉을 뺀 다음 네 대의 화살을 허공으로 날린 후 말머리를 돌려 위나라로 돌아갔다.

예와 자탁유자의 다른 점은 이런 것이다. 자탁유자는 기술만 가르친 것이 아니라 됨됨이를 중시해 제자를 선택하고 덕망 있는 인물로 길러 냈고, 예는 재능만 보고 기술만 전한 것이다. 그렇게 두 사람이 인생을 올라가는 길이 달랐기 때문에 저물어가는 길도 달랐다.

조선 초기의 문신이었던 유자광은 세조 때 출세해 연산군을 거쳐 중종에 이르기까지 온갖 부귀영화를 다 누렸다. 그는 갑사라는 낮은 벼슬 아치에서 출발했지만 온갖 권모술수로 경쟁자들을 짓밟고 권력의 중심부로 진입했다.

특히 모함의 달인으로, 남이가 역모를 꾀한다고 고변해 그를 제거하고 무령군에 봉해지면서 출세가도를 달렸다. 김종직의 제문祭文을 걸고 넘어져 무오사화를 일으켜 숱한 선비들을 불귀의 객으로 만들었고, 다시 세류에 편승해 중종반정 대열에 합류해 일등 공신이 되었다.

이렇게 다른 사람을 고통과 환란 속에 몰아넣은 대가로 온갖 부귀영화를 누리며 오만방자하게 권세를 부리니 그를 미워하지 않는 사람이 없게 되었다. 결국 유자광의 죄상을 열거하며 숙청을 요구하는 상소가 빗발치자 한 순간에 권력을 잃고 유배를 가게 되었다.

유자광은 자신의 전락을 받아들이지 못하고 분노에 사로잡혀 세상을 원망하다 눈이 멀게 되었다. 그렇게 유배지인 경상도에서 눈이 먼 채로 2년을 살다 마침내 한을 품고 세상을 떠났다고 한다. 올라가는 길이 험한 지화명이의 내려가는 길이 어떠한가를 적나라하게 보여주는 사례라고 할 수 있다.

지화명이는 인생이 저물어가는 길을 말한다. 물질적으로나 육신은 쇠퇴하는 기운이어서 그 전에 겪지 못했던 소외감이나 열패감을 겪게 될지도 모른다. 살아가며 타인에게 상처를 많이 줬던 사람은 그 괴로움이 더 클 수도 있다. 하지만 정신적으로는 완성되어가는 기간이니 발전이 있을 것이다. 그러니 자신의 때가 지났으면 한 발 물러서서 어수룩한 듯 세상에 동화되는 것이 진정한 지혜다.

나아감이 있으면 물러남이 있다. 올라갈 때가 있으면 내려갈 때가 있다. 누군가 내려갈 때를 보면 그 사람이 어떻게 올라갔는지를 알 수 있다. 상함이 있을 때 어떻게 나아갔는지를 알 수 있다.

한때 화려한 인맥을 자랑하던 인사들이 초라한 황혼을 보내는 경우를 종종 접하게 된다. 인간은 반드시 언젠가는 내려가기에 올라가고 있을 때, 높은 곳에 있을 때일수록 덕으로 살아가야 한다. 군자와 소인의 차이는 얼마나 더 멀리 내다볼 수 있느냐 그렇지 못하느냐의 차이뿐일지도 모른다.

지화명이의 직관

지화명이는 먼 대지 너머로 태양이 저물었음을 의미한다. 이미 한 풀 기운이 꺾인 상태다. 하지만 우리가 밤에 잠을 자는 동안 에너지를 비축하듯이 하락한다고 해서 끝은 아니다. 앞으로 새로운 일을 준비하는 기간으로 삼을 수 있고, 정신적으로는 성숙할 수 있는 운이다. 먼 미래일지라도 천 리 길도 한 걸음부터라는 마음가짐으로 준비해야 한다.

37장

혼자 있을 때에도 삼가야 밖에서도 실수가 없다

☰☲

풍화가인.
실력자가 은퇴해 자신만의 공간에 들어가 앉다

풍화가인風火家人은 상괘가 바람에 해당하며, 하괘는 불에 해당한다. 팔괘의 자연명으로 풍괘가 위에 있고 화괘가 아래에 있으니 풍화이며, 그 의미에 해당하는 가인家人이 합쳐져 풍화가인이라는 괘명을 갖게 되었다. 가인家人은 아내 혹은 집안에 있는 사람을 뜻한다.

가인의 형상을 보면 불에서부터 바람이 나오는 것이다. 불이 타오르면 바람이 생긴다. 여기서 바람은 세상을 바꾸고 교화시키는 것을 의미한다. 불은 밝은 덕이다. 안에 있는 밝은 덕으로부터 세상을 바꾸는 것이니 온화한 가정으로부터 밝은 세상을 만드는 것을 말한다. 수신제가치국평천하修身齊家治國平天下요. 가화만사성家和萬事成인 것이다. 군자는 이 괘를 보고 집안에서부터 실상이 있는 말을 하고, 행동을 늘 한결같이 한다.

지화명이 다음에 풍화가인이 오는 까닭은 나이가 들어 상처를 입게 되면 자신의 집으로 돌아와서 평온함을 구하기 때문이다. 여성적인 카리스마를 발휘한다는 점에서 중지곤과 흡사하지만, 중지곤은 중천건의 왕에 버금가는 권력을 갖추는 것이지만, 풍화가인은 권세에서 한걸음 물러나 덕망만을 갖고 있는 형상이다. 풍화가인괘의 직관을 정리하자면 다음과 같다.

"지혜로운 여인은 방안에서 영웅호걸을 좌우한다. 내면의 심지를 충실하게 다져 금강석처럼 단단하게 하라."

반드시 스스로의 내면을 채우고 기르는 시간을 가져라

기성자가 주나라 선왕의 지시로 최고의 싸움닭을 길러내기로 했다. 투계를 좋아했던 선왕은 수시로 기성자를 찾아가 물었다.

"이제 싸움에 나가도 되겠소?"

"아직 멀었습니다. 다른 닭의 그림자만 보아도 싸우려고 듭니다"

다시 열흘 뒤에 찾아와 물었다.

"지금은 어떻소?"

"아직 멀었습니다. 눈에 힘이 들어가 있고, 자기 혼자 잘난 줄로 알고 기세가 등등합니다."

다시 열흘이 지나서 물었다.

"이제 됐습니다. 고요하게 자신을 지키고 있으니, 다른 닭이 울어도 전혀 동요함이 없습니다. 마치 나무로 만든 닭과 같습니다."

주나라 선왕은 기성자가 길러낸 싸움닭을 투계장에 내보냈다. 과연 그 닭은 꿈쩍도 않고 서 있는데 상대편 닭이 두려워하며 감히 싸울 엄두조차 내지를 못했다. 이른바 목계木鷄에 관한 고사다.

선비가 되려는 자는 무력을 쓰지 않으며 싸움을 잘하는 자는 노하지 않는다. 적에게 제대로 이기는 자는 맞붙지 않으며 사람을 잘 부리는 자는 자신이 아래로 처한다.
이것을 일컬어 싸우지 않는 덕이라고 하고, 이것을 일컬어 사람을 다루는 힘이라 하고, 이것을 일컬어 하늘에 부합한다고 하니, 예부터 내려오는 지극한 법도다.

노자의 〈도덕경〉 68장에 있는 글이다. 진정한 강함은 안으로 단단하게 채워져 있을 때 나온다. 스스로에게 자신이 없을 때 오히려 요란하게 행동하며, 짖는 개는 물지 않는다. 진정으로 강해지기 위해서는 내면을 닦는 시간이 필요하다. 정신적인 수양에 국한되는 이야기가 아니다. 힘과 실력을 기르기 위해서도 많은 관계에 매몰되지 않고 고요하게 침잠하는 자신만의 시간을 반드시 매일 가져야 한다.

파스칼은 인간이 행복을 느끼지 못하는 이유는 방 안에서 혼자 조용히 머무는 법을 모르기 때문이라고 했다. 혼자 고요히 있는 시간을 즐길 줄 아는 사람은 내면이 강한 사람이다. 내면이 강한 사람은 외부의 일에 연연하지 않기에 미혹되지도 않는다.

정약용은 유배지에서 돌아온 다음 살얼음판을 걷듯 삼가며 살아가자는 의미에서 당호를 여유당與猶堂이라 짓고 조용히 스스로를 길렀다. 그 결과 다산학이라 따로 불릴 정도로 방대한 양의 책들을 집필하면서 조선 후기 대학자로 지금까지 이름을 전하고 있다. 정치적으로 복권되기 위해 싸우는 대신 안에서 행복을 찾은 것이다.

누구에게나 물러나 앉는 시간이 찾아온다

풍화가인은 집안으로, 내면으로 고요히 들어가 밝은 불을 키워나가는 것을 의미하는 괘다. 나이가 들고 직장에서도 물러나면서 가족에게 받는 무시로 괴로움을 호소하는 남성들이 많다. 실제로 은퇴한 많은 남성들이 '삼식이'(눈치 없이 집에서 세 끼 다 챙겨먹는다)라는 멸칭으로 불리며 불필요하고 귀찮은 존재로 취급받는다.

그러나 한편으로 한창 밖에서 일에 열중했던 시기부터 배우자와 자식들을 존중하며 조금 더 가정에 신경을 썼더라면 집으로 돌아왔을 때 자신의 자리가 남아 있을지 걱정하는 일은 없었을 것이다.

가족을 희생하면서 성공을 위해 내달리던 시절의 삶의 방식은 역사 속으로 사라지고 있다. 젊었을 때부터 짧게라도 가족들과 함께하는 시간을 확보해야 한다. 누구에게나 풍화가인으로 물러나 앉는 시간이 오기 마련이다.

　잘하든 못하든 크게 차이가 드러나지 않는 곳, 보이지 않는 내면, 혼자 있는 곳, 그리고 나의 공간인 집에서부터 차곡차곡 충실함을 쌓아야 한다. 방 안에 물러나 앉게 되어도 사람들이 찾아들고, 세상을 좌지우지할 수 있는 힘을 갖게 될 것이다. 그것이 풍화가인이 알려주는 지혜다.

풍화가인의 직관

풍화가인은 안락한 가정에 현숙한 여성이 앉아 있는 것 같은 운이다. 활동적이지 않지만 지혜를 바탕으로 정신적인 발전을 도모한다. 문화적인 일, 정신적인 일에 매우 좋다. 처음부터 적극적으로 나서기보다는 조심스럽게 나아가는 운이다. 여러 사람들의 도움을 받아서 일을 성취할 수 있다. 자신이 먼저 모범적으로 행동해 자연스럽게 사람들이 따르는 형국이니, 부드러운 카리스마로 내치를 잘하는 형상이다.

38장

물들이려 할 때에는
먼저 물들여져야 한다

☲
☱

화택규.
서로 다른 것을 견디지 못하고 등을 돌리니 사이가 벌어지다

화택규火澤睽는 상괘가 불에 해당하며, 하괘는 연못에 해당한다. 팔괘의 자연명으로 화괘가 위에 있고 택괘가 아래에 있으니 화택이며, 그 의미에 해당하는 규睽가 합쳐져 화택규라는 괘명을 갖게 되었다. 규睽는 어긋나다, 등진다, 서로 떨어진다는 의미다.

규의 형상을 보면 위쪽의 불이 아래 연못의 물을 만나 꺼지려고 한다. 하나는 상승하며 타오르려고 하고, 하나는 아래로 흘러내리려 한다. 그래서 사이가 안 좋아서 등지고 헤어지려 하는 모양이다. 군자는 이 모습을 보고 같음과 다름의 이치에 대해 생각한다. 함께하면서도 다르게 하는 것이 군자다. 군자는 소인배들과 세속의 여러 가지 일을 함께 도모하면서도 자신의 도를 지켜나간다. 그 같음과 다름을 알고 실천하는 것이

군자다.

풍화가인 다음에 화택규가 오는 까닭은 집에만 오래 머물게 되면 가도家道가 궁해져서 서로 등지게 되는 일이 발생하기 때문이다. 한곳에 오래 머물면 다툼과 분쟁이 발생하게 되는 것이 세상의 이치다. 가정의 도가 막바지에 이르게 되면 가족들끼리 소통이 원활하지 않고 서로 다투지 않더라도 멀어지게 되는 일이 벌어진다. 서로 멀어진다는 점에서 천지비와 흡사하지만 천지비는 상하관계에서 자연스럽게 멀어지는 것이고, 화택규는 대등한 관계에서 다툼과 함께 멀어지는 것이다. 화택규괘의 직관을 정리하자면 다음과 같다.

"물과 불처럼 어울리지 않을 때는 무리하게 상대를 바꾸려고 하지 말라. 상대방의 다름을 존중하라."

타인을 바꾸려는 것은 우주를 바꾸려는 것이다

《장자》에 실려 있는 이야기다.

노나라의 현인 안합이 위나라의 대부 거백옥에게 물었다.
"천성이 살생을 좋아하는 사람이 있어 그를 그대로 두면 나라가 위태로울 것 같습니다. 그런데 내가 지도하려 하면 당장 제가 먼저 화를 입고 말 것입니다. 그는 남의 허물은 봐도 자신의 잘못은 볼 줄 모르기 때문입니다."

이에 거백옥은 말했다.

"가르치려고 들지 마시고 먼저 어울려야 합니다. 그가 아기처럼 굴면 당신도 아기처럼 되십시오. 그가 방종하면 당신도 같이 방종하게 구십시오. 그렇게 해서 먼저 당신이 그와 같은 무리인 것으로 여기게 만들어야 합니다."

안합이 다시 물었다.

"왜 그따위 인간에게 그래줘야 합니까?"

"사마귀는 화가 나면 앞다리를 쳐들고 수레를 막고 버티는데, 자신의 힘이 엄청나게 강한 줄 알고 그러는 것입니다. 자신의 재능만 믿고 그를 상대하는 것은 곧 사마귀가 수레를 상대로 이기려는 것과 다를 바가 없습니다."

이 고사는 당랑거철螳螂拒이라는 사자성어로 만들어져 지금까지 널리 사용되고 있다. 내가 상대방보다 힘이 세든 약하든, 학식이 많든 적든 타인을 자기와 같은 사람으로 바꿀 수 있다는 생각은 당랑거철과 같이 어리석고 무모하다. 그것은 단순히 상대방을 길들이려 하는 것이 아니라 세상의 이치를 바꾸려는 것이기 때문이다.

서로 다른 것을 이해받거나 이해시키려고 달려들기보다 그 모습 그대로 존중하는 것은 작게는 부부에서부터 크게는 국가에 이르기까지 사회를 유지시키는 데 필요한 가장 핵심적인 덕목이다. 상대방을 설득하기 위해서는 먼저 상대방을 그 자체로 인정해야 한다. 그래야 함께 타협

점을 찾으며 더불어 손해보지 않는 단초를 마련할 수 있다.

미합중국은 이민자의 나라다. 1892년 1월 1일 개장한 엘리스 아일랜드의 이민사무소는 미국으로 들어가는 관문이었다. 이 사무소에서 처리한 이민자 수만 1,200만 명에 달한다고 한다. 미국 이민자의 40%에 달하는 숫자다. 여기서 이민 자격 심사를 위한 간단한 질문과 답변 절차를 거친 각기 다른 언어를 쓰는 사람들 대다수가 미국 시민권을 얻을 수 있었다. 이들은 미국 산업의 성장에 크게 기여했다. 200년도 되지 않는 역사를 가진 나라가 오늘날 미국으로 성장할 수 있었던 힘은 과거 로마제국이 그러했듯이 다양한 이방인들을 흡수했고, 그들에게 새로운 국가의 정체성을 심어줬던 데에서 비롯된 것이다.

다름을 틀림으로 간주하지 않고 위기를 이겨낼 수 있는 강함의 전제조건인 '받아들이는 지혜'가 있다면 우리 사회는 훨씬 더 건강해질 것이다. 반면 서로 다르기 때문에 다툴 수밖에 없다고 생각한다면 화택규의 고통을 겪을 것이다.

화택규는 물과 불이 만난 것이다. 물은 물대로 자신만 옳다고 스스로를 내세우고, 불은 불대로 마찬가지로 행동한다면 갈등은 끝나지 않는다. 다툼을 없애고 상대방을 바꿔나가기 위해서는 먼저 상대방의 입장이 되어보아야 한다. 심리치료에서도 상대방의 역할이 되어서 서로의 공감 폭을 넓히면서 문제를 해결하는 역할치료 방법이 있다. 상대방의 입장이 되어 보지 않고 자신의 입장만 고수한 채 상대방을 계도하려고 하면 다툼이 더 깊어질 뿐이다.

우리가 친구나 가족관계에서 흔히 저지르는 실수가 자신의 입장에서 상대방을 바꾸려고 드는 것이다. 화택규는 이러한 어리석음에 주는 교훈이다. 같이 가고 싶다면, 먼저 다름을 인정해야 한다.

화택규의 직관

화택규는 등을 돌리고 앉아 있는 두 사람을 의미한다. 물과 불처럼 서로 어울리지 못한다. 사이가 좋지 않으니 갈등과 분쟁을 의미하는 대표적인 괘다. 이성관계에서도 좋을 리가 없다. 협력을 필요로 하는 일, 동업 등은 좋지 못하니 피해야 한다. 무리하게 상대방이나 세상을 바꾸려 들지 말고, 자신을 돌아보고 차분하게 실력을 기르면서 화합하는 운기가 찾아올 날을 기다려야 한다.

39장

절름발이가 되었으니
부축해줄 어른을 찾아라

☰

수산건
함정에 빠져 다리를 다쳤으니 갈 길이 멀어진다

수산건水山蹇은 상괘가 물에 해당하며, 하괘는 산에 해당한다. 팔괘의 자연명으로 수괘가 위에 있고 산괘가 아래에 있으니 수산이며, 그 의미에 해당하는 건蹇이 합쳐져 수산건이라는 괘명을 갖게 되었다. 건蹇은 괴로워하다, 다리를 전다는 의미다.

건의 형상을 보면 산 위에 물이 있다. 산 위에 있는 물은 흙을 뚫고 초목들을 피해 자신의 길을 찾아나가느라 힘겹기에 다리를 절듯이 일이 지체된다. 그래서 건이다. 군자는 이 모습을 보고 세상의 어려움을 만났을 때 무리하지 않고, 반성하며 덕을 기른다.

수산건은 내가 가면 불리하고, 상대가 오면 유리하다는 괘다. 무리하게 나아가지 말고 잠시 멈춰서 도움을 청하는 것도 요령이다.

화택규 다음에 수산건이 오는 까닭은 사람과 사람이, 사람과 시운이 서로 어긋나면 난관이 따르기 때문이다. 상호간에 뜻이 맞지 않으면 관계가 어그러진다. 그렇게 되면 소통도 화합도 되지 않는데 그 결과로 만사가 지체되고 괴로워진다.

지체된다는 면에서 풍천소축과 흡사하지만 풍천소축에는 욕망으로 인해서 일이 지체된다는 의미가 강한 반면, 수산건은 사람이나 시운과 조화가 잘 되지 않아서 지체된다는 뜻에 가깝다.

제삼자의 도움을 받는다는 측면에서는 지택림과도 흡사한데, 지택림이 서로 다른 세력 간의 갈등으로 생겨난 문제를 지혜로운 어른이 해결해주는 것이라면 수산건은 갑자기 절름발이가 된 고통을 감수하면서 서두르지 말고 힘든 시간을 견뎌내야 한다는 의미가 강하다. 수산건괘의 직관을 정리하자면 다음과 같다.

"혼자 해결할 수 없는 난관에 봉착하게 되니 귀인을 기다린다. 어려운 문제도 쉽게 풀어나가는 지혜를 발휘하라."

내가 나를 존중하지 않는데, 어찌 남이 나를 존중하겠는가!

장자가 낡은 옷을 입고 위왕을 만났을 때였다. 위왕은 장자를 보고 혀를 차며 당신 같은 현인이 어떻게 이런 간난신고眼難辛苦에 시달리는지를 물었다. 이에 장자는 이렇게 답했다.

원숭이가 나무 사이에 있을 때는 그 속에서 날아다니기가 자유자재라 설
령 예와 같은 명궁이라도 쉽게 잡지 못합니다. 하지만 원숭이가 가시덤불
속에 있을 때는 제 아무리 날랜 놈이라도 함부로 움직이지를 못합니다.
저는 지금 가시덤불 속에 처해 있을 뿐입니다.

인간이라면 누구나 살다 보면 옴짝달싹 못하게 되는 시기를 경험한
다. 그 곤란함을 더 견디지 못한 나머지 도리에 어긋난 행동을 하기도 하
지만, 가시덤불에 처해 있을 때는 가시덤불에 맞게 행동해야 더 큰 곤란
함과 만나지 않는다.

한편으로는 장자와 달리 스스로의 잘못으로 다리를 절게 되는 경우
도 있다. 우리는 수치와 모욕을 두려워한다. 타인을 강하게 의식하는 사
회 분위기에서 나고 자랐기에 타인에게 받는 정신적인 상처를 몸에 난
상처나 배를 주리는 것보다 더 두려워한다. 그러나 그 상처는 타인에게
서 받기 이전에 이미 내가 타인의 눈치를 보며 스스로에게 가했던 것은
아닌가 생각해 봐야 한다.

맹자는 이런 말을 했다.

내가 스스로를 깎아내리고 난 다음에야 타인이 나를 깎아내릴 수 있기 마
련이다. 한 가문이 스스로 먼저 파멸한 이후에야 다른 가문이 그 가문을
파멸시킬 수 있다. 국가 또한 스스로 무너진 다음에야 다른 나라에 정복

당하는 것이다. 그래서 《서경》에서는 '하늘이 내린 재앙은 피할 수 있어도, 스스로 지은 재앙은 피할 수 없다'고 했다.

우리에게 어떤 불행이 다가온다면 우리의 오랜 잘못이 누적되어온 결과일 것이며, 스스로 초래한 재앙일 것이다.

화택규 다음에 수산건이 오는 것은 소모적인 다툼과 분쟁 뒤에 고난을 겪는 흐름이라고 할 수 있다. 참을 인忍이 셋이면 살인도 면한다는 말이 있다. 우리가 평소에 자신과 주변을 잘 다스려 분쟁의 씨앗을 만들어 놓지 않았다면 난관이 닥쳐도 쉽게 넘길 수 있을 것이고, 그렇게 하지 못했다면 다가오는 고난의 강도가 강할 것이다.

멀지 않은 과거에 미국 또한 다리를 심하게 절었던 시절이 있다. 바로 대공황이다.

1929년 월스트리트의 상황이 심상치 않았다. 당시 미국의 경기는 심각한 침체기를 지나고 있었다. 그럼에도 불구하고 평범한 시민들이 대출까지 받아가며 투자를 할 정도로 주식시장만은 과열 상태였었다. 그리고 '검은 목요일'이라고 역사에 기록된 1929년 10월 24일, 주가는 곤두박질을 쳤고 주식 가치는 전 달에 비해 절반으로 줄었다. 이러한 충격은 경제 혼란으로 이어졌다. 이전까지 500만 명이던 실업자는 순식간에 1,300만 명까지 늘었다. 루즈벨트 당시 미국 대통령이 대규모 공공사업을 비롯해 다양한 정책을 추진해 경기를 회복시켰으나 그 과정은 만만치 않았다.

이 기간에는 희한한 일들도 많이 벌어졌다. 농장에서는 과잉 생산된

오렌지를 땅에 파묻었고, 도심에서는 오렌지를 훔치다 총에 맞아 사람이 숨지는 사고가 생겼다. 공급은 과잉되어 있는데 수요는 부족하다보니 가게에는 식료품들이 쌓여 있지만 거리에는 쓰레기통을 뒤져 끼니를 해결하는 사람들로 넘쳐났다. 모두 다 자기 이익을 지키기에만 바빠 화택규처럼 등을 돌렸기 때문이었다. 세상이 절름발이가 되는 것을 방관한 결과는 모든 시민들에게 혹독하게 돌아갔다.

내공왕 이선 수준으로 국민소득을 회복한 1942년에 이르기까지 10여 년 간 미국인들은 이러한 시기를 버텨야 했다. 그나마 루즈벨트를 대통령으로 선출한 것이 현명한 선택이었다고 할 수 있다.

이미 수산건의 상황이 되었다면 절뚝거리면서 무리하게 멀리 나아가려고 하지 말고 부축해줄 어른을 찾는 것이 좋은 해결법일 수 있다. 하지만 당면한 문제를 해결할 수 있는 어른을 만나는 것이 수산건을 벗어나는 최선의 방법은 아니다. 건괘의 상황이 오기 전에 다른 집단과의 화합을 통해 상생하는 구조를 만들 수 있었다면 고난을 미리 예방할 수 있었을 것이고, 최소한 욕망에 홀려 더 큰 고통을 만들어나가는 어리석음만큼은 피할 수 있을 것이기 때문이다.

수산건의 직관

수산건은 다리를 전다는 의미다. 진행하고 있던 일에 문제가 생겨서 정체가 온다. 서두르다 사고를 만나 난관에 봉착하는 형국이다. 이 건괘의 의미는 가면 불리하고 오면 길하다는 것이다. 즉 자신이 움직이지 말고 누군가의 도움을 받을 때까지 기다리라는 의미다. 대인이나 친구가 와서 연합한다는 의미도 있다. 당장은 답답하지만 주위의 의견을 경청하면서 자신을 도울 귀인을 기다려야 한다.

40장

배는 항구에 묶이기 위해
만들어진 것이 아니다

☷
☵

뇌수해.
항구의 단단한 얼음이 녹으니 노를 저어 희망의 나라로 떠나다

뇌수해雷水解는 상괘가 우레이며, 하괘는 물에 해당한다. 팔괘의 자연명으로 뇌괘가 위에 있고, 수괘가 아래에 있으니 뇌수이며, 그 의미에 해당하는 해解가 합쳐져 뇌수해라는 괘명을 갖게 되었다.

해解는 본래 칼(도刀)로 소(우牛)의 뿔(각角)을 해체한다는 데에서 유래된 글자로 풀어 헤친다는 뜻이다. 딱딱하게 응고되었던 것, 응어리가 졌던 것이 풀린다는 의미를 갖고 있다.

해의 형상을 보면 천둥이 치고 비가 내린다. 한바탕 비가 내리고 나면 먹구름이 걷히고 하늘도 공기도 맑아질 것이다. 그래서 답답했던 어둠, 을씨년스러웠던 날씨가 풀리는 것이다. 천둥과 번개가 응축되어 있던 기운을 발산시켜주는 것이기에 해라고 한다. 만물이 자라나고 풀려나는

시기이니 군자는 이 괘를 보고 지난 과오를 용서해주고, 죄를 징계할 때 관대하게 처리한다.

수산건 다음에 뇌수해가 오는 것은 난관과 괴로움이 끝까지 이어지지는 않기 때문이다. 응어리진 문제는 언젠가는 풀리는 법이니 건 다음에 해가 온다. 뇌수해괘의 직관을 정리하자면 다음과 같다.

"겨울이 지나 이제 바라만 보던 나라로 떠날 수 있다. 힘을 모아 떠날 때는 관대함이 필요하다."

나에게는 엄격하고
타인에게는 관대하라

지금 정박한 배가 언제까지 항구에만 머물러 있을까? 배는 머무르기 위해 만들어지지 않고, 사람은 고난의 수렁에만 빠져 있기 위해서 태어나지 않는다.

초나라 장왕은 3년 동안 정사를 보지 않다가 한 번 뜻을 세우자, 나라를 쇄신해 국가를 부강하게 만들고 군사를 일으켜 천하를 제패했다. 방탕한 생활을 한 것 같았던 3년 동안 충신과 간신을 가려내고, 백성들의 동태를 살피며 어떻게 나라를 다스릴지를 구상한 것이다. 일명경인一鳴驚人, 한 번의 울음소리로 세상을 놀라게 한다는 사자성어를 떠올리게 하는 처세다. 그는 더 멀리 뛰기 위해서 오랫동안 웅크리고 있었던 것이다.

뇌수해는 화택규의 분쟁으로 다투고 서로 다리를 절던 시기를 지나 맞이한 본격적인 화해의 시기다. 이 화해를 앞당기는 것은 자신의 마음가짐에 달려 있다.

주공의 형인 주나라 무왕은 아버지 문왕을 도와 부패한 은나라를 멸망시킨 다음 노나라에는 주공의 아들인 백금을, 제나라에는 강태공을 왕으로 임명했다. 강태공은 임지인 제나라로 떠난 뒤 5개월 만에 나라를 안정시킨 다음 주공에게 보고했다. 반면 백금은 3년이 지난 후 주나라로 돌아와 아버지인 주공에게 나라를 정비시킨 결과를 알렸다. 강태공은 법률을 간단하게 만들고 그 고장의 문화와 관습을 존중했기 때문에 나라를 빨리 정비할 수 있었지만 백금은 예법과 관습을 모두 바꾸는 바람에 오래 걸렸던 것이다.

기존의 전통을 존중하고, 그것을 바탕으로 새로운 제도를 만든 제나라는 백성들이 무리 없이 새로운 체제에 적응했다. 그에 반해 의욕이 앞섰던 백금은 자신의 이상을 실현하기 위해서 새롭고 복잡한 규율을 백성들에게 강권했고, 그 때문에 하나부터 열까지 모든 것을 뜯어고쳐야 했던 노나라 백성들은 오랜 시간이 지났어도 새로운 체제에 적응하지 못하고 혼란스러워했다.

주공은 아들의 보고를 듣고 탄식하며 말했다.

"법이 복잡하고 어려우면 임금과 백성 사이가 멀어진다. 간단하고 분명할수록 백성은 왕을 지지한다."

사람들과의 관계도 마찬가지다. 자신만의 복잡하고 엄격한 기준으로 사람을 대할수록 그와 멀어지고, 불만을 품게 되며 심지어 다투게 된다.

그 사람을 있는 그대로 존중하고 인정하는 것이 다툼을 피하고 원만하게 세상을 사는 비결이다.

사람들은 대체로 남에게 엄격하고 자신에게는 관대하다. 그것이 쉬운 길이기 때문이다. 하지만 어렵더라도 자신에게는 엄격하고 타인에게는 관대한 길을 선택해야 다툼을 피할 수 있다. 〈마태복음〉에 나오는 좁은 문으로 가는 길이 천국으로 가는 길이라는 구절 또한 이와 비슷한 교훈을 전하고 있다.

뇌수해에는 맺힌 것을 푼다는 의미가 있으니 사람들과의 오래 묵은 원한을 풀어낸다는 뜻도 된다. 알게 모르게 사람들은 서로에게 많은 죄를 짓고 산다. 뇌수해는 원불교 등에서 많이 쓰는 표현인 해원상생^{解寃相生}이라는 말처럼 서로에게 묵은 원을 풀고 그 다음으로 나아가는 것을 가리킨다. 그렇게 할 수 있다면 정박한 배가 항구에만 묶여 있다가 큰 바다로 나아가는 것과 같은 즐거움이 있을 것이다.

앞으로 나아가기 위해서는 먼저 풀어야 한다. 그렇게 묵은 원을 잘 풀어내는 지혜와 용기가 있다면 장왕처럼 세상이 깜짝 놀랄 만한 큰일도 해낼 수 있을 것이다.

뇌수해의 직관

뇌수해는 얼음이 녹듯 문제가 풀린다는 의미다. 단단한 얼음이 녹아서 물이 되니, 마른 목을 축일 수 있고 배는 떠날 수 있다. 그동안 자신을 괴롭혔던 답답한 문제, 복잡한 실타래처럼 꼬였던 문제들이 하나둘씩 풀려나간다. 하지만 답답한 것이 풀려나간다고 해서 신바람에 취해 일을 크게 벌여서는 안 된다. 욕심으로 과분한 것을 바라다가 관재구설에 시달리거나 나쁜 유혹에 빠질 위험도 함께하기 때문이다. 노를 젓듯이 차분한 마음으로 성실하게 나아가면 크게 얻는 바가 있을 것이다.

41장

때로는 적극적으로
손해를 봐야 할 때가 있다

☰

산택손.
미래를 위해 투자하거나
누군가를 위해 지속적으로 베풀다

산택손山澤損은 상괘가 산에 해당하며, 하괘는 연못에 해당한다. 팔괘의 자연명으로 산괘가 위에 있고 택괘가 아래에 있으니 산택이며, 그 의미에 해당하는 손損이 합쳐져서 산택손이라는 괘명을 갖게 되었다. 손損은 덜어낸다, 줄어든다, 손해를 본다는 의미다.

　손의 형상을 보면 산 아래에 연못이 있다. 대지에 연못을 파서 그 흙으로 높은 산을 쌓는 것을 의미한다. 군자는 이 괘를 보고 분노를 경계하고 욕심을 거둔다. 자신의 것을 덜어서 대의를 위해 보태거나 부족한 사람을 돕는 것이다. 이 모든 일이 시운에 따라 벌어지는 것이니, 예상치 못하게 손해 보는 일이 생기면 분노가 발생할 수도 있다. 그렇게 화가 일어나는 것을 경계해 스스로 덜어낼 수 있는 마음가짐을 가지고 욕심을 버리는 것이 손이다.

　뇌수해 다음에 산택손이 오는 까닭은 일이 잘 풀리면 마음도 덩달아 풀어져서 손해 보는 일이 생기기 때문이다. 하지만 여기서 손해에는 다른 의미가 있으니 자신이 넉넉해지면 남에게 베푼다는 의미도 있다. 산택손괘의 직관을 정리하자면 다음과 같다.

"자신의 것을 덜어서 남에게 주는 것이 반드시 손해는 아니다."

멀리 내다보는 큰 지혜는
얼핏 어리석어 보인다

누군가를 돕는다는 것은 쉬운 일은 아니다. 노먼 F. 매클린의 소설《흐르는 강물처럼》에는 이런 이야기가 나온다. 도박판에서 큰 빚을 지고 폭력 사건에 휘말린 동생을 돕기 위해 형 노먼이 유치장을 찾아갔는데, 동생 폴은 노먼의 도움을 거부한다. 노먼은 아버지를 찾아가 경위를 설명하자 아버지는 이렇게 말한다.

> 누군가를 도와주기에 나는 너무 늙었고 너는 너무 젊구나. 도움이라는 것은 빵에다 젤리를 발라주거나 돈을 주는 것이 아니다. 도움이라는 것은 그 도움이 절실하게 필요하고, 또한 그것을 기꺼이 받아들일 준비가 되어 있는 사람에게 자신의 일부를 떼어주는 것이다.

누군가를 돕는 일에는 상대방에 대한 절절한 이해와 기꺼이 자신의 일부를 내어줄 수 있는 용기가 필요하다. 그러한 각오가 전제되지 않은 도움은 상대방에게 도움이 되지 않거나 오히려 큰 피해가 되기도 한다. 자기만족과 같이 불순한 의도에서 남을 돕는 것은 상대방에게는 오히려 상처가 되기 쉽다. 좋은 의도에서 비롯되었더라도 감당하지 못하는 일을 벌였다면 상대방을 절망에 빠뜨리고 자신도 큰 상처를 입거나 죄책감에 시달리게 될 수 있다.

물론 남을 제대로 돕겠다는 생각만으로 끝나지 않고, 실천으로 이어지는 것은 우리 사회뿐만 아니라 스스로를 더 낫게 성장시키는 일이다. 누군가를 돕기 위해서 적극적으로 손해를 감수한다면 많은 이들이 이를 보며 바보같은 일이라고 여길지도 모르지만 그것이야말로 현명한 바보의 길이다.

관포지교管鮑之交라는 유명한 고사가 있다. 관중은 후세에 관자管子라고 불릴 정도로 존경받은 인물로, 제나라 환공이 제나라를 춘추오패의 첫 번째 나라로 성장시키고 나아가 중국 천하를 제패하는 데 큰 공을 세웠다. 그러나 그가 역사에 그 이름을 남긴 바탕에는 손해를 감수하며 그를 묵묵히 지원해줬던 친구가 존재한다. 바로 포숙아다.

포숙아는 관중이 벼슬길에 나가 실패했을 때는 시절을 아직 못 만났기 때문이라 두둔했다. 관중이 전쟁터에 나가서 세 번이나 도망쳤을 때에는 늙은 홀어머니를 돌보기 위함이라고 감싸 안았다. 같이 장사를 할 때 늘 관중이 더 많은 몫을 가져갔지만 포숙아는 친구가 더 가난하니 더 많이 가져가는 것이라고 넘어가줬다.

성인이 되어서는 자신이 섬기는 주군을 죽이려고 했음에도 오히려 주군을 설득해 관중이 재상의 지위에서 나라를 다스릴 수 있도록 천거했고, 그 결과 제나라는 천하를 제패하는 최고의 국가로 성장했다. 훗날 관중이 자신의 후임을 정할 때 포숙아를 추천하지 않았지만, 포숙아는 사사로운 인연으로 대업을 망치지 않는 현명한 친구라면서 관중을 이해해줬다. 관중은 이러한 포숙아를 가리켜 "나를 낳아주신 이는 부모이나 나를 이해하는 사람은 포숙아뿐이다(생아자부모 지아자포숙야生我者父母 知我者鮑叔也)"라고 말했다.

포숙아는 미래를 내다보는 안목을 가지고 진실을 볼 수 있었기에 친구 관중에게 기꺼이 양보하고 손해를 감수했다. 그 덕분에 관중은 대업을 이룰 수 있었고, 제나라는 강국으로 발돋움했다.

우리는 당장의 이익이나 승리에 집착하며 조금의 손해를 보거나 상대로부터 바보 취급을 당하는 것을 두려워한다. 그러나 손해를 감수하면서도 더 길게 보고 더 큰 것을 선택하는 사람도 있다. 산택손은 그러한 지혜를 말한다.

산택손의 직관

산택손은 자신의 것을 덜어 남에게 준다는 것이니 손실의 의미를 갖고 있다. 하지만 이것을 반드시 손해라고 보기는 어렵다. 그렇게 덜어준 것은 결국 자신에게 돌아오기 때문이다. 현재로서는 잠시 희생하고 양보하는 운이지만 그렇게 베푼 것이 더 큰 결실로 돌아올 것이니 염려할 필요가 없다. 이보 전진을 위한 일보 후퇴의 의미도 있다. 당장의 손실이 있더라도 미래를 내다보고 일상을 즐기기 바란다.

42장

노련한 장사꾼은
당장의 이익에 연연하지 않는다

☳

풍뢰익.
어렵에 땀 흘려 일하니 가을에 풍년이 드는구나

풍뢰익風雷益은 상괘가 바람에 해당하며, 하괘는 우레에 해당한다. 팔괘의
자연명으로 풍괘가 위에 있고 뢰괘가 아래에 있으니 풍뢰이며, 그 의미
에 해당하는 익益이 합쳐져 풍뢰익이라는 괘명을 갖게 되었다. 익益은 더
한다, 늘어난다, 유익하다, 이익이 증가한다는 의미다.

익의 형상을 보면 안에서 일어나는 우레 소리가 바람을 타고 더 크고
넓게 진동을 하고 있다. 바람과 우레가 서로 도우며 기세를 떨치는 것이
다. 군자는 이 모습을 보고 좋은 것은 빨리 배워 실천하고 허물은 즉시
고친다.

산택손 다음에 풍뢰익이 오는 까닭은 자신의 것을 덜어 베풀게 되면
반드시 나를 돕는 기운이 나타나기 때문이다. 부족한 것을 채우려는 것

이 자연의 이치다. 내가 마음을 비우고 베풀면 나에게 이익을 주려는 세력이 나타난다. 공덕 농사, 사람 농사를 지은 것이 결실을 맺는 것이다. 산택손이 봄과 여름에 열심히 농사를 짓는 것이라면 풍뢰익은 가을에 그 결실을 추수하는 기쁨을 누리는 것이다. 풍뢰익괘의 직관을 정리하자면 다음과 같다.

**"어려울 때 구차하지 않고, 넉넉할 때 교만하지 않으니 근심걱정이 없다.
이익이 남으면 사람에게 투자하라."**

이익은 나눌 때 더 커진다

문왕이 강태공에게 어떻게 해야 민심을 얻고 천하를 얻을 수 있는지를 물었다. 이에 강태공은 이렇게 답했다.

> 천하는 한 사람의 천하가 아니라 만인의 천하입니다. 따라서 천하의 이익을 함께하려는 자가 천하를 얻을 수 있고, 천하의 이익을 독차지하려는 자는 반드시 천하로부터 버림을 받을 것입니다.

풍뢰익의 괘는 강태공이 말한 것과 같은 지혜를 알려준다. 풍요로움을 맞이했을 때 교만하지 말고 주위와 함께 나누면 그 넉넉함이 오래도록 유지될 것이라는 말이다. 더 멀리 내다보면 더 큰 것을 얻을 수 있다.

돈이 아니라 사람을 보고 더불어 가고자 하는 상인은 더 큰 이익을 남기고 그것을 오랫동안 유지할 수 있다.

조선 후기의 거상 임상옥은 북경 상인들의 불매 동맹을 교묘한 방법으로 깨뜨리고 인삼무역권을 독점해 엄청난 부를 축적했다. 하지만 그는 재산을 잘 축적하는 방법뿐만 아니라 잘 지키는 방법도 알고 있었다. 바로 자신의 부를 가난한 사람들을 구제하는 데 쓴 것이다. 풍뢰익은 우리에게 이러한 거상의 지혜를 알려주는 괘다.

페이스북의 창업자 마크 저커버그는 살아 있는 동안 페이스북 주식의 99%를 기부하겠다고 밝혔다. 실제로 그는 2016년에만 미래 세대의 질병 퇴치를 위해서 30억 달러를 기부했다.

그는 미국 샌프란시스코 기자회견에서 우리의 궁극적인 목표는 미래의 모든 질병을 치료하고 예방하는 것이라면서 기초 과학 연구에 10년간 30억 달러를 지원하겠다고 밝혔다. 또한 질병 예방보다 질병 치료에 50배가 많은 돈이 들어간다면서 이런 비정상적인 상황이 전면적으로 바뀌어야 한다고 역설했다. 저커버그나 그가 살아온 삶에 대해서는 다양한 평가가 이뤄지지만, 그가 단순히 돈만 많은 졸부가 아니라 더불어 살아가는 삶의 가치를 알고 있는 부자인 것만은 분명한 듯하다.

이렇게 이익을 나누는 것이 풍뢰익괘가 말하고자 하는 나눔의 정신이다. 풍뢰익괘는 이익을 나눌 때 그 이익이 더 크고 장구하다는 것을 말한다. 전통적인 부자들은 자신의 부를 자기만의 것이라고 생각하고 유산으로 상속하는 경향이 많았다. 기부를 할 때도 노블리스 오블리주라고 해서 귀족의 베푸는 개념에 가까웠다. 그러나 21세기 들어서 나타난 젊은 부자들은 기업의 이익을 사회와 나누는 데 익숙하다. 그렇게 이익을 나누면서 함께 성장하기에 그들이 운영하는 기업은 더욱 강력한 성과를 내게 된다.

경쟁을 주된 가치로 삼는 자본주의에도 공유경제라는 새로운 바람이 불면서, 신뢰, 가치, 협력, 상생이라는 인간적인 요소들이 싹을 틔우기 시작했다. 새로운 시대에는 풍뢰익의 가치를 아는 이들이 더 큰 이익을 오래 누리는 공동체를 만들어나가기를 기대한다.

풍뢰익의 직관

풍뢰익은 풍성한 이익을 얻게 되는 운을 의미하니 큰 성취를 거둘 수 있다. 상인이 열심히 물건을 팔아서 저녁에 이익을 정산하는 형국이다. 물질적으로나 정신적으로나 모두 풍요로운 시기다. 이때 이익을 독점하려고 해서는 안 된다. 길한 운일 때 나눌 줄 아는 지혜를 발휘한다면, 흉한 운이 왔을 때 흉을 길로 바꾸는 조력자를 만날 것이다.

43장

가장 나쁜 선택은
선택 자체를 미루는 것이다

☰

택천쾌.
흔돈의 시기,
과거 세력의 중심에 서서 결단을 요구받다

택천쾌^{澤天夬}는 상괘가 연못에 해당하며, 하괘는 하늘에 해당한다. 팔괘의 자연명으로 택괘가 위에 있고, 천괘가 아래에 있으니 택천이며, 그 의미에 해당하는 쾌^夬가 합쳐져 택천쾌라는 괘명을 갖게 되었다. 쾌^夬는 결정, 결단을 의미한다.

쾌의 형상을 보면 연못이 하늘 위로 올라가 있다. 하늘의 연못이 불안정하니 물이 흘러넘친다. 군자는 이 모습을 보고 아래로 자신의 봉록을 베푼다. 효의 배열을 보면 하나의 음이 불안하게 올라서서 떨어질 것 같은 모양새다. 혹은 다섯 개의 양에 의해 하나의 음이 쫓겨나는 형국이다. 그래서 변화가 일어나고 결단을 해야 하는 것이 택천쾌다. 너무 많이 가진 자는 쫓겨나지 않도록 베풀어야 한다. 반면 변화시키려는 자는 구태를 확실히 몰아내야 한다.

풍뢰익 다음에 택천쾌가 오는 까닭은 익괘의 더하는 일에 멈춤이 없으면 넘치게 되니 제방이 무너지는 결정적인 변화, 결단決斷이 나타나기 때문이다. 여기서 결決은 제방이 터진다는 뜻이고 단斷은 끊는다는 의미이니 기존의 흐름이 끊어지고 새로운 것이 시작된다.

기존의 것을 언제까지나 더해갈 수만은 없다. 임계점을 넘으면 새로운 변화가 일어난다. 이 시기를 맞으면 앉아서 기다리는 것이 아니라 변화를 주도하는 결단이 필요하다.

혁신적인 변화라는 측면에서 앞으로 나올 택화혁과 비슷하나 택천쾌는 내가 기존 세력인 결정의 주체자고, 택화혁은 내가 과거를 몰아내는 혁명의 주체자다. 택천쾌괘의 직관은 다음과 같다.

"군자는 공명정대한 일을 보았을 때 결단을 미루지 않는다. 힘든 문제일수록 도리에 비춰 단순하게 생각하라."

기회를 기회로 받아들이지 못하면 기회는 위기로 변한다

쾌라는 글자는 64괘를 말하는 괘와 비슷해 혼동하기 쉽다. 쾌는 손가락 깍지를 의미하기도 하고, 결정하다, 결단하다는 의미를 가진 글자이기도 하다.

예부터 내려오는 말 가운데 "결단을 내려야 할 때 결단을 내리지 않으면 큰 화를 당한다"가 있다. 강태공 역시 기회를 놓치면 오히려 재앙을 초래한다고 했다. 무서운 말이다.

전쟁을 할 때는 두려워하지도, 망설이지도 말라. 주저함이 최대의 적이다. 훌륭한 병사는 유리한 기회를 잃는 법이 없고, 좋은 기회가 왔을 때 날카로운 결단을 내린다. 결단의 시기를 놓치면 화를 입는다는 것을 알고 있기 때문이다.

강태공 자신이 기회를 놓치지 않고, 큰 업적을 이뤘기 때문에 이런 말을 할 수 있는 것이다. 위기의 다른 말은 기회라고 하지만, 강태공의 생각에 따르면 기회의 다른 말은 위기다. 어떤 일이든 적절한 시기를 잘 결정하는 것이 중요하며, 좋은 기회를 놓치지 않아야 위기도 맞이하지 않는 법이다.

택천쾌는 지금 상황이 위기 직전까지 왔음을 의미한다. 이 위기의 순간에 결단을 내리면 전화위복이 되어 큰 기회를 얻을 것이고, 미적거리면서 상황에 끌려 다니면 위기를 극복하지 못할 것이다.

1987년 6월 항쟁 당시 한국은 이른바 넥타이 부대까지 참여할 정도로 전역에서 민주화 요구가 뜨겁게 끓어올랐다. 당시 노태우 대선 후보는 대통령 직선제를 약속하고 새로운 헌법에 의해 형식적으로나마 민주적인 방식으로 대통령에 선출되었고, 삼당 야합이 있었기는 했지만 정상적으로 임기를 마쳤다. 그때 노태우 당시 대통령이 바뀐 시대에 적응하지 못하고 당장의 위기를 넘기기 위해 이전 대통령들처럼 군대를 동원해 시민들을 진압했다면 아마 더 큰 위기를 불러왔을 것이다. 택천쾌 괘가 말하는 지혜가 바로 이런 것이다. 결단을 내려야 할 때에는 결단을 내려야 한다.

고대국가 프리기아의 왕 고르디우스는 자신의 전차에 복잡한 매듭을 묶어놓고 장치 이 매듭을 푸는 사람이 아시아를 정복하게 될 것이라는 예언을 남겼다. 고르디우스 자신이 예언을 통해서 왕이 된 사람이기도 했기에 많은 영웅호걸들이 예언을 믿고 그 매듭을 풀기 위해 달려들었지만 아무도 풀지 못했다.

페르시아를 정복하고 프리기아에까지 당도한 알렉산드로스 역시 이 소문을 들었다. 떠도는 예언에 불과했지만 만약 그가 매듭을 풀지 못한다면 사람들에게 자질을 의심받을 수도 있고, 이를 빌미로 그에게 뒷말하는 사람들이 생겨날 수도 있는 만만찮은 상황이었다. 알렉산드로스는 고르디우스의 전차가 있는 곳을 찾아 매듭을 풀고자 했지만 쉽지 않았다. 이때 알렉산드로스는 칼을 꺼내 전차에 묶인 매듭을 한칼에 잘라버렸다. 그럼으로써 정복자로서의 명분을 가져갈 수 있었다. 그의 이러한 창조적인 지혜와 과감한 결단이 그를 역사에 남는 대제국의 왕이 되도록 만들었을 것이다.

중대한 결단을 내려야 하는 형국을 맞았을 때 이런저런 사정을 모두 고려하면서 좌고우면하는 것은 결과적으로 오판을 하는 것보다 좋지 않다. 결단을 내릴 수밖에 없는 시기 자체를 놓치게 될 수 있기 때문이다. 복잡한 문제일수록 단순하게 생각하고 칼로 매듭을 잘라내듯 과감한 결단을 내리고 앞으로 나아가는 것, 그것이 택천쾌가 우리에게 알려주는 직관의 지혜다.

택천쾌의 직관

택천쾌는 큰 변화의 형국을 맞이하고 있을 때 강력한 결단을 내려야 한다는 의미를 가진 괘다. 어려운 문제일수록 쉽게 생각하라는 의미가 있다. 정의를 내세워 올바른 길을 가야 한다. 힘든 문제라고 해도 이제는 해결해야 할 때다. 단호한 결단이 필요하다.

44장

무심코 던진 돌 하나에
호수 전체가 일렁인다

천풍구.
변화 발전하는 여정에서 새로운 인연을 만나다

천풍구天風姤는 상괘가 하늘에 해당하며, 하괘는 바람에 해당한다. 팔괘의 자연명으로 천괘가 위에 있고 풍괘가 아래에 있으니 천풍이며, 그 의미에 해당하는 구姤가 합쳐져 천풍구라는 괘명을 갖게 되었다. 구姤는 만난다는 의미다. 뜻밖의 행운을 의미하는 플루크Fluke처럼, 풀밭에서 발견한 네잎 클로버와 같이 우연히 만난다는 의미가 있다.

구를 보면 하늘 아래 바람이 있는 것으로 천자가 바람이 되어 널리 만민과 만나는 형상이다. 군자는 이것을 보고 황제의 명을 받들어 천지 사방의 백성과 만난다. 만남에 방점을 두는 것이 구라는 괘다. 효의 배열을 보면 아래 음효 하나가 새롭게 나타나 다섯 양과 만나는 모양이다.

택천쾌 다음에 천풍구가 오는 까닭은 제방이 무너져 물이 흘러넘치게 되면 제방을 벗어난 물이 새로운 물길과 만나게 되기 때문이다. 낯선 세력, 낯선 사람, 낯선 인연과 우연히 만나는 것이 구다. 천풍구괘의 직관을 정리하자면 다음과 같다.

"우연을 가장한 인연이 삶에 변화를 가져다줄 것이다. 흐름은 거스를 수 없으니 어떠한 인연을 만나도 긍정적으로 받아들여라."

상대방이 내게 어떤 사람이 될지는
내가 그를 어떻게 대하느냐에 달렸다

중국 동진東晉시대 동양태수를 지낸 원굉이 건국공신 20명을 골라 그들의 공을 치하하는 〈삼국명신송三國名臣序贊〉이라는 글을 지었다. 이 글의 서문에는 '천재일우千載一遇'의 유래가 된 내용이 나온다.

그 요지는 '백락이 없으면 천 년을 가도 천리마 하나 나오지 않는 것처럼 훌륭한 성군과 신하가 서로 만나기가 어려우니 만 년에 한 번 기회가 오고, 천 년에 한 번 겨우 만날 수 있다'라는 것이다.

백락은 천리마를 볼 수 있는 안목을 가지고 천리마를 길러낼 수 있는 사람이다. 인재도 드물고 인재를 알아보는 안목을 가진 군주도 드물기 때문에 좋은 임금과 신하가 함께 만나기가 어렵다는 것을 백락과 천리마의 관계로 비유했다.

훌륭한 임금과 신하가 서로 만나기 어려운 것처럼 인생을 살면서 좋은 인연, 좋은 기회를 만나는 것은 쉽지 않다. 우리 앞에 천리마 같은 좋은 인연과 기회가 있어도 우리에게는 백락과 같은 안목이 없기 때문이다. 따라서 좋은 인연을 만나고, 자신에게 주어진 기회를 잘 살리고 싶다면 평소에 자신의 안목을 길러 스스로 백락이 되는 수밖에 없을 것이다.

좋은 인연을 알아보는 눈이 조금 부족하더라도 사람을 올바르게 대하는 태도를 가지고 있다면 별 것 아닌 우연도 좋은 인연으로 만들 수 있다. 하늘이 내린 좋은 인연이라는 것도 있겠지만 살아가며 그런 요행을 바랄 수는 없을 것이다. 좋은 인연을 만드는 키는 다른 사람도 아닌 스스로가 쥐고 있다는 생각을 해야 한다.

언젠가 업계에서 몇 년 동안이나 1위를 유지하고 있는 수입자동차 영업자를 만난 적이 있다. 그의 고객들 가운데에는 전문직 종사자나 부유한 사업가들이 많았지만, 간혹 험한 일을 하는 사람도 있었다. 그는 그런 거친 사람들을 고객으로 삼는 것이 처음에는 두려웠다고 했다.

그러나 일을 지속하면서 점차 생각이 달라졌다고 한다. 아무리 험한 사람일지라도 웃는 얼굴로 대하고 밝은 이야기를 나누면서 예의를 다하면 그 사람도 자신에게만큼은 좋은 사람으로 다가왔다는 것이다. 이러한 경험을 통해 궁합이 딱 들어맞는 좋은 인연이 따로 있기보다는 사람을 대할 때 내가 먼저 상대방을 좋은 인연으로 대하는 것이 우선이라는 마음을 가지게 되었다고 한다.

인간은 삼류 드라마의 주인공들처럼 정형화되어 있지 않다. 좋은 사람도 내가 인상을 쓰고 험악하게 대하면 나에게만큼은 험악한 사람이 되고, 거칠고 까다로운 사람도 내가 인간적으로 다가가면 나에게만큼은 인간적으로 다가온다.

　물론 사람을 만나다 보면 끝내 소통을 포기하게 되는 벽과 같은 이와 마주칠 때도 있기에 내가 진심을 다하면 상대방도 진심을 다하리라는 조언 역시 어느 경우에나 들어맞는 진리는 아닐 것이다. 그러나 만나는 사람을 소중하게 여기고, 그럼으로써 좋은 인연에 대한 주도권을 쥐겠다는 발상의 전환은 인간관계에 대한 고민을 크게 덜게 해준다. 그것이 천풍구가 우리에게 알려주는 지혜다.

　천풍구는 우연한 만남, 뜻밖의 기회를 의미한다고 했으니, 평소 준비된 자에게는 우연도 훌륭한 인생의 전환점이 될 수 있다.

　유비가 서서라는 현명한 재사를 통해서 제갈량을 우연히 알게 되고, 그를 자기 사람으로 만들기 위해서 삼고초려三顧草廬했다. 제갈량도 대단한 사람이지만 그를 자기 사람으로 만들기 위해 자신을 낮추고 세 번이나 찾아간 유비 또한 보통 인물은 아니다. 제갈량이 천리마라면 유비는 백락이었던 셈이다. 그렇게 우연한 만남을 소중한 인연으로 만드는 덕망이 있었기 때문에 다른 맹주들에 비해 기반이 터무니없이 약했음에도 유비에게 많은 인재들이 모여들었던 것이다.

　삼고초려라는 유명한 고사에는 잘 알려지지 않은 이야기가 있다. 유비는 헛걸음만 하고 돌아오던 길에 한 노인을 만나 길게 이야기를 나누게 되었다. 관우와 장비는 제갈량을 만나러 갈 때부터 이미 불만이 많았지만, 주군이 하는 일이라 묵묵히 또 두 사람의 대화가 끝나기를 기다렸다. 한참을 대화를 나누고 난 후 돌아온 유비에게 관우가 물었다.

　"무슨 대화를 그리 오래 나누셨습니까?"

"천하가 돌아가는 일과 인재에 대해서 이야기를 나눴네."

"노인께서 대단한 현자셨나 봅니다."

"아닐세."

"그럼 왜 그리 오랫동안 이야기를 나누셨습니까?"

"단 한 마디라도 건질 것이 있을지 몰라서 끝까지 이야기를 들어보았다네."

길에서 우연히 스친 촌로의 말조차 경청하는 일화에서도 유비의 성품이 잘 드러난다. 사람에게는 누구나 배울 점이 한 가지는 있기 마련이다. 또한 누군가에게는 별 볼 일 없는 사람이거나 심지어 나쁜 인상을 준 사람일지라도 나에게는 참고가 될 만한 지점이 있을 수 있다. 상대방이 내게 어떤 사람이 될지는 내가 그 사람을 어떻게 대하느냐에 달린 것이다. 군자는 작은 우연도 좋은 인연으로 만드는 힘이 있다. 천풍구괘는 우리에게 그것을 알려준다.

천풍구의 직관

천풍구는 우연한 만남을 의미한다. 우연한 만남은 뜻밖의 행운일 수도 있지만, 예기치 못한 사건 사고일 수도 있으니 주의해야 한다. 다섯 양에 하나의 음이니, 다섯 남성이 한 여성을 바라보고 있는 괘다. 연애나 결혼의 과정이 순탄치 못하다는 것을 의미한다. 주어진 인연의 흐름이 어떠하든 간에 서로에게 이익이 될 수 있도록 긍정적으로 이끌어가는 것은 자신의 손에 달렸다는 것을 명심해야 한다.

45장

내일을 품고자 하는 자는
오늘의 실수를 끌어안는다

☰
☷

택지취.
개성이 다른 사람이나 세력이 모여 한바탕 어울리다

택지취澤地萃는 상괘가 연못이며 하괘는 땅에 해당한다. 팔괘의 자연명으로 택괘가 위에 있고 지괘가 아래에 있으니 택지이며, 그 의미에 해당하는 취萃가 합쳐져 택지취라는 괘명을 갖게 되었다. 취萃는 모인다는 뜻으로, 본래는 췌로 읽는데 괘명으로는 취라고 읽는다.

취괘의 형상을 보면 연못 위에 흙을 더 쌓는 것으로 제방을 만드는 것이다. 제방을 쌓아서 많은 물이 모이게 하는 것은 미래를 대비하기 위함이다. 군자는 이 괘를 보고 병장기를 수리하고 미래를 대비한다. 갖은 세력들이 모이는 까닭은 즐기기 위한 목적도 있지만 다가올 세상을 준비한다는 의미도 있다.

천풍구 다음에 택지취가 오는 것은 만물은 서로 만난 후에는 모이는 성질이 있기 때문이다. 새로운 만남이 이어지면 그 숫자가 점점 불어나 하나의 세력을 형성한다. 그렇게 새로운 사람들이 모여서 환영회나 잔치를 여는 것 같은 느낌이 췌다. 택지췌괘의 직관을 정리하자면 다음과 같다.

"축제는 즐기는 시간이지만 미래의 안녕을 위해 하늘에 제사를 지낸다는 의미도 있다는 것을 잊지 말라."

더 큰 가치를 생각하며
상대방을 끌어안아라

절영지연^{絶纓之宴}은 갓끈을 끊어내고 즐기는 연회를 말한다.

초나라 장왕이 투초^{鬪椒}의 난을 평정한 후 공을 세운 신하들과 함께 연회를 열었다. 밤새 술과 음식을 먹으면서 성대한 연회를 즐기고 있는데 돌연 바람이 불어 촛불이 모두 꺼졌다. 캄캄한 와중에 왕의 시중을 들던 총희가 왕에게 귓속말을 했다. 누군가 자신의 몸을 더듬는 신하가 있어 갓끈을 잡아 뜯었으니 불을 켜보면 그가 누군지 가릴 수 있을 것이라는 말이었다. 이 말을 듣자 장왕은 신하들에게 '지금부터 모두 갓끈을 끊어내고 더 신나게 놀아보자'라고 명령을 내렸으니, 불을 켠 다음에도 왕의 총희를 건드린 신하가 누군지는 알 수 없게 되었다.

3년 후 초나라가 진나라와 전쟁을 치르게 되었을 때, 초나라 장왕은 목숨이 위험한 지경에 이르렀다. 그런데 한 장수가 죽기를 무릅쓰고 적진을 뚫고 들어와 장왕의 목숨을 구해냈다. 한숨을 돌린 후 장왕이 '그대는 왜 이렇게 용맹하게 싸우느냐'고 묻자 그 장수는 3년 전 연회에서 술이 취해 죽을죄를 짓고 크게 망신을 당할 수 있었는데 임금께서 관대하게 용서해주셔서 언제고 은혜를 갚으려고 마음먹고 있었다고 고했다.

마음이 느슨해지는 시기에는 누구라도 실수를 범하기 쉽다. 이 이야기는 아름답게 끝을 맺었지만 실제로는 한순간의 실수로 그동안 쌓아온 모든 것이 무너질 만한 위기를 맞이할 수도 있다. 따라서 쉽게 마음이 풀어지는 순간일수록 실수를 하지 않도록 정신을 붙들고 있는 것이 무엇보다 중요하다. 또한 축제는 서로 다른 사람들끼리 하나가 되고자 어울리는 것이니 불쾌한 상황에 처하더라도 나와 다른 상대방의 특성을 잘 포용하면 훗날을 도모할 수 있을 것이다.

관중과 포숙아가 서로 자신이 모시던 공자를 군주로 만들기 위해 경쟁을 벌이던 중의 일이었다. 관중이 포숙아가 모시던 공자 소백에게 화살을 날려 죽이려고 했지만 다행히 화살이 혁대에 맞아서 소백은 목숨을 건졌다. 이후 소백은 군주가 되면서 관중을 죽이려고 했지만 포숙아의 조언을 받아들여 그를 재상으로까지 중용했다.

그렇게 해서 관중이 이끄는 제나라는 춘추시대 최고의 강국이 될 수 있었다. 소백, 즉 제환공齊桓公 또한 춘추오패 가운데 한 사람으로 추앙받게 되었다. 포숙아도 대단한 사람이지만 그가 받든 제환공은 더 대단한 사람이다. 비록 가신의 호소가 있었다고 하더라도 자신을 죽이려던 사람을 재상의 자리에까지 앉힌다는 것은 보통 그릇이 아니고서는 불가능한 일이다. 이렇게 더 큰 가치를 생각하며 관대하게 다른 사람을 아우를 수 있는 자가 큰일을 성취하는 법이다.

택지취괘가 의미하는 바는 이처럼 품을 수 있으면 더 나은 미래를 만들 수 있다는 것이다. 한때 미워했더라도 서로 포용한다면 함께 더 나은 미래를 준비할 수 있다.

축제에도 예의가 필요하다

축제에는 서로 다른 세력들이 화합하는 힘이 있다. 전 세계인이 즐기는 대표적인 축제인 올림픽이 바로 이러한 행사라고 할 수 있다. 1988년 서울올림픽이 역사적으로 높은 평가를 받는 이유 또한 올림픽정신에 가장 충실한 화합의 축제였기 때문이다.

1980년 모스크바 올림픽에서는 미국과 서방국들이 소련의 아프가니스탄 침공에 반발하며 불참했고, 1984년 LA올림픽에서는 모스크바 올림픽 불참에 대한 보복으로 소련을 중심으로 한 사회주의권 국가들이 불참했다. 이러한 갈등과 분열을 거쳐 12년 만에 진영 논리를 떠나 160여 개국이 올림픽에 참가했으니 '지구촌 대화합'이라는 올림픽 언사가 1988년 서울에서만큼은 낯간지러운 치장이 아니게 되었다.

택지취가 말하는 축제는 이처럼 서로 다른 상대를 포용하며 한 판 즐기되, 서로에 대한 예의와 존중을 잃지 않는 것을 말한다. 또한 흥겨운 축제일수록 근본적인 질서를 잃어버리지 않아야 사건 사고를 미연에 방지해 안전하게 즐길 수 있다. 이것이 택지취가 우리에게 알려주고자 하는 교훈이다.

택지취는 조화가 잘 된 괘라고 생각한다. 다사다난한 변화를 겪고 난 후에 서로의 노고와 상처를 위로하고, 새로운 인연들도 만나 한바탕 축제를 벌이며 조화를 이루는 것이다. 서로 다른 사람들이 각자를 존중하며 더 큰 차원에서 한가족이 된 것 같은 느낌이다. 택지취는 이렇게 서로 예의를 지키면서 각자의 색깔을 존중한다면, 모두가 한가족처럼 어울리는 더 나은 공동체를 만들 수 있다는 것을 알려주는 괘다.

택지취의 직관

택지취는 축제와 같이 한 장소에 모인다는 의미를 가진 괘다. 추석이나 설날과 같은 명절에 사람들이 모여서 함께 윷놀이도 하고 맛있는 음식을 나눠먹는 것 같은 상황을 뜻한다. 혹은 혼례와 같은 경사가 있어서 잔치를 벌이는 괘다. 여행, 재물, 사업, 연애에 대체로 길하다. 시끌벅적하게 일이 잘 풀려나간다는 의미가 있다. 한편 이런 시기일수록 실수가 벌어지기 쉬우니 조상님에게 차례를 지내는 심정으로 마음의 중심을 지키고 윗사람을 잘 따라야 한다.

5부

네 번째 호흡 여행과 다시 여행

길을 떠난 왕자,
세상의 끝까지 여행하다

네 번째는 세상을 떠도는 여행에 관한 이야기다. 왕의 맏이, 왕자가 혁명을 경험한 다음 왕국을 떠나 세상 곳곳을 여행한다. 왕자는 세상의 끝까지 경험하고, 완전한 왕국을 만든 후 다시 길을 떠난다.

왕국의 기세가 등등하니 높은 제단을 세운다(46승). 오만하게 쌓은 탑이 무너지고(47곤), 하늘 높이 올랐던 왕국은 우물 바닥까지 떨어진다(48정). 바닥을 찍고 혁명이 일어난다(49혁). 쇄신한 왕국을 이어받을 맏왕자가 제사를 지내고 음복을 나누니(50정), 그 기상이 세상에 떨쳐진다(51진).
왕자는 왕국에만 갇혀 있기를 거부하고 길을 떠나는데, 첫 여정이니 첩첩산중이다(52간). 한 걸음씩 천천히 나아가며(53점), 때로는 지쳐 강한 힘에 의탁하기도 한다(54귀매).
강한 힘을 빌려 풍요로움을 만끽하지만(55풍), 안주하지 않고 비축한 힘으로 다시 여행을 떠나(56려), 바람처럼 떠돌며 이익을 얻는다(57손). 바람처럼 유순하고 이익을 얻으니 웃음이 따른다(58태). 이에 더 먼 곳으로 떠난다(59환).
세상의 끝을 만나 한계를 경험하고 멈춘다(60절). 한계를 경험한 왕자는 절도와 신뢰가 있으니 사랑을 만나 가정을 이룬다(61중부). 자신감이 넘쳐 언행에 약간의 지나침이 있지만(62소과), 바로잡아 완전한 왕국을 건설한다(63기제). 영구적인 안정을 믿지 않는 왕자는 변화를 최고의 안식처 삼아 다시 길을 떠난다(64미제).

46장

높이 날아오를수록
추락하는 충격이 크다

䷭

지풍승.
우호적이 세력을 등에 업고
자연스럽게 높은 곳으로 올라가다

지풍승地風升은 상괘가 땅에 해당하며, 하괘는 바람에 해당한다. 팔괘의
자연명으로 지괘가 위에 있고, 풍괘가 아래에 있으니 지풍이며, 그 의미
에 해당하는 승升이 합쳐져 지풍승이라는 괘명을 갖게 되었다. 승升은 승
昇으로 높은 곳으로 올라간다, 상승한다는 의미다.

　승괘의 형상을 보면 땅 속에서 나무가 생겨난 것이다. 앞서 말했듯이
손괘는 자연에 비유할 때 기본적으로 바람이며, 나무로도 해석한다. 수
뢰준처럼 양기를 가진 새싹 하나가 음기의 틈에서 어렵게 돋아나는 것
이 아니라 이미 양기가 많이 자라난 나무이니 묘목이 비옥한 땅에서 쑥
쑥 자라는 모양새다. 군자는 이 모습을 보고 본성을 따라 덕을 기르니 작
은 것으로부터 큰 것을 쌓는다.

택지취 다음에 지풍승이 오는 까닭은 모이면 높은 곳으로 올라가는 성질이 있기 때문이다. 무엇이든 모이면 기세가 등등해진다. 그렇게 기세가 올라가는 것이 승이다. 사람들이 모이면 탑을 쌓든, 제단을 짓든, 예배당을 세우든 높은 곳, 하늘을 지향하는 경향이 생긴다. 그러한 기세를 승이라고 간주하면 된다.

이러한 발전을 의미하는 괘는 35번째 괘인 화지진, 53번째 괘인 풍산점, 지풍승까지 세 가지가 있는데 각기 다른 의미를 갖고 있다. 그 중에서 가장 빠른 발전 속도를 보이는 것이 지풍승이다. 점은 가장 느리고 한 걸음씩 나아가는 것, 진은 실력 있는 사람이 초창기에 진취적으로 나아가는 것, 풍은 여러 세력의 도움으로 자연스럽고 빠르게 발전하는 것이다. 지풍승괘의 직관을 정리하자면 다음과 같다.

"순풍에 돛을 달았다. 지금까지 해왔던 것처럼 올바름을 멈추지 않아야 이익이 있다."

"높디높은 공이 한 삼태기로 허물어지는구나!"

공휴일궤功虧一簣(공이 한 삼태기로 허물어짐)라는 말이 있다.

무왕이 은나라 주왕을 토벌하고 주나라를 세웠을 때의 일이다. 외국에서 사람의 말을 잘 알아듣는 오獒라는 이름을 가진 큰 개를 선물로 보냈다. 무왕은 이 개를 매우 아꼈다. 그 모습을 보고 무왕의 동생인 소공은 왕이 한갓 짐승에게 마음을 빼앗겨 정무를 소홀히 하지는 않을까 걱정되었다.

그리하여 어느날 말하기를 "슬프구나. 흙을 가져다가 아홉 길의 산을 만들 때 조금만 더 하면 아홉 길의 높이에 이르는데, 이제 다 되었다 여기고 한 삼태기의 흙을 운반하는 일을 무성의하게 하면 지금까지 쌓아온 일이 모두 허사가 되고 만다"고 했다.

주나라 무왕은 승승장구하는 기세로 은나라 주왕을 꺾고 새 왕조를 열었다. 그가 새 왕조를 열 수 있었던 까닭은 주왕의 오랜 학정을 징벌하고, 백성을 위한 나라를 만들겠다는 인의의 정신으로 군사를 일으켰기 때문이다. 다만 그 바름을 지속하지 않으면 발전이 퇴보로 바뀌고 곧 곤란함이 찾아온다. 지풍승의 기세를 맞이했을 때 더 분발해야 하며, 삿된 유혹에 넘어가지 말고 바른 길로 정진해야 하는 까닭이다.

조선시대 정조가 다스렸던 시절 초기에 정조의 신임을 가장 많이 받았던 신하는 홍국영이다. 홍국영은 왕실과 뿌리 깊은 혼인관계로 얽혀 있는 세도가 출신이었고, 정조가 왕위에 오르기까지 호위무사와 같은 역할을 했기 때문에 정조의 신뢰가 두터울 수밖에 없었다.

홍국영은 젊어서부터 용모가 뛰어났고 눈치가 빨랐으며 글재주도 뛰어났다. 술과 친구를 좋아해 어울려 담화를 나누기를 좋아하고, 시조는 물론이고 잡기에까지 능했으니 타고난 호걸이었던 셈이다. 영조 때부터 능력을 인정받은 홍국영은 당시 세자였던 정조의 위치가 불안정할 때부터 좌우를 돌아보지 않고 오직 정조만을 위해 일함으로써 정조의 수족 같은 대신이 되었다.

그렇기에 홍국영은 정조가 왕이 된 후로 승승장구했다. 1776년 3월 정조가 즉위한 후 얼마 지나지 않아 도승지(오늘날 대통령 비서실장)가 되었고, 경호실장에 해당하는 숙위소 대장을 비롯해 훈련대장, 금위대장을 도맡았다. 왕의 굳건한 신임을 바탕으로 정무와 군권을 모두 장악했으니 홍국영은 무소불위의 권력을 쥐게 되었다.

이러한 홍국영의 기세야말로 지풍승의 형국이었다고 할 수 있다. 그런데 왜 그는 몰락하게 되었을까?

홍국영은 엄청난 권력을 누리면서도 더 욕심을 부렸고, 점점 더 정도에 어긋난 행동을 하기 시작했다. 자신의 누이동생 원빈 홍씨를 정조의 후궁으로 들여보내며 정조의 외척이 되었다. 훗날 원빈이 세상을 떠나자 정조의 비인 효의왕후를 의심하고 원빈이 독살당한 증거를 찾는다는 핑계로 무고한 사람들을 문초했다. 상급자가 와도 인사도 하지 않는 등 일상적으로 방약무인한 태도를 취해 궁궐의 모든 사람들을 적으로 돌렸다. 결국 정조는 홍국영에게 사퇴를 권했다.

이후 홍국영은 얼마 살지 못하고 죽음을 맞이했는데, 특별히 아픈 곳이 없던 그의 죽음을 두고 세간에서는 화병으로 죽은 것이라고 했다.

홍국영처럼 승승장구할 때 정도에 벗어난 행동을 하고 거만해지는 것은 역사를 들먹일 필요 없이 주위에서도 흔하게 볼 수 있는 일이다. 벼 농사에서도 쭉정이처럼 때를 벗어나 웃자라면 반드시 낫으로 베어지듯 분수와 도리를 넘어서면 그에 상응하는 대가를 치르는 법이다. '추락하는 것은 날개가 있다'라는 시구도 있듯이 훨훨 날아오를 때일수록 정도를 지켜야 평안한 삶을 유지할 수 있다. 그것이 지풍승이 우리에게 알려주는 직관이다.

지풍승의 직관

지풍승은 순풍에 돛을 단 운이다. 비행기가 활주로를 달리다 드디어 바퀴를 떼고 날아오르는 깃 같이 큰 발진이 있다. 특히 명예나 지위와 관련된 면에서 괄목할 만한 성장을 이루게 될 것이다. 다만 바름을 멈추지 않아야 이익이 있다는 의미를 갖고 있다. 작은 성공에 교만하지 않고 하던 대로 나아가면 큰 성취를 이룰 수 있을 것이다.

47장

내가 넘어진다면
기꺼이 내 시체를 밟고 넘어가라

≡

택수곤.
따르는 병사를 모두 잃고,
사방을 에워싼 적들에게 쫓기다

택수곤澤水困은 상괘가 연못이며, 하괘는 물에 해당한다. 팔괘의 자연명으로 택패가 위에 있고 수패가 아래에 있으니 택수이며, 그 의미에 해당하는 곤困이 합쳐져서 택수곤이라는 괘명을 갖게 되었다. 곤困은 통하지 않는다, 곤란하다는 뜻이다. 곤이라는 글자는 나무가 큰 입구 안에 갇혀 있는 형상이다. 한자를 파자할 때 나무를 사람으로 보기도 한다. 곤은 사방이 막힌 곤경에 처한 사람을 의미한다.

곤괘의 형상을 보면 연못에 있던 물이 다 흘러내려 바닥이 드러난 것이다. 군자는 이것을 보고 목숨을 다하고 뜻을 이룬다. 본래《역경》에서는 택수곤의 괘상을 설명할 때 백성이 곤란에 처했을 때 목숨을 바쳐서라도 뜻을 이루라고 말한다.

비장한 느낌이다. 물론 대의를 위해서는 그렇게 자신의 전부를 바치는 것도 좋다. 하지만 개인적인 일이라면 곤궁할 때일수록 자신의 도를 지키고 덕을 쌓을 때 어려운 와중에서도 한 줄기 빛을 만난다. 다시 비가 와서 물이 찰 때까지 기다리는 것이 상책이다.

지풍승 다음에 택수곤이 오는 까닭은 오르는 것을 지나치게 해 멈추지 않으면 곤란함을 겪기 때문이다. 자신의 한계를 모르고 오르기만 하다 보면 화를 입는 법이다. 처음에서 왕성했던 힘이 다하니 역부족을 깨닫게 되면 이미 늦었다. 지쳐서 쓰러지고 사방이 막힌 것 같은 간난신고艱難辛苦를 겪게 된다. 바벨탑이 신의 노여움을 사서 무너지는 것과 같다. 택수곤괘의 직관을 정리하자면 다음과 같다.

"사방이 적이니 고단하구나. 넘어진 김에 잠시 쉬어가도 좋다."

어른은 때로 적극적으로 고난을 생각해야 할 순간이 있다

사람이 덕행과 지혜, 각종 기술과 지식을 갖추게 되는 것은 역경에 처한 경험 덕분이다. 임금에게서 소외당한 신하와 부모의 사랑을 받지 못한 서자들이 늘 위험에 처한 것 같이 삼가며 지내고 고난을 피하기 위한 궁리가 깊기 때문에 세상 이치에 밝게 되는 것이다.

맹자의 이 말처럼 곤고한 시기는 더 큰 사람으로 성장하기 위해 반드시 필요한 과정이 될 수 있다. 택수곤의 곤란은 미래를 위한 밑거름으로 삼을 수 있다는 것이다.

한편 때때로 인간은 대의를 위해 스스로 높은 탑에 고립되는 지경을 선택하기도 한다. 제국주의에 맞서 독립운동을 했던 선혈들이나 군부독재에 맞섰던 이들이 대체로 그러했다. 그들은 공장으로 감옥으로 적극적으로 고립되는 삶을 택했다.

전태일은 어려운 가정환경으로 인해 제대로 학교를 다니지 못했지만, 늘 책을 놓지 않고 바른 길을 찾아나가고자 했다. 의식이 점차 깨이면서 부당함과 타협하지 않고, 결국 스스로를 희생했다. 택수곤이라는 절체절명의 상황을 맞아 대의를 선택한 것이다.

10대 소년소녀들이 하루 14시간씩 일하는 환경에서 그는 노동운동에 관심을 가지게 되었고 근로기준법을 공부하기 시작했다. 1969년 사업주들로부터 외면당하는 불이익을 감수하고, '바보회'라는 모임을 만들어 근로기준법에 관한 내용을 알리는 작업을 시작했다. 그리고 노동조합을 만들기 위해서 고군분투했으나 사업주와 행정기관의 방해로 결국 뜻을 이루지 못하게 되었다. 완전히 고립된 상황에서 1970년 11월 13일 평화시장 앞에서 근로기준법 화형식을 벌이며 자신의 몸도 함께 태웠다.

전태일의 분사는 당대 지식인들에게 큰 충격을 줬다. 많은 지식인들과 학생, 나아가 대중이 경제 발전이라는 미명 하에 가려진 노동자의 삶에 관심을 가지게 되었고, 독재에 저항하는 운동의 씨앗을 품게 했다.

바른 뜻을 이루려는 자가 곤궁에 처하는 일은 언제나 가슴을 아프게 하지만 피할 수 없는 현실이기도 하다. 곤란함을 통해서 더 성장해 큰일을 이루기도 하고, 곤란함으로 자신을 불태워 뜻을 이루기도 한다. 그러한 선구자들의 희생이 있었기 때문에 우리가 과거보다 더 나은 세상에 살고 있는 것이다.

아웃이 곤란에 처했을 때는 목숨을 바쳐서라도 뜻을 이루라는 것이 택수곤괘의 가르침이다. 이름이 알려지지 않은 수많은 '전태일'들이 스스로 선택한 택수곤이 있었기에 우리는 민주화와 산업화를 동시에 이룬 지금 여기를 누릴 수 있는 것이다. 택수곤은 이처럼 난세에 처한 이들을 위해 그 곤란함을 대신해 감수하는 적극적인 고초를 의미하기도 한다.

택수곤은 모든 것이 소진된 상태에서 한 발 더 나아가 대의를 실현하거나, 잃어버린 기세를 다시 보강해야 하는 것을 의미하는 괘다.

택수곤의 직관

택수곤은 곤란을 겪는다는 의미다. 곤困은 사방이 가로막힌 사람이니 진퇴양난이 되어 어디로도 갈 수 없다. 기력은 모두 소진되고 사방이 막힌 고립무원의 형국이다. 마음을 비우고 지금의 곤란함을 미래를 위한 긍정적인 발판으로 여겨야 한다. 아무리 어두운 터널에도 끝은 있다.

48장

우물이 깊을수록
물은 달콤해진다

☷

수풍정.
목마른 사람들이 모여 우물을 파다

수풍정水風井은 상괘가 물에 해당하며, 하괘는 바람에 해당한다. 팔괘의 자연명으로 수괘가 위에 있고 풍괘가 아래에 있으니 수풍이며, 그 의미에 해당하는 우물 정井이 합쳐져 수풍정이라는 괘명을 갖게 되었다.

역경에서 바람은 나무와 통한다고 했으니, 정괘는 나무 위에 물이 있는 모양이고, 나무로 된 두레박으로 물을 퍼 올린 형상이다. 두레박으로 힘겹게 퍼 올린 물을 동네 사람들이 식수로 함께 사용하는 것이다. 군자는 이 괘를 보고 백성의 노고를 위로하고 서로 돕기를 권장한다.

택수곤 다음에 수풍정이 오는 까닭은 높은 곳에 올라갔다 힘이 다해 도리어 낮은 곳으로 떨어지기 때문이다. 지면인 바닥을 지나 더 깊은 곳으로 떨어지는 것이니 우물에 해당한다. 하지만 추락했다고 너무 슬퍼

할 필요는 없다. 바닥에서 새로운 기회를 만나게 될 것이니, 흔히 하는 말로 바닥을 치면 반드시 반등하는 법이기 때문이다. 수풍정괘의 직관을 정리하자면 다음과 같다.

"어려운 상황일수록 협조하며 함께 땀 흘린다면 물을 얻을 것이다."

노력 없이 얻은 열매에는
맛이 나지 않는다

옛날 중국에서는 조상의 피를 이어받았다는 이유로 어린아이를 높은 신위의 자리에 앉혀 놓고 조상에게 제사를 지냈다. 그 아이를 신동이라고 했는데, 멀뚱멀뚱 앉아 있을 뿐 자신을 둘러싼 상황이 뭐가 뭔지도 몰랐을 것이다. 남이 앉혀놓은 높은 자리에서 아무리 절을 받고 귀하게 대접을 받아도 아이에게는 실속이 없는 것이니 시체와 같은 자리라고 해서 시위^{尸位}라고 한다. 그래서 예부터 실력 없는 사람이 높은 관직에 앉는 것을 시위라고 했다.

　비단 직위만 그런 것 아니다. 재물이든 명예든 오랜 노고 없이 얻은 것은 그게 무엇이든 오래갈 수도 없고, 무엇보다 그 결실이 알차지 못하고 달콤한 맛이 없다. 물려받은 재산이나 복권으로 당첨된 돈, 도박으로 얻은 돈이 헛되이 사라지기 쉽고, 가치 있게 쓰이지 못하는 것 또한 이러한 이유 때문이다.

매실밭에 관한 동화가 있다. 매실 밭을 가진 한 남자가 있었다. 그가 매일 하는 일이라고는 힘겹게 매실을 키우지 않아도 매실이 주렁주렁 열리게 해달라고 신께 기도를 드리는 것이었다.

놀랍게도 다음해 여름 매실이 주렁주렁 열렸고, 남자는 기쁜 마음으로 탐스럽게 익은 매실을 한 입 베어 물었다. 그리곤 바로 매실을 뱉어내고 말았다. 아무런 맛도 나지 않았기 때문이다. 다음 매실도 그 다음 매실도 모두 맛이 없었다.

남자는 신께 매실맛이 왜 이러냐고 따져 물었다. 신이 대답했다. "노력 없이 얻은 열매에는 맛이 나지 않는다."

수풍정은 이와는 반대로 오랜 노고 끝에 우물물을 얻게 되는 것이다. 상수도는 생각하지도 못했던 시절, 우물을 파서 물을 길어 올리는 일은 얼마나 고된 과정이었을까? 하지만 그렇게 힘들게 노력해서 얻은 물이기 때문에 그만큼 소중하고 물맛이 달콤했을 것이다.

수풍정은 또한 협조를 통한 어려움의 극복을 의미하기도 한다. 한국이 국가부도 위기에 몰려 많은 사람들이 나락에 빠져 있을 때 이러한 분위기를 바꿔보려는 움직임이 있었다. 바로 금 모으기 운동이다. 이와 관련된 소식을 보면서 해외에서는 한국이 빠른 시일 내에 외환위기를 극복할 수 있을 것이라고 생각했다고 하며, 실제로도 그렇게 되었다.

최초에 서울지검 소속 검사 20여 명이 당시 사회 곳곳에서 논의되고 있던 달러 모으기 운동을 바라보며 '우리는 외화가 없으니 금이라도 모으자'면서 200돈의 금을 모아 기부를 했다고 한다. 이 일이 세간에 알려지면서 각계각층에서 금을 모으기 시작했고 전국적인 규모의 움직임으로 발전했다.

돌반지에서 금메달에 이르기까지 엄청난 양의 금이 모이기 시작했으니 이렇게 모인 금의 양은 국제통화기금으로부터 받은 차관의 10퍼센트에 해당하는 21억 7,000달러에 이르렀다. 이 여파로 국제 금값이 18년 만에 최저 수준으로 낮아지는 해프닝도 있었다. 기업들의 실책을 가뜩이나 어려운 국민들이 떠안았다거나, 이렇게 힘을 합친 국민들에게 이후 돌아간 보상이 미미했다는 등의 뼈아픈 비판도 있지만, 그럼에도 금 모으기 운동은 일시적인 유행이 아니라 국채보상운동과 같은 상징적인 의의가 있는 사건이라고 볼 수 있다. 힘을 합치면 위기를 극복할 수 있다는 자신감을 불어넣어준 계기가 되었기 때문이다. 목이 마른 사람들이 있다면 자기만 살 궁리만 하는 것이 아니라 지혜와 힘을 모아 우물을 파야 한다는 것, 그것이 수풍정이 우리에게 알려주는 지혜다.

한편으로는 수풍정괘는 《어린 왕자》의 에피소드를 떠올리게도 한다. 어린 왕자는 자신의 별로 돌아가도 지구에서 어렵게 우물물을 떠올렸던 기억을 떠올릴 것이라고 했다. 그리고 저기 어느 한 별에서 물을 떠올렸던 그 별을 기억하기에 밤하늘이 더욱 아름다울 것이라고 말했다.

사막이 아름다운 것은 어딘가에 우물을 감추고 있기 때문이야. … 이제 별들이란 별들은 모두 낡은 도르래가 있는 우물로 보일 거야. 별들이 모두 나에게 물을 부어줄 거야. … 아저씨는 오억 개의 작은 웃는 방울들을 갖게 될 거고, 나는 오억 개의 샘물을 가지게 될 테니.

어린 왕자의 이야기를 듣다 보면 갈증을 참으며 우물물을 길어 올리는 것처럼 매일 밥벌이에 신경 쓰고 복잡다단한 문제를 해결하기 위해 노력한 순간들이 힘겨운 노동이 아니라 오억 개의 빛나는 샘물을 갖게 되는 아름다운 과정으로 느껴진다. 어둡고 막막하게 느껴졌던 삶을 전혀 다른 시각으로 느낄 수 있다는 것을 어린 왕자를 통해 되새기게 된다.

수풍정의 직관

수풍정은 우물물을 길어 올리는 괘다. 우물을 파고 우물물을 길어 올리는 과정은 험난하다. 하지만 그렇게 길어 올린 물로 자신의 목을 축이고, 다른 사람도 도와줄 수 있다. 마실 물이 지금은 흔하지만 예전에는 힘겹게 얻은 소중한 공동의 자산이었다. 함께 결실을 나눠야 할 물이니 함께 협력할 생각을 해야 한다. 지금 당장의 목마름을 잘 견뎌야 한다. 선고후락이니 처음에는 힘들어도 나중에는 기쁨이 있을 것이다.

49장

밭을 엎고 불태워야
보리가 자랄 흙이 만들어진다

☰

택화혁.
깊고 깊은 어둠 속에서 변화를 도모하다

택화혁^{澤火革}은 상괘가 연못에 해당하며, 하괘는 불에 해당한다. 팔괘의
자연명으로 택괘가 위에 있고 화괘가 아래에 있으니 택화이며, 그 의미
에 해당하는 혁^{革}이 합쳐져 택화혁이라는 괘명을 갖게 되었다. 혁^{革}은 가
죽, 고친다, 개혁한다는 의미를 갖고 있다.

혁괘의 형상을 보면 연못 속에 불이 있는 것이다. 같은 불과 물이지만
화택규가 서로 다투고 멀어지는 형상이라면 택화혁은 그렇지 않다. 음
양의 이치로 보아 수기가 위에 있고 화기가 아래에 있는 것이 조화롭기
때문이다.

앞서 나온 천지가 화합하는 지천태에서도 음기가 위에 있고 양기는
아래에 있으며, 나중에 다룰 수화미제는 물이 위에 있고 불이 아래에 있

는 완전한 괘인 것과도 일맥상통한다.

음기는 아래로 내려오려는 성질이 있고, 양기는 위로 올라가려는 성질이 있기 때문에 이렇게 배합이 되어야 서로 기운이 통하는 것이다. 건강을 다스릴 때 머리는 차갑게, 발은 따뜻하게 유지하라는 한의학의 이치와도 통한다.

군자는 이 괘를 보고 역법曆法(달력)을 다스리고, 춘하추동의 때를 명백하게 밝힌다. 서로 다른 기운이 만났기 때문에 물이 불을 끄지 않도록, 또 불이 물을 말려버리지 않도록 하늘이 낮밤이나 여름과 겨울 같은 음양을 조절하는 모습을 보며 역법을 만드는 것이다.

택천쾌와 택화혁의 느낌이 비슷하지만 택천쾌의 경우 내가 과거 세력이므로 수동적으로 밀려서 결단을 내리는 것이라면, 택화혁은 내가 개혁 세력으로 적극적으로 병든 과거와 결별하고 새로운 날을 맞이하기 위해서 혁명의 횃불을 드는 것이다.

수풍정 다음에 택화혁이 오는 까닭은 혁이란 새롭게 변경하는 것이니 우물물의 도道는 깨끗이 고치지 않으면 먹을 수 없기 때문이다. 기운의 변화로 보자면 저 깊은 바닥에서 혁명처럼 새롭고 강력한 변화가 일어나기 때문이라고 할 수 있다. 택화혁괘의 직관을 정리하자면 다음과 같다.

"우물의 바닥에서 혁명하라. 병든 부위를 도려내듯 옛것을 잘라내고 새 날을 맞이한다."

언젠가는 썩은 나무를
도끼로 패는 순간이 찾아온다

중국 진나라 때의 일이다. 진나라는 법이 엄격하고 혹독하기로 유명했다. 진승과 오광이라는 장수가 변경의 수비를 위해 차출된 900명의 청년들을 데리고 북쪽으로 가는 길이었다. 폭우가 쏟아져 도무지 발길을 더 옮길 수가 없었고, '대택향'이라는 중간 지점에서 머무르는 시간은 길어졌다. 그런데 진나라의 법에 국가의 부름을 받고 기한 내에 도착하지 못하면 참수를 당하게 되어 있었다. 결국 진승과 오광은 어차피 더 이상 갈 곳이 없는 바닥에 도달해 죽을 목숨이니 반란을 일으키기로 결심했다. 그들이 이때 뱉은 말은 두고두고 회자되고 있다.

"왕후장상의 씨가 따로 있느냐? 그들도 똑같은 인간일 뿐이다."

권력과 부를 독점한 부패한 과거 세력들은 언젠가 혁명의 칼날을 맞이하게 되어 있다. 개인도 마찬가지다. 지금의 자리에만 안주해서는 도태되고 만다. 묵은 악습을 과감히 도려내지 않으면 언젠가 큰 위기를 맞을 것이다. 선대의 유학자들은 애초에 허물이 없는 사람보다 허물을 고치는 사람이 더 훌륭한 사람이라고 했다. 스스로 혁명할 수 있는 사람은 위대한 사람이다.

중국에서 수와 당이 교체되던 시기, 이세민은 국경을 지키는 장수였던 아버지 이연을 설득했다. "어차피 민심에 의해서 넘어가게 된 나라입니다. 혁명을 일으킵시다."

이연이 망설이자 이세민은 더 이상 갈 곳이 없는 바닥임을 환기시킨다. "이렇게 죽으나 저렇게 죽으나 마찬가지입니다."

결국 이연은 이세민의 말을 듣고 혁명을 일으켜 수나라를 멸망시키고 당 고조가 되었고, 이세민은 뒤를 이어 태종으로 즉위한다. 그가 신하들과 주고받은 문답을 정리한《정관정요貞觀政要》는 후세 군주들이 빠짐없이 공부하는 제왕학의 교과서가 되었다. 택화혁은 이처럼 군자가 일으키는 혁명을 의미한다.

부패의 고리를 스스로의 힘으로 끊어내고, 밝은 세상을 만드는 혁명을 일으키는 것이 군자의 직관이다. 새옹지마의 변화를 아는 것은 현인이며, 전화위복을 만드는 것은 군자의 덕과 결단과 용기다. 택화혁은 군자의 혁명을 말한다.

그렇다면 개인적인 혁명은 어떤 것이 있을까? 찌들고 묵은 습관에 사로잡힌 고통스러운 날을 뒤집고 새로운 좋은 습관을 가진 날을 맞이하는 것이다.

탱크라는 별명을 가진 최경주는 PGA투어 자격을 얻은 첫 한국 골프 선수이며, 2008년 아시아인으로서는 최초로 세계 랭킹 5위에 오르는 등 온갖 기록을 갈아치운 한국의 대표적인 스포츠 스타다.

그런 그에게 담배와 관련된 일화가 있다. 최경주는 본래 성적이 좋을 때는 하루에 두 갑 반, 성적이 안 좋을 때는 세 갑씩 피는 이른바 골초였다. 그러던 중 2000년에 세계랭킹 월드챔피언십에 나가고 나서 세계적인 선수들과 자신이 무엇이 다른지 비교해봤다. 그 결과 자신보다 기본적으로 공을 멀리 치고 담배를 피우지 않는다는 차이점을 발견하고는 금연을 결심했다.

그렇게 담배 16갑을 쓰레기통에 던져버리고 나서는 금단 증상이 심해 한동안은 매일 어지러웠다고 한다. 담배가 지독히 피고 싶을 때에는 너무 견디기 힘들어 숲에 들어가서 나무를 붙잡고 흔들었는데, 나중에는 뿌리가 다 뽑힐 지경이었다고 한다. 그러나 담배를 완전히 끊고 나니 비거리가 늘어났고, 그때부터 훨씬 더 좋은 성적을 낼 수 있었다고 한다.

사회생활이든 악습이든 살다 보면 혁명을 하지 않으면 안 되는 순간이 온다. 지독히 고통스러운 과정이지만, 그렇게 하지 않으면 더 고통스럽다. 그것이 택화혁이 우리에게 알려주는 지혜다.

택화혁의 직관

택화혁은 혁명을 의미한다. 지난 잘못을 바로잡고, 새로운 세상을 맞이한다는 의미다. 자신의 잘못이든 사회의 잘못이든 과감한 결단과 노력으로 개선해야 한다. 이사나 신축 등의 일에 좋다. 강력한 운세지만 자칫 호랑이 등을 탄 것 같은 형국일 수 있으니 정신을 똑바로 차려야 한다. 변화와 관련해서는 좋은 일이지만 애정과 관련된 문제에서는 뜻하지 않은 변화로 어려움을 겪거나 실수하기 쉽다.

50장

완벽한 사람은 없기 때문에
인간은 서로에게 기대야 한다

☰

화풍정.
성실한 사람들끼리
업무를 분담해 일을 이뤄나가다

화풍정火風鼎은 상괘가 불에 해당하며, 하괘는 바람에 해당한다. 팔괘의 자연명으로 화괘가 위에 있고 풍괘가 아래에 있으니 화풍이며, 그 의미에 해당하는 정鼎이 합쳐져서 화풍정이라는 괘명을 갖게 되었다. 정鼎은 솥이다. 바닥을 지지하는 발이 세 개가 달리고, 손으로 잡는 귀가 두 개 달린 솥을 말한다.

정괘의 형상을 보면 《역경》에서 풍은 나무와 통한다고 했으니 나무 위에 불이 있는 모습이다. 불은 고래로 인류의 생활을 혁명적으로 바꿨다. 특히 식생활을 전면적으로 개선시켰다. 정괘는 아래에 나무로 불을 지피고 솥을 얹어서 음식을 만드는 모양이다.

군자는 이것을 보고 솥을 바르게 하듯 바른 위치에 앉아 안정된 모습을 취하고, 천명에 응한다. 정도를 따르는 올바른 자리에 앉아야 불안이 없다. 이동할 때 자신이 처할 자리가 바른 자리인지를 알고 가야 한다. 자신의 자리가 아닌 곳에 처하면 두고두고 어려움을 겪거나 후회할 일을 남긴다.

솥은 세 개의 다리가 갖춰져야 비로소 안정을 얻는다. 정괘 또한 사람도 이 솥의 모양처럼 협동하고, 정성을 다해 음식을 만들면 큰 즐거움이 따른다는 것을 말한다.

택화혁 다음에 화풍정이 오는 까닭은 새롭게 바꾸는 데에는 솥만한 것이 없기 때문이다. 솥은 다양한 재료를 담음으로써 먹음직스러운 음식으로 새롭게 변화시킨다. 화풍정괘의 직관은 다음과 같다.

"많은 음식을 마련할 때에는 서로 협조를 잘해야 한다. 진수성찬을 나눠 먹을 때에는 공평무사해야 한다."

솥이 쓰러지지 않기 위해서는
다리 셋이 모두 있어야 한다

군자를 섬기기는 쉽지만 즐겁게 하기는 어렵다. 군자는 사람을 쓸 때 각각 그 그릇에 맞게 쓰고, 바른 도리가 아니면 즐겁지 않아 하기 때문이다. 반면 소인은 섬기기 어렵고 즐겁게 하기 쉽다. 소인은 바른 도리가 아니라도 즐거워하지만 사람을 부릴 때는 한 사람이 여러 가지를 다 갖추기를 원하기 때문이다.

《논어》〈자로편〉에 나오는 이야기다. 큰 영웅들에게 사람이 많이 따랐던 것은 그들이 모두 이러한 이치를 알고 있었기 때문이다.

모든 사람에게는 저마다의 장점이 있다. 그 장점을 잘 살리면 언제 넘어질지 모르는 불안한 솥이 아니라, 발이 세 개 달린 안정적인 솥을 만들 수 있다. 혼자 일하고 혼자 다 가지려고 하면 할 수 있는 일에 한계가 있다. 상대방에게서 나보다 뛰어난 점을 찾아 흔쾌히 일을 나누고, 그 성과도 함께 나눠 가질 수 있어야 혼자서는 할 수 없는 큰일을 해낼 수 있는 법이다.

화풍정은 이렇게 여럿이 협력해 큰 성과를 내는 상황을 말하는 괘다. 이때는 동료에게서 단점보다는 장점을 찾을 수 있어야 하고, 서로 힘을 합쳐 만든 이익을 공정하게 잘 나눌 수 있어야 한다.

18세기 프랑스의 철학자 몽테스키외는 삼권 분립의 원칙을 내세워 근대국가가 탄생하는 기반을 마련했다. 그는 입법권과 행정권을 특정 기관이나 사람이 독점하게 되면 시민들이 어떠한 자유도 누릴 수 없을 것이라고 생각했다. 따라서 행정부는 법안의 발의에 대한 권한만 가져야 하고, 법이 제정되는 것은 의회의 투표를 통해서만 가능해야 한다. 사법권 또한 행정부와 분리되어야 한다. 이렇게 권력을 나눠야 혼자서는 모자람이 있는 각자가 각자의 역할을 수행하기 위해 때로는 서로 협력하고 때로는 서로를 견제할 것이다. 그래야 어느 한 쪽에 힘이 쏠리지 않고 권력이 균형을 이룰 수 있을 것이다. 이것이 몽테스키외가 구상한 근대국가의 시스템이었다.

삼권분립을 바탕으로 삼은 안정적인 체제 아래에서 자유를 누리는 시민들의 모습은 화풍정이 의미하는 세 개의 발로 선 솥의 모습과 비슷하다. 솥이 안정되게 서 있으니 음식을 마음놓고 조리하고 또 즐길 수 있는 것이다.

결코 완벽할 수 없는 사람들이 스스로의 역할을 다 하고자 어울려 서로이 모자란 조각을 맞추며 살아가는 모습이 화풍정이 말하는 우리 사회다. 누구도 모든 권력이나 모든 재화를 다 가지려고 해서는 안 된다. 그것은 자기 자신을 위해서도 그렇다. 절대 권력은 절대 부패한다. 모든 것을 독점하고 나누지 않는 절대 권력은 우리가 더불어 살 수 없게 만들며, 끝내 모든 것을 가진 혹은 가졌다고 착각하는 자신도 공격할 것이기 때문이다.

또한 누구도 다른 이에게 완전무결함을 요구해서는 안 된다. 그저 각자의 역할을 할 수 있도록 지원해야 한다. 우리는 부족함으로써 서로 돕고, 서로에게 기댐으로써 안정을 얻는 존재이기 때문이다. 이것이 화풍정이 우리에게 말하고자 하는 지혜다.

솥이 그러하듯 3이라는 숫자는 안정성을 준다. 사회의 가장 작은 단위라고 할 수 있는 가정을 봐도 그렇다. 과거에 부부가 다투면 집안의 어른이 조정을 해줬다. 제삼자는 중간에서 완충 역할을 할 수도 있고, 또 갈등이 오래 가지 않도록 양자에게 압력을 행사할 수도 있다. 지금과 같은 핵가족 시대에서는 자녀가 그 역할을 한다.

화풍정은 우리에게 상대방이 자신과 다르다고 하더라도 기꺼이 가까이 해야 한다는 지혜를 가르쳐준다. 어떤 모임이 건강한 균형을 유지하기 위해서는 나를 도와주는 이뿐만이 아니라 나에게 쓴 소리를 하는 이, 중간에서 양측을 조정하는 이 모두가 함께함으로써 무게 중심이 어느 한 쪽으로 쏠리지 않도록 해야 하기 때문이다.

　또한 살아가며 어려운 난관을 맞았을 때 모 아니면 도 식의 흑백논리로 재단하려 들지 말고, 제3의 길을 떠올릴 수도 있어야 한다. 화풍정은 우리에게 그러한 지혜를 알려주는 괘다.

화풍정의 직관

화풍정은 크게 길한 괘다. 혁명의 성과를 나눈다는 의미도 있다. 다리가 셋인 큰 솥에 음식을 넣고 끓여서 만인을 먹이는 괘이니 좋은 운을 내포하고 있다. 다리 셋을 모두 갖춰야 하니 협동을 의미하는 괘이며, 그런 의미에서 연애나 결혼에도 좋은 운이다. 사람으로 인해서 큰 복을 얻는 운이다. 다만 끓인 음식을 나눌 때는 공정해야 다툼이 없을 것이니 공평무사함을 잊지 말아야 할 것이다.

51장

엉덩이가 무거운 만큼 일어서면
절대 뒷걸음질하지 않는다

☳

궁뢰신
벼락이 두 번 친다.
산에 불이 붙으니 크게 놀랄 일이 있을 것이다

중뢰진☳☳은 상괘가 우레에 해당하며, 하괘도 역시 우레에 해당한다. 팔괘의 자연명으로 뢰괘가 위와 아래에 모두 중복되어 있으니 중뢰이며, 중천건, 중지곤, 중수감, 중화리 등과 마찬가지로 이렇게 같은 팔괘가 겹칠 경우 괘명인 진☳을 그대로 사용해 중뢰진이라는 괘명을 갖는다.

진☳은 팔괘의 하나로 천둥, 벼락, 놀라다, 진동하다, 권위를 사방에 떨친다는 의미가 있다. 《역경》에서의 의미는 양이 가장 먼저 나타나는 것으로 장남을 의미한다.

진괘는 연이어 천둥이 치는 형상이다. 군자는 이 괘를 보고 공포와 두려움을 알고 수신하고 반성한다. 연이어 천둥이 치는 이 중뢰진괘의 기세는 너무 강하다. 기세가 강하면 그만큼 위험도 많이 따른다. 군자는 이것을 잘 알기에 자신의 기세가 강할 때 오히려 자신의 힘에 대해서 두려움을 가지고 경계한다.

뇌천대장과 중뢰진 모두가 천둥과 번개가 치듯 강렬한 기세를 말하는 괘지만 뇌천대장은 그럼에도 변하지 않는 하늘이 밑받침이 된다면, 중뢰진은 상하가 모두 뢰로 구성된 괘로 우레 그 자체니 자칫 소리만 요란하게 될 우려가 더욱 크다. 화풍정의 뜻을 잘 받들어 세상을 일깨우는 장자의 천둥이 되도록 해야 한다.

화풍정 다음에 중뢰진이 나오는 까닭은 솥을 맡은 자가 받아들이기 때문이다. 음식을 종묘에 제사지낼 때 장남이 이를 주관한다. 그런 의미에서 화풍정의 솥은 신성한 의미를 갖고 있다. 고래에 음식을 분배하고 종묘나 하늘에 제사를 지내는 것은 가장 신성한 의식이자 최고의 권력이었다. 그것을 진괘에 해당하는 장자가 수행했기 때문에 정 다음에 진이 온다.

한편으로 진은 진동이요, 양기의 활동력이니 함께 음식을 조리해 먹은 힘으로 크고 활발하게 움직이는 것이다. 중뢰진괘의 직관을 정리하자면 다음과 같다.

"번개는 제석천의 것이니, 신들의 왕처럼 힘을 떨칠 것이다. 다만 잠깐 반짝이고 사라지는 것을 염려하라."

뒷사람을 생각하면
함부로 발자국을 낼 수 없다

제나라 선왕이 '나에게는 용기를 좋아하는 나쁜 버릇이 있습니다'라고 맹자에게 말하자 맹자는 큰 용기와 작은 용기에 대해서 말했다.

"칼자루를 손에 잡고 상대방을 노려보면서 '너 따위가 나를 이길 수 있겠느냐'라고 말하는 것은 필부의 용기이고, 한번 성을 내 군대를 시위해 외세의 침입을 막고 천하의 백성을 편하게 하는 것은 주나라 문왕의 용기입니다."

작은 용기는 외화내빈이기에 훗날의 걱정을 만들고, 큰 용기는 그 덕을 사방에 떨친다. 작은 용기는 감정에 치우친 것으로 실속이 없지만, 큰 용기는 오랫동안 인내하고 준비했기에 가능한 것이기 때문이다.

진은 제사를 지내는 맏이를 표상하기에 책임감과 예를 갖춘 리더다. 그렇기 때문에 한 번 자리를 박차고 나오면 온 세상 사람들이 따른다.

집안에서 형제는 장남에게서 배운다. 그저 다른 형제들보다 조금 더 일찍 태어났을 뿐인데, 자신이 밟는 사소한 발자국 하나하나가 동생들에게는 모범이 되기 때문에 항상 몸가짐을 삼가야 하며 허투루 방황하거나 지체할 수 없다. 이것이 장자의 예다.

집안에서는 가장과 다른 구성원들을 잇는 역할을 하며, 가장이 없을 때에는 그 역할을 대행해 제자리를 지킬 수 있는 준비가 항상 되어 있어야 한다. 이것이 장자의 책임이다.

동생들에게 모범을 보이지 못하고 우왕좌왕한 발자국을 남기거나,

장자로서의 책임을 제대로 수행하지 못하면 형제들에게 불신을 받게 된다. 동생이 형을 의심하면 집안의 질서가 엉키게 되고, 질서가 무너지면 가문이 무너진다. 그래서 장자는 동생들과 콩 한 쪽을 나눌 때에도 일말의 망설임도 없이 단호해야 한다.

리더는 오랜 훈련을 통해 만들어지는 존재라고 하지만, 사회의 가장 기본적인 단위인 가정에서 맏형은 어려서부터 리더가 될 수밖에 없도록 강요받았고, 또 그렇게 무거운 짐을 감당하며 평생을 살아야 한다.

장자의 역할은 그런 것이다. 평소에 조용하고 묵묵히 자신만의 길을 가더라도 한 번 일을 맡으면 번개처럼 강렬하게 수행해나가는 것이다. 명분을 얻고 실력을 쌓아왔으니 한 번 떨치고 일어나면 크게 힘을 발휘한다. 그것이 중뢰진이 의미하는 장자의 모습이다. 자신이 본보기를 제대로 보이지 않는다면, 장자라고 해도 사람들이 신뢰하고 따르지 않을 것이다. 하지만 본을 보인다면, 명분이 있으니 누구보다 큰일을 할 수 있는 것이 중뢰진의 상황이다.

장자가 두 번 겹친 괘인 중뢰진은 격랑의 형국을 맞아 장자의 지혜를 가지라고 말한다. 칼은 칼집에 있을 때 더 큰 위력을 발휘한다는 말도 있듯이 그 위세를 함부로 떨쳐서는 안 되고, 일단 칼을 뽑으면 무라도 썰어야 한다. 그것이 맏이의 모범이고, 위엄이다.

중뢰진의 직관

중뢰진은 번개가 두번 치는 괘이니 세상이 모두 놀란다. 매우 강력한 괘다. 한편으로는 소리만 크고 실속이 없다는 의미도 있으니 자만해서는 안 될 것이다. 뇌천대장과 함께 크게 놀랄 일도 있다고 본다. 대단히 강력한 운이다. 명예를 떨치고 이름을 드날릴 일이 생긴다. 대외적으로는 길하지만 내실이나 가정적인 면에서는 부실한 경향이 생길 수 있으니 경계하는 마음을 잃지 말아야 한다.

52장

겨울잠을 자야
봄을 기다릴 수 있다

☶

중산간.
산을 넘었으나 또 산이 있고,
그 뒤에 다시 산이 있구나

중산간☶山☶은 상괘가 산에 해당하며, 하괘도 역시 산에 해당한다. 팔괘의 자연명으로 산괘가 위와 아래에 모두 중복되어 있으니 중산이며, 중뢰진과 마찬가지로 같은 팔괘가 겹쳐 괘명인 간☶을 그대로 사용해 중산간이라는 괘명을 갖게 되었다. 간☶은 산을 말하는데 지☶, 즉 어딘가에 멈춘다는 의미도 갖고 있다.

간괘의 형상은 산이 연이어 겹쳐 있으니 첩첩산중의 모양새다. 간괘는 산에 막혀 머무르는 것을 말하니 멈추고 또 멈추는 것이다. 군자는 이것을 보고 자기 분수 밖의 일에 대해서 나서지 않는다. 오로지 자신의 위치에서 맡은 일에만 열중하는 것이다.

중뢰진 다음에 중산간이 오는 까닭은 진은 움직이는 것이나 움직임을 언제까지나 지속할 수 없으니 자연히 멈추게 되기 때문이다. 사람도 많이 걷고 나면 걸음을 쉬어야 하는 것처럼 모든 자연의 이치가 그렇다. 이처럼 진퇴와 동정動靜을 반복하는 것이 역易의 이치다. 그 중에서도 중뢰진에서 중산간으로 이어진 까닭은 극단적인 활동 뒤에 극단적인 멈춤이라는 변화가 나타나기 때문이다.

중산간은 조금 답답하기는 하지만 필요에 의해서 태산처럼 우뚝 멈춰선 것으로, 앞으로 가야 할 길이 많이 남았다는 의미다. 오사서의 일모도원日暮途遠(날은 저물고 갈 길은 멀다), 로버트 프로스트의 "잠들기 전에 가야 할 길이 있네"라는 시구를 떠올리게 한다. 이 다음으로 한 걸음씩 나아간다는 풍산점이 오는 데에서도 이 중산간의 의미를 알 수 있는데, 먼곳을 떠나기 전 하룻밤 묵으면서 여장을 단단히 하는 것이다. 중산간괘의 직관을 정리하자면 다음과 같다.

"날아오르기 위해서는 날개를 준비하는 고치의 시간이 필요하다."

무언가를 펼치기 위해서는
그만큼 무언가를 채워야 한다

삼국시대 오나라의 여몽은 어린 시절 가난한 집에서 자라 제대로 글공부를 할 수 없었다. 하지만 무공만은 매우 뛰어나 많은 전공을 세운 끝에 장군이 될 수 있었다. 그러던 어느 날 손권이 여몽을 불러서 '그대는 앞으로 큰일을 할 수 있는 사람이니 글을 읽고 학문을 익히라'고 권했다. 이에 여몽은 군사의 일로 바빠서 글 읽을 시간이 없다고 했으나, 손권은 거듭 대학자가 되라는 것이 아니라 틈틈이 좋은 책들을 읽어 두자는 것이라고 말했다.

여몽은 그 뒤로 주군의 뜻을 따라 부지런히 책을 읽었다. 그러던 어느 날 대도독이었던 노숙이 나랏일을 상의하기 위해 여몽을 찾았다. 여몽과 대화를 나눈 노숙은 깜짝 놀라며 옛날의 여몽이 아니라고 칭찬했다. 그 말을 듣고 여몽은 '선비는 사흘이 지나면 눈을 비비고 쳐다볼 정도로 달라져 있어야 한다고 들었네'라고 하면서 웃었다. 오랜만에 누군가를 만났을 때 크게 발전했을 때를 일컫는 '괄목상대刮目相對'는 여기서 유래된 고사성어다.

누구나 성장하기 위해서는 나비가 되기 전 스스로 고치 속으로 들어가는 시간이 필요하다. 고치 속에서의 시간이 답답하고 길게만 느껴지지만 그 과정을 거쳐야 비로소 날개가 생기는 것이다. 인간 또한 내면이 고갈되지 않기 위해서는 반드시 잠시 웅크리고 내면의 우물을 채우는 시간이 필요한 법이다.

1990년대 초반 등장한 서태지는 인기 있는 음악인을 넘어 1990년대를 상징하는 하나의 문화현상이 되었다. 이른바 '서태지 신드롬'이라 불린 흐름 속에서 가장 눈길을 끌었던 지점은 그의 활동방식이었다. 이전까지 가수들은 인기가 있을 때 한 번이라도 더 무대에 서고 미디어에 노출되기 위해 전심전력을 기울였다. '물 들어왔을 때 노를 저어야 한다'는 속담을 떠올려보면 기회가 왔을 때 최대한 활용하는 것은 당연한 선택이기도 했다.

하지만 서태지는 일정 기간 활동한 다음 스스로의 선택에 의해 휴지기를 가졌다. 그는 그 공백 기간에 시절의 조류를 읽고 이를 창작에 반영했으며, 곡 작업에서 여유를 두고 보다 높은 완성도를 추구했다. 그간 축적해온 것을 대중에게 쏟아낸 만큼 다시 축적하고자 하는 시간을 가진 것이다.

무엇인가를 생산해내야 하는 예술가가 아니라도 사람에게는 자신의 우물을 채우는 시간이 필요하다. 모든 것이 소진되고 나면 껍데기만 남은 채 같은 것만 토해내는 살아 있는 화석이 되기 때문이다. 일찌감치 바닥을 드러내고 고장난 시계처럼 멈춰버린 인간이 되지 않기 위해서는 오히려 잠시 멈추고 정신의 우물, 실력의 우물을 채워야 하는 시간을 가져야 한다. 그래야 새롭게 축적한 것을 다시 세상에 발양하고, 또 그렇게 뿌린 것으로 누군가의 우물이 채워지는 순환이 이뤄질 수 있다. 너도 살고 나도 사는 상생이 되는 것이다.

율곡 이이는 어머니의 삼년상을 지낸 후 19세의 나이에 홀연히 금강산으로 들어갔다. 이에 대해서는 여러 가지 설이 있지만 불교를 공부하면 어머니를 만날 수 있을 것이라는 기대도 있었다고 한다. 그렇게 이이는 잠시 스스로를 멈추고 산천을 주유하면서, 책만 읽었을 때에는 결코 겪을 수 없었던 다채로운 일들도 경험하고 유교 밖의 지식인들과 교류하며 불교와 도교 등 다양한 학문을 접하게 된다. 이후 금강산에서 속세로 돌아온 다음 그는 세속적인 기준에서도 연신 장원급제를 하는 등 승승장구했고, 학문적으로도 조선사에서 손꼽히는 대학자가 될 수 있었다.

이이가 출세를 위한 공부를 폐하고 금강산에 있었던 기간은 그에게 있어서 중산간의 기간이었던 셈이다. 당시에는 제자리걸음을 하는 것 같았지만 그 잠시 멈췄던 중산간의 시간을 통해 이이는 새로운 것을 채울 수 있었다. 날아오르기 위해서는 한 번쯤 고치에 들어가는 시간이 필요하다는 것, 그것이 중산간이 우리에게 주는 지혜다.

중산간의 직관

중산간은 첩첩산중에 밤이 깊어가는 운이다. 난관이 많이 따를 것이고 해야 할 일도 많다. 그런데 이미 해가 저물어 움직이기도 힘들다. 참고 기다리며 내일 산행을 준비해야 한다. 숙소를 찾아야 한다. 사람들의 도움을 받아야 하니 다툼을 피해야 한다. 성실하고 차분하게 머물러야 한다. 온화하고 독실한 마음을 지켜나가면 언젠가 이 산을 모두 넘어서 마을에 도착할 것이다. 지나치게 활동적으로 움직이는 것이 가장 위험하니, 경거망동을 주의해야 한다.

53장

꾸준하게 떨어지는 물방울은 바위도 뚫는다

☰☷

풍산점,
천년의 경전을 얻기 위해 천 리 길을 떠나다

풍산점風山漸은 상괘가 바람에 해당하며, 하괘는 산에 해당한다. 팔괘의 자연명으로 풍괘가 위에 있고 산괘가 아래에 있으니 풍산이며, 그 의미에 해당하는 점漸이 합쳐져 풍산점이라는 괘명을 갖게 되었다. 점漸은 점점, 차차, 조금씩 움직인다는 뜻이다.

점괘의 형상을 보면 산 위에 나무가 있다. 나무가 토질이 좋은 산을 만나 점점 재목으로 자라고, 쉬어갈 그늘을 만들고, 열매를 맺는 것처럼 사람도 좋은 환경을 만나면 한 나라의 동량으로 자라는 것이다. 군자는 이것을 보고 현명한 덕과 선한 풍속에 거주한다.

중산간 다음에 풍산점이 오는 까닭은 멈춤으로 끝날 수 없기 때문이다. 간에서 충분히 쉬고 나서 혹은 긴 준비를 마친 후에 다시 점차, 조금씩 나아가는 것이다. 이때 급격히 나아가지 않고 점차 나아간다는 것이 중요하다.

지풍승괘에서도 이야기했지만 화지진은 새롭게 시작한다는 의미가 강하고, 능동적이며 빠르다. 지풍승은 외부의 힘으로 올라가는 것으로 속도가 가장 빠르고 편안하다. 풍산점은 속도가 느리지만 꾸준히 나아간다는 의미에서 앞의 둘과 다르다. 풍산점괘의 직관을 정리하자면 다음과 같다.

"비바람을 겪고 나야 꽃이 핀다. 여러 고난에 아랑곳하지 않고 한 걸음씩 나아가면 큰 업적을 이룰 것이다."

느리지만 꾸준하게 걷는 걸음이 가장 먼 곳으로 갈 수 있다

시선詩仙 이태백이 어렸을 적 뛰어난 스승을 찾아서 공부를 하다가 싫증을 느끼고 산에서 내려왔다. 그리고 산천을 유랑하다 어떤 계곡에 앉아 있을 때였다. 계곡 아래쪽 냇물에서 한 노파가 바위에 열심히 도끼를 갈고 있었다. 이태백은 노파에게 물었다.

"할머니, 뭐하려고 도끼를 갈고 있어요?"

"이 도끼를 갈아서 바늘을 만들려고 한다."

"에이. 그렇게 큰 도끼가 어떻게 바늘이 됩니까?"

"그만두지만 않는다면 분명히 만들 수 있지."

이태백은 그 말을 듣고 크게 깨달음을 얻었다. 그리곤 노파에게 큰 절을 하고 다시 산으로 올라가 공부를 계속했다. 공부를 하다 마음이 흔들릴 때에는 그 노파가 한 말을 생각하면서 마음을 다잡았다고 한다. 마부작침磨斧作針은 여기서 유래된 고사성어다.

이와 비슷한 말로 수적천석水滴穿石이 있다. 물방울이 계속해서 떨어지면 돌에도 구멍을 뚫는다는 말이다. 실제로 산에서나 수석에서 그런 돌을 쉽게 볼 수 있다. 오래 꾸준히 하는 사람을 못 이기는 법이다. 풍산점의 괘는 이러한 꾸준함을 알려준다. 느리지만 꾸준한 것만큼 강한 것을 찾기는 어렵다.

풍산점괘의 상황은 이렇게 조금씩 발전하는 형국을 의미한다. 힘들어도 견디고 한 발씩이라도 지속적으로 나가야 할 것을 알려주는 괘다. 앞으로 나아가야 한다. 나아가면 결실이 있고, 정착할 곳을 만나게 된다.

《토지》는 한국을 대표하는 문학작품 가운데 하나로 꼽힌다. 저자 박경리는 1969년부터 딸의 그림 자료를 수집하기 위해 하동군 평사리로 갔다가 토지를 기획했다고 한다. 1969년 9월부터 〈현대문학〉에 연재를 시작한 이래 25년이라는 대장정 끝에 우연인지 필연인지 광복절인 1994년 8월 15일, 원고지 3만 1,200장에 이르는 장대한 작품의 끝을 맺었다.

토지를 완성해나가는 그 긴 세월 동안 암에 걸려서 큰 수술을 받기도 했고, 사위가 구속되는 괴로움을 겪기도 했다. 그렇게 차근차근《토지》를 써나간 시간은 온갖 고난을 이겨내며 한 발 한 발 나아간 풍산점의 과정이었다. 천천히 꾸준히 나아가는 것 외에 강하고 위대한 업적을 일궈내는 삶의 태도는 없다. 그리고 그것이 곧 자기를 실현하는 일이니 운명이기도 하다. 박경리는 '내가 토지를 쓰는 것이 아니라 토지가 나를 몰고 갔다'라고 했다.

임상심리학자인 로버트 마우어는 자신의 저서《작은 한 걸음이 당신의 인생을 바꾼다One small step can chante your life》에서 더 나은 인생을 만들기 위한 '원 스몰 스텝One small step'이라는 전략을 제시한다. 삶을 혁신하고자 할 때에는 사소하고 이루기 쉬운 것부터 바꿔나가야 성공 가능성이 높아진다는 것이다. 그는 많은 개인이나 사업가들이 혁명적인 전략을 시도하는 모습을 수없이 지켜보면서 대다수가 실패하는 것을 확인했다. 반면 점진적인 변화 전략을 사용하는 기업이나 개인들은 대부분 많은 효과를 거두었다고 한다.

마우어는 대학 농구 역사상 가장 성공적인 코치로 꼽히는 존 우든의 말을 인용해 이렇게 이야기했다.

매일 조금씩 바꾼다면 결국은 큰일이 일어난다. 매일 조금씩 조절능력을 기른다면, 결국 조절능력이 매우 커진다. … 하루에 한 가지씩 사소한 부분을 개선하라. 그것만이 변화할 수 있는 유일한 방법이다. 그리고 그래야만 지속성을 가질 수 있다.

너무 쉬워 실패할 수 없는 일에서부터 차근차근 시작하는 것, 그것이 변화를 성공시키는 데 필요한 관건이다.

풍산점은 화지진이나 지풍승보다 느려 보이지만 이렇게 위대한 힘을 갖고 있다. 특히 무엇인가를 개선할 때에는 너무 급하게 하는 것보다 풍산점처럼 한 발씩 나아가는 것이 성공 가능성이 높다. 풍산점이 우리에게 알려주는 핵심은 서두르지 않는 꾸준함이니, 꾸준하다면 언젠가 창대한 변화를 만나게 될 수 있을 것이다.

풍산점의 직관

풍산점은 계단을 한 걸음씩 올라가듯, 벽돌을 한 장씩 쌓아나가듯 서서히 성장해나가는 운이다. 풍산점, 화지진, 지풍승 가운데 가장 속도는 더디지만 그만큼 단단하게 성장해 나가니 안전하다. 산길을 걷고 있는데 선선한 솔바람이 불어서 땀을 식혀준다. 지금의 발전이 반석이 되어 큰 성취에까지 이를 수 있을 것이다. 유혹도 있고 난관도 있을 것이다. 특히 가정적인 면에서는 불안의 요소가 있다. 그럼에도 인내심을 갖고 나아가면 지속적인 발전을 이룰 수 있다.

54장

현명한 소는 언덕을 가려가며
몸을 비빈다

≣

뇌택귀매.
어려운 살림살이에서 벗어나기 위해
먼 곳으로 시집을 가다

뇌택귀매雷澤歸妹는 상괘가 우레에 해당하며, 하괘는 연못에 해당한다. 팔괘의 자연명으로 뇌괘가 위에 있고 택괘가 아래에 있으니 뇌택이며, 그 의미에 해당하는 귀매歸妹가 합쳐져서 뇌택귀매라는 괘명을 갖게 되었다. 귀매歸妹는 누이가 시집을 간다는 뜻이다.

귀매괘의 형상을 보면 연못 위에 우레가 있는 것이다. 뢰괘는 장남을 의미하고 택괘는 소녀를 의미하니 나이가 든 사람에게 시집가는 처녀의 형상이라 귀매라고 한다. 군자는 이 괘를 보고 잘못을 살피고 파악해 오래도록 함께 지속할 것을 생각한다.

큰 힘을 따른다는 면에서 택뢰수괘와 비슷하지만 택뢰수는 자신의 기반이 있는 상황에서 이익만을 좇는 것이고 뇌택귀매는 물질적 이익을 비롯해서 새로운 세계로 들어가 정착하는 것이니, 전면적으로 자신을 의탁하는 것이다.

안정을 찾아 집으로 들어간다는 면에서 풍화가인과도 흡사해 보이지만, 가인은 쉴 곳을 찾아 스스로 자신의 집으로 들어가는 것이고 귀매는 강한 힘을 따라 남의 집으로 가는 것이다. 남의 집으로 들어가 자신의 영향력을 조금씩 확대시키며 원하는 방향으로 집을 바꿔나간다. 다소 역설적이지만 가인이 능동적이면서도 좀 더 안정적이고, 귀매는 수동적이지만 좀 더 야심차다고 할 수 있다.

풍산점 다음에 뇌택귀매가 오는 까닭은 조금씩 나아간 사람이 한 곳에 정착하기 때문이다. 젊은 여성이 출가해 새로운 보금자리를 마련하는 것이다. 뇌택귀매괘의 직관을 정리하자면 다음과 같다.

"때로는 강한 세력을 따라야 할 때가 있다. 이때 자신이 정도를 따르는지 부화뇌동하고 있는지 점검하라."

잠시 의탁해야 한다면
반드시 바른 곳으로 가라

돈독한 믿음으로 학문하기를 좋아하고, 죽음으로 바른 도리를 지킨다. 위태로운 나라에는 들어가지 말고, 혼란스러운 나라에 거주하지 않는다. 천하에 도가 있으면 나타나고 도가 없으면 은거한다. 나라에 도가 있는데

《논어》〈태백편〉에 나오는 말이다. 새도 둥지를 보고 앉고, 소도 언덕을 보고 비빈다는 말이 있다. 둥지를 구할 때 잘 가려서 안착해야 할 것이다. 뇌택귀매는 가난한 집안의 여자가 시집을 가는 형상을 가진 괘이니 안정을 구해 새로운 곳으로 움직인다. 비록 지금은 힘이 부족해서 강한 힘에 이끌려갈지언정 올바른 도리가 있는 곳이라면 길게 안정을 얻을 것이요, 그렇지 않으면 안락함도 잠깐일 것이다.

18세기 프랑스의 철학자 장 자크 루소는 프랑스 혁명의 철학적 토대가 된 《사회계약론》, 칸트에게도 깊은 감흥을 준 교육에 관한 《에밀》 등의 저서들 외에 오랜 유랑 생활로도 유명하다. 그는 1728년 산책 중 성문이 닫히자 기술 견습생의 숙소로 돌아가기를 포기하고 대책 없는 방랑의 길을 떠났다.

태생이 방랑자의 기질을 가진 사람이라 할지라도 한 번씩은 누군가에게 의지해야 할 때가 있다. 루소는 열 살에 아버지가 동네에서 칼부림으로 사람을 상하게 한 일 때문에 어디론가 사라진 후 친척의 손에서 자랐다. 아버지의 영향인지 루소는 세상 곳곳을 전전하며 다양한 일을 했다. 루소가 세상 곳곳을 떠돌던 시절 가톨릭으로 개종을 했는데, 가톨릭교회가 개종한 사람들에게 음식과 잠자리를 무료로 제공했기 때문이었다. 배고픔 때문에 개종을 할 정도로 루소의 청장년기는 다사다난했다.

그러다 만난 바랑 부인은 루소가 현실에 정착할 수 있도록 지원을 아끼지 않았다. 책을 좋아하는 루소가 공부하고 지적인 자산을 쌓을 수 있도록 도와주었다. 당대에는 귀족부인들이 예술가나 학자를 지원하는 일들이 많았기 때문에 가능한 일이었다.

한때 루소가 바랑 부인을 떠나 다시 유랑하기도 하는 등 멀어지고 가까워지기를 반복했지만, 바랑 부인은 간헐적으로나마 15년 동안 루소의 후원자였고, 한때는 연인관계로 발전하기도 했다. 루소라는 사상가가 탄생할 수 있었던 배경에는 바랑 부인이라는 힘 있는 세력의 후원이 있었던 것이니, 탁월한 재능에도 필요하다면 자신보다 강한 세력을 따라 힘을 키우는 시간이 요구된다. 그것이 뢰택귀매가 말하는 지혜다.

《삼국지연의》에서 애착이 가는 인물로 서서徐庶가 있다. 그는 자신의 이름을 선복單福이라고 바꾸고 신야에서 유비의 책사가 되어 전쟁을 두 차례나 승리로 이끈다. 선복의 정체를 알게 된 조조는 서서를 자신의 사람으로 만들기 위해 계략을 꾸민다. 서서의 어머니를 붙잡아 서서를 돌아오게 하는 편지를 쓰게 한 것이다. 하지만 서서의 어머니는 죽음을 두려워하지 않고 조조의 명령을 거절한다. 결국 조조는 서서 모친의 필체를 흉내 내 거짓 편지를 쓰고, 효자였던 서서는 고향으로 돌아온다.

이에 서서의 어머니는 크게 실망하고 자결한다. 조조에게 붙잡혀 유비에게 돌아갈 수 없게 된 서서는 조조의 군영에서 일하게 되지만 일생단 한 가지의 계책도 내지 않았다. 이후 적벽대전에서 조나라 군사 가운데 유일하게 연환계連環計를 이용한 화공을 간파하고는 곧 불지옥이 되고말 조조 군영을 몰래 떠나 다시는 돌아오지 않았다.

서서가 바른 둥지에 앉기에 힘썼다면 그렇게 뛰어난 재능을 죽이며 일생을 살아가는 일은 없었을 것이다. 뢰택귀매는 서서와 같은 실수를 하지 말라는 것을 우리에게 가르쳐준다. 더 큰 세력에 자신의 일신을 맡길 때, 그곳이 자신의 철학과 부합하는지 정도에 어긋남이 없는지 잘 간파해야 오랫동안 머물며 큰 꿈을 펼칠 수 있을 것이다.

뇌택귀매의 직관

귀매는 여동생이 시집을 간다는 의미다. 그런데 억지로 간다는 의미가 있으니 강력한 힘에 끌려 다니는 것을 암시하기도 한다. 억지로 따라야 하는 일을 가리키니 상당히 수동적인 운이다. 자신의 힘이 모자라서 강한 세력을 따른다. 그러나 정도가 아니라면 후회할 것이니, 현명한 판단을 해야 한다. 부화뇌동하면 큰 어려움을 겪을 것이다. 특히 이성관계에서는 상대방의 실체를 정확히 파악해야 한다.

55장

넘치는 곡식을 거두며
다가올 겨울을 걱정하라

☰

뇌화풍.
한가위 풍년이 들었으니
몸과 마음이 모두 편안하다

뇌화풍雷火豐은 상괘가 우레에 해당하며, 하괘는 불에 해당한다. 팔괘의
자연명으로 뇌괘가 위에 있고 화괘가 아래에 있으니 뇌화이며, 그 의미
에 해당하는 풍豐이 합쳐져 뇌화풍이라는 괘명을 갖게 되었다. 풍豐은 풍
성하다, 성대하다는 의미다.

　풍괘의 형상을 보면 우레와 번개의 불빛이 함께 대지에 이르렀다. 번
개의 불빛으로 대지가 명명백백하게 밝아지고 하늘의 권위가 땅에 떨쳐
진다. 우레가 천하를 진동시키고 불길이 땅에 떨어져 대지가 밝아지고
만물이 생장한다 해서 풍이다. 군자는 이 모습을 보고 소송을 조정하고,
형벌을 집행한다. 풍뢰익과 흡사하지만 풍뢰익이 물질적 이익을 가리킨
다면, 뇌화풍은 삶 전반의 풍요로움을 말한다.

뇌택귀매 다음에 뇌화풍이 오는 까닭은 여성이 자신의 가정을 꾸린 다음 재물을 모아 점점 풍요로워지기 때문이다. 어려운 집안에서 시집을 와 새로운 가정을 꾸린 새댁은 의욕적으로 재물을 모으고 살림을 관리해 가정을 풍족하게 만든다. 그렇게 해서 가족들도 늘어나고 집안이 번창하게 되니 귀매 다음에 풍이 온다. 뇌화풍괘의 직관을 정리하자면 다음과 같다.

"한가위에 어울려 즐길 뿐 겨울을 대비하며 무리하게 일을 벌이지 않으니 달이 차면 기울 것을 염려하기 때문이다."

어려운 집안을 일으켜 세우는 지혜

중국을 경제대국으로 성장시킨 결정적인 계기를 마련한 단 한 명의 인물을 꼽으라고 한다면 대개는 덩샤오핑을 떠올릴 것이다. 거칠게 말하면 덩샤오핑으로 인해서 중국은 완전히 다른 나라가 되었다.

덩샤오핑은 문화대혁명 시기에 마오쩌둥과 대립했다는 비판을 받고 장시성의 공장 노동자로 밀려났다. 1973년 저우언라이의 도움으로 잠시 복직했지만, 1976년에 다시 추방되었다. 이러한 고난을 거쳐 마오쩌둥 사후에야 비로소 온전히 당으로 돌아올 수 있었고, 주변을 수습해 1978년부터 사실상 당의 실권을 장악했다.

이후 덩샤오핑은 흑묘백묘론黑猫白猫論으로 상징되는 실용주의를 바탕으로 기업가의 이윤을 보장하고, 외국의 투자를 허용하는 자유시장경제 체제의 장점을 과감하게 도입해 중국이 세계적인 경제대국으로 발돋움할 수 있는 길을 열었다.

덩샤오핑은 자유시장경제 제도를 도입하면서 세 번의 발걸음이라는 의미를 가진 삼보주三步走라는 지침을 내걸었다. 첫 걸음은 먹고사는 문제를 해결하는 것이고, 두 번째 걸음은 생활 수준을 중산층 이상으로 끌어올리는 것이며, 세 번째 걸음은 대동사회를 실현한다는 내용이었다. 그는 자신이 죽고 나서도 100년 동안은 이 지침이 흔들리지 않도록 해달라고 후계자들에게 신신당부했다고 한다.

덩샤오핑에 대한 역사적 평가는 다양하게 나뉘지만, 가난한 집안을 떠맡아 살림을 풍족하게 만든다는 의미의 뇌화풍을 대표하는 인물 가운데 하나로 꼽을 수는 있다. 뇌화풍의 지혜는 어려운 집안을 일으켜 풍족해졌으니 그것을 즐기는 것은 좋으나 무리하거나 오만하지 말라는 지혜를 가르친다.

풍족함에 휘둘리면
소중한 것을 잃게 된다

풍요로움에 지나치게 마음을 빼앗겨서는 안 된다는 것도 뇌화풍이 강조하는 지혜다. 노자는 《도덕경》에서 이렇게 말했다.

온갖 화려한 색들은 눈을 멀게 하고, 온갖 아름다운 소리는 귀를 멀게 하며, 온갖 다양한 맛은 본래 입맛을 잃어버리게 한다.

말을 달리면서 사냥을 하는 것은 마음을 미치도록 만들며, 온갖 귀한 재화는 사람이 나아가야 할 행로를 잃게 만든다.

이러한 까닭에 성인은 차라리 배를 위하지 눈을 위하지는 않으니, 이는 곧 저것을 버리고 이것을 취하는 것이다.

우리에게 거피취차^{去彼取此}로 알려진 구절이다. 배를 위한다는 것은 내면을 지향하는 것이고, 눈을 위한다는 것은 외부의 것에 이끌리는 것이다. 노자는 또한 비어 있음으로 인해서 쓰임이 생긴다고 했다. 우리의 본질이 화려한 풍요로움이 아니라 비어 있음이라는 것을 깨달아 언제든 그곳으로 돌아올 수 있어야 욕망에 탐닉하다 고통받지 않을 것이라는 말이다.

요즘 여기저기서 사람들의 욕망을 자극하는 콘텐츠가 범람하고, 손에 쥔 부를 노골적으로 드러내는 것을 멋으로 여기는 풍조가 유행하고 있다. 그러한 분위기에 휩쓸려 살기 위해 돈을 버는 것이 아니라 돈을 벌기 위해 사는 본말전도의 처지에 빠지는 사람들도 많다. 2,500여 년 전에 노자는 이미 그것이 본질을 잃고 우리의 마음을 미치게 만든다고 했다.

그렇기에 우리는 본질이 무엇인지, 무엇이 우리를 이끌어가게 할 것인지에 대한 질문을 뇌화풍의 상황에서도 놓지 말아야 한다. 현란한 것, 저 높은 곳을 바라보는 눈에 휘둘리면 가야 할 곳을 놓치게 되기 때문이다.

공자가 재상이 된 후 노나라가 점점 강성해지자 이웃나라가 경계하기 시작했다. 제나라 경공은 미인계를 쓰기로 마음먹고, 제나라에서 제일가는 미녀 80인을 뽑아 춤과 노래를 가르친 다음 화려한 장식을 한 말 120필과 함께 노나라 정공에게 바쳤다.

이에 노나라 정공은 미녀들에게 빠져 정사를 멀리 하고, 제사도 제대로 지내지 않게 되었다. 결국 공자는 노나라를 떠나기로 마음먹었다. 공자를 전송하는 사람이 떠나는 이유를 묻자 공자는 시를 지어 환락에 빠진 왕과 대신들을 질책했다. 하지만 정공은 끝내 공자를 붙잡지 않았고, 노나라의 국력은 점차 쇠퇴하게 되었다.

다사다난했던 한 철을 지나 노력한 끝에 서광이 비추니 뜻한 바를 이뤘다. 하지만 창업보다 수성이 어려운 법이다. 정공은 공자를 통해 풍요함을 이뤘지만, 풍요함이 환락으로 이어져 나라의 기틀을 잃고 말았다. 우리 인생도 이처럼 풍족함이 정신의 뿌리를 잃고 방황하는 결과를 낳아서는 안 될 것이다.

뇌화풍의 직관

뇌화풍의 풍豐은 풍년을 의미한다. 봄, 여름에 땀 흘린 대가를 가을에 거두는 것이다. 풍년이 들었으니 수확할 것이 많다. 농부가 일 년 동안 수고해 가을에 풍성한 결과를 거두고, 한가위에 햅쌀로 밥을 지어먹는 형국이니 모든 것이 풍족하다. 한가위를 맞아 많은 사람들이 모여 풍성한 명절을 보내며 즐기고 있는 그림도 떠오른다. 하지만 달도 차면 기울 듯 앞으로는 쇠락할 것을 걱정해야 한다. 풍요함을 충분히 누릴 수 있고, 대외적으로 드러나는 일에 특히 길하다. 다만 앞날을 생각해 이 운을 맞았을 때는 곧 포화상태에 도달할 것을 알아, 더 일을 벌이면 안 되고 추운 겨울에 충실히 대비해야 한다.

56장

먼 길을 나서니
신발끈을 단단히 고쳐 매라

☲☶

화산려.
거주할 집을 잃어버린 채 여기저기를 방랑하다

화산려^{火山旅}는 상괘가 불에 해당하며, 하괘는 산에 해당한다. 팔괘의 자연명으로 화괘가 위에 있고 산괘가 아래에 있으니 화산이며, 그 의미에 해당하는 려^旅가 합쳐져 화산려라는 괘명을 갖게 되었다. 려^旅는 군사, 나그네라는 의미를 갖고 있으며 여행과 뜻이 상통한다.

화산려괘의 형상을 보면 산 위에 불이 있다. 불길은 한 곳에 머무르지 않고, 자신을 불태울 것을 찾아 사방으로 뻗어간다. 그래서 려다. 군자는 이 괘를 보고 죄의 경중을 불을 밝히듯 하고, 재판을 신속하게 해 죄수를 옥에 머무르게 하지 않는다.

뇌화풍 다음에 화산려가 오는 까닭은 성대해진 것이 극에 이르면 반드시 자신의 거처를 잃고 나그네가 되기 때문이다. 모든 것이 풍요롭게 되면 오만하게 되고, 사치를 부리게 된다. 결국 주거할 곳마저 잃어버리니 편안했던 고향과 집을 떠나 정처 없이 방랑하게 된다. 화산려괘의 직관을 정리하자면 다음과 같다.

"고난을 통해 얻은 지혜는 내게 피가 되니 힘든 여정도 피하지 않는다. 다만 신발끈을 단단히 고쳐 맬 뿐이다."

"여기저기를 떠도는 처지인데
어찌 산과 물을 가릴까!"

전국시대 6국의 재상을 지낸 소진은 처음에는 진나라로 나아가 자신을 써줄 것을 요청했지만 등용되지 못했다. 먼 나라를 떠돌다가 걸인 꼴이 되어 집으로 돌아왔지만 가족들도 외면했다. 아내와 형제들도 무시하고, 형수는 식사도 차려주지 않으며 거들떠보지도 않았다. 수년이 흐른 후 재상이 되어 왕의 행차를 방불케 하는 마차를 타고 고향을 지나게 되었다. 그의 가족들은 소진을 제대로 쳐다보지도 못하고, 정성을 다해 음식을 해서 바쳤다. 이에 소진이 물었다.

"지난 시절에는 사람대접도 안 하시더니 지금은 왜 이렇게 지극하게 대하십니까?"

그러자 형수가 대답했다.

"지금은 도련님이 높은 직위를 갖고, 큰 부자가 되었으니까요."

이 말을 듣고 소진은 가족들조차 이러한데 하물며 남은 더 이상 말할 게 뭐가 있겠느냐며 탄식했다. 인심의 저열함에 대해서 뼈저리게 깨달은 것이다.

하지만 또 한편으로는 이런 말도 했다.

"내가 만약 그때 농사를 할 수 있는 몇 뙈기의 논밭만 있었어도 지금의 위치에 이르지는 못했을 것이다."

머무르면 안일함을 얻을 수 있을지언정 큰 뜻은 이루지 못할 것이다. 여행을 떠난 자, 어찌 간난신고를 겪지 않겠는가? 화산려의 상황은 재상이 되기 전 소진이 그랬듯이 방랑의 시기다. 떠도는 처지에 멸시당하고 굶주리는 것은 감수해야 한다.

그럼에도 새로운 세계를 만나는 여행은 일상에서 안주하던 자신을 깨우고 성장시킬 수 있는 기회가 된다. 반드시 스스로를 발전시키겠다는 식의 선명한 목적에 의해서가 아니더라도 여행 그 자체를 통해 삶의 기쁨과 내일을 맞이할 활력소를 얻을 수도 있다.

세계를 더 폭넓게 보고 내 삶이 어디로 나가야 할지 이정표를 제시받을 수 있다는 점에서 여행은 화산려의 지혜와 닮았다. 다만 고난을 경험하며 조금 더 나아진 내가 되고자 떠나기 위해서는 그만큼 철저한 준비가 필요하니, 먼 길을 떠나고자 한다면 우선 신발끈을 꽉 고쳐 매야 할 것이다.

여행에서는 큰 충격을 받고, 자신이 함몰되는 경험을 겪을 수 있다. 복잡다단한 세속에서 길을 잃지 않는 법을 익히기는 어렵다. 이러한 때에는 오디세우스의 세이렌 이야기를 떠올리게 된다.

마녀의 섬 키르케를 떠난 오디세우스는 세이렌이 산다는 섬을 지나치게 된다. 이 섬을 지나치기 직전에 선원들은 모두 밀랍으로 귀를 막으면서 오디세우스에게도 귀를 막을 것을 권한다. 세이렌이 부르는 노랫소리를 들으면 그 황홀한 노래에 반해서 바다에 뛰어들거나 방향을 잃기 때문이다. 그러나 오디세우스는 이 세이렌의 노래를 꼭 듣고 싶었다. 그래서 동료선원들에게 부탁했다. '나는 귀를 막지 않을 테니 지금 내 몸을 돛에다 꽁꽁 묶어다오. 그리고 섬을 완전히 떠날 때까지 내가 무슨 짓을 하더라도 풀어주면 안 된다!'

함께 여행을 하는 항해사들은 오디세우스의 말대로 그를 묶었다. 곧 세이렌의 섬을 지나게 되었고, 과연 노래를 듣던 오디세우스는 자신을 풀어달라고 갖은 발광을 했다. 한참의 시간이 흐른 후 섬에서 완전히 멀어진 후에 선원들은 오디세우스를 풀어준다.

그는 정신적인 여장을 단단히 꾸리고 준비를 철저히 했기에 세이렌을 경험하면서도 자신을 풍랑 속에 내던져버리는 우를 범하지 않을 수 있었다. 인생이라는 여행을 떠나는 우리 역시 여행 기간 내내 우리를 단단히 묶을 돛과 끈이 필요하다. 그래야 자신을 온전히 잃어버리게 되는 일을 피하면서도 다양한 경험도 할 수 있는 것이다. 물론 그것을 지켜보고 도와줄 같은 배를 탄 동료 선원, 같은 길을 항해하는 친구가 있다면 더욱 좋을 것이다.

화산려의 직관

화산려는 려旅가 의미하는 대로 여행을 의미한다. 하지만 옛날의 여행은 지금과는 의미가 많이 달랐다. 고향을 떠나 산 넘고 물 건너 고생하는 것이니, 언제 산적을 만날지 호환을 입을지 알 수 없는 불안한 상태다. 정신적으로는 깊이가 있어도 육체적으로는 어렵다. 철학이나 문화, 예술과 관련된 분야에 종사하는 사람은 길하지만 대개의 경우 이동 수가 잦고 일신이 고단한 어려움을 겪고 있을 때 자주 나오는 괘다. 여행자의 가장 무거운 짐은 텅 빈 지갑이라는 말이 있다. 먼 길을 나설 때일수록 여장을 단단히 꾸려야 한다. 여행의 끝에는 축적된 경험과 명예를 얻을 수 있을 것이다.

57장

쉼 없이 부는 바람이 되려다
바람에 쉼 없이 휘날리지는 말라

☴

중풍손.
바람은 쉼없이 움직여 변화를 만들고,
상인은 분주함으로 이익을 만든다

중풍손☴風☴은 상괘가 바람에 해당하며, 하괘도 역시 바람에 해당한다. 팔괘의 자연명으로 풍괘가 위와 아래에 모두 중복되어 있으니 중풍이며, 같은 팔괘가 겹쳤으므로 팔괘의 괘명인 손☴을 그대로 사용해 중풍손이라는 괘명을 갖게 되었다.

손☴은 팔괘 가운데 하나로 자연현상으로는 바람이며 동남쪽, 유순하다, 받아들인다는 의미를 갖고 있다.

손괘는 대지 위로 바람이 연이어서 부는 형상이다. 군자는 이 모습을 보고 천명을 백성에게 반복해 설명하고 실천한다. 손은 바람처럼 떠돌아다니는 상인의 형상이지만, 오랜 경험을 통해 겸허함을 익혀서 어디든 자유롭게 처할 수 있는 군자의 모습이기도 하다.

화산려 다음에 중풍손이 오는 까닭은 나그네를 오랫동안 받아들여주는 곳이 없으니, 나그네가 겸허함과 유순함을 배우기 때문이다. 중풍손 괘의 직관을 정리하자면 다음과 같다.

"상인이 동분서주하며 큰 이익을 만들어내는 형상이다. 다만 이익에 빠져 사람을 잃지 않도록 주의하라."

5분 내로 버리고 떠날 수 없다면
가지지 말라

바람이 성긴 대나무숲에 불어온다. 바람이 지나가면 대나무숲에는 소리가 남아 있지 않다. 기러기가 차가운 연못 위를 날아간다. 기러기가 날아가고 나면 연못에 그 그림자를 남기지 않는다. 군자도 이와 같으니 일이 오면 마음을 일으켜 움직이지만, 일이 지나가고 나면 마음은 절로 비워진다.

〈채근담〉에 나오는 시다. 마음에 이렇게 흔적을 남기지 않는 것이 군자다. 바람은 쉴 새 없이 불고, 구름은 모였다 흩어지기를 반복한다. 장이 서면 상인도 분주히 움직이면서 이익을 얻는다. 우리는 한때 이런 바람과 더불어 움직이지만 이 모든 것은 흔적 없이 사라질 일이다. 이익이나 지나간 일에 연연하다 보면 미래를 불안해하고, 과거를 후회하며 한

이 맺히고, 나쁜 인연을 만드는 법이다.

중풍손은 바람이 부는 대로 세태의 흐름에 잘 맞춰 유순하게 적응하면 이익이 있으리라는 의미를 갖고 있는 괘다. 이 시기에는 세상에 잘 적응하면 좋은 일이 있을 것이다. 다만 내가 만난 것이 무엇이든 집착하게 되면 괴로움과 후회를 남긴다. 지나간 일은 지나간 일대로 다 바람처럼 떠나보내야 한다. 언제든 마음의 본바탕으로 돌아올 수 있어야 하는 것이다.

예전에 한 종교인과 극장에서 〈히트〉를 봤다. 이 영화에서 소규모 범죄집단의 우두머리로 분한 로버트 드 니로가 일과 가족 문제 사이에서 갈등하는 수하를 보고 이런 말을 한다.

"5분 내로 버리고 떠날 수 있는 것이 아니면 가지지 마."

살아가며 마주하게 되는 갈등과 번민, 고난의 상당수는 버리고 떠날 수 없기 때문에 생기는 것이다. 바람처럼 떠도는 삶일 경우 더욱 그렇다. 그래서 중풍손은 기억에 관한 이야기이기도 하다. 지난 기억을 버리고 오늘 만나는 것에 충실하라는 조언을 건네기 때문이다. 이것이 바람의 지혜다.

만약 어떤 것을 가져야 할지 말아야 할지 고민하는 순간이 오면 스스로에게 물어봐야 한다. '5분 내로 버리고 떠날 수 있을까?'

만약 그렇지 않다는 답이 나온다면 그것을 가지는 것에 대해서 다시 생각해보아야 한다. 사람 대 사람이 마주하는 것이 아니라 어느 한쪽이 다른 쪽에 의존하는 형태의 사랑이 온전히 사랑만으로 끝나는 일은 드물기 때문이다.

복권과 관련해 떠도는 이야기가 있다. 친구와 길을 걷다 문득 마주친 복권 간판을 보고 즉흥적으로 복권을 사 친구에게 선물했는데, 그것이 일등에 당첨되었다는 내용이다. 둘 사이에서 그 소유권을 놓고 분쟁이 벌어졌고, 이윽고 끔찍한 칼부림으로 번졌다. 도시괴담처럼 떠돌다 텔레비전 단막극으로도 만들어진 이야기지만 그 극적인 사연은 현실에서도 쉽게 찾을 수 있다. 복권 당첨금을 둘러싼 갈등은 뉴스거리도 되지 않을 만큼 흔하기도 하다.

하지만 보다 많은 이익을 가지기 위해 다툼을 벌이는 일이 얼마나 어리석은지는 조금만 냉정해져도 쉽게 깨달을 수 있다. 자본주의 사회에서 돈은 무시할 수 없는 힘이지만, 그것을 좇다가 자기 자신까지 잃지는 말아야 한다. 이익에만 매몰되다 보면 어리석은 선택을 할 수 있으니 경계하고 마음의 본바탕을 잃지 말라는 것, 이것이 중풍손괘가 우리에게 주는 지혜다.

중풍손의 직관

중풍손은 강한 바람이 사방팔방을 분주히 움직여 다니는 운이다. 시장에 바람이 부니 매매가 활성화된다. 경제적인 이익이 따를 것이다. 마음에도 바람이 부니 여러 가지 유혹이 많다. 일신도 바람처럼 여기저기를 떠돌아다닌다. 바람처럼 떠도는 삶은 집착이 없어야 하고, 마음의 중심이 튼튼히 서 있어야 한다. 신이 나서 이익만 좇다 사람을 버리거나 큰 상처를 주면 후회할 일이 생길 것이다. 작은 것을 얻으려다 큰 것을 놓치는 우를 범해서는 안 된다. 또한 장이 파하면 더 이익을 얻어 보겠다고 자리에 연연하지 말고, 훌훌 털고 집으로 돌아와야 한다.

58장

크게 웃으려면 어깨가
흔들리지 않도록 다리에 힘을 줘라

☱

중택태.
봄날 개울가에 소녀들이 모여 앉아
왁자지껄 웃고 있다

중택태重澤兌는 상괘가 연못에 해당하며, 하괘도 역시 연못에 해당한다. 팔괘의 자연명으로 택괘가 위와 아래에 모두 중복되어 있으니 중택이 며, 같은 팔괘가 겹쳤으니 팔괘의 괘명인 태兌를 그대로 사용해 중택태 라는 괘명을 갖게 되었다.

태兌는 팔괘 가운데 하나로 자연으로는 연못이며 서방西方, 기뻐하다, 웃음소리를 의미한다. 연못에서 나온 물줄기는 만물을 윤택하게 한다는 의미에서 이익이라는 뜻도 있다.

태괘의 형상은 연못이 연달아 있는 것이다. 친구들이 함께 어울리며 기뻐하는 형상이니, 군자는 이 괘를 보고 벗들과 함께 서로 가르치며 배 운다.

중풍손 다음에 중택태가 오는 까닭은 겸손하고 유순한 사람은 뭇사람들에게 기쁨과 즐거움을 주기 때문이다. 유순하기 때문에 집단, 공동체에 받아들여지고, 새로운 즐거움과 기쁨을 가져다준다. 또한 손괘로 이익을 남겼기 때문에 활기차고 마음이 가벼워지는 즐거움이 따르는 것이다. 중택태괘의 직관을 정리하자면 다음과 같다.

"웃음 끝에는 허무함이 밀려온다. 말이 많으면 실수도 잦아지니 가벼움과 무거움의 중도를 찾아야 한다."

웃음과 재치는
흔들리지 않는 여유에서 나온다

중국 당시대 선불교 승려인 석두대사는 선의 이치에 대해서 이렇게 말했다.

마음의 원숭이는 한순간도 가만히 있지를 못하며, 생각이라는 말은 사방으로 달리기를 즐겨 정신의 기운은 어지럽게 흩어지고 만다.

우리의 생각과 마음은 안정이 되지 않고, 달리는 말과 나무를 타는 원숭이처럼 여기저기로 달려가기를 좋아하며, 여기에 옮겼다 저기에 붙었다 하기를 쉬지 않는다. 그러다 보니 정신이 안정되지를 못하고, 늘 불안하고 초조하며 마음의 평안을 얻지 못한다. 우리가 힘 있고 중심이 있는 정신을 갖기 위해서는 마음속 말과 원숭이를 붙잡아야 한다. 가볍게 웃고 떠드는 한때의 즐거움 속에서도 무엇이 내가 걸어가야 할 길의 근본인지를 잘 알아야 실수가 없고, 예측하지 못한 상황과 맞닥뜨려도 스스로를 잃지 않을 수 있다. 중심이 없는 가벼운 쾌락과 불안한 사건사고는 늘 동전의 양면과 같이 한몸이다. 중택태는 우리에게 이러한 지혜를 알려준다.

언젠가 움베르토 에코가 개고기와 관련된 발언을 해서 화제가 된 적이 있다. 개와 함께 살아가는 이들이 많은 만큼 그의 말이 요즘에는 썩 유쾌하게만 들리지는 않을지도 모르겠다. 다만 그의 발언은 개고기 자체보다 문화적 다양성에 초점이 맞춰져 있었다.

프랑스의 여배우 브리지트 바르도가 2001년 방송인 손석희와의 라디오 인터뷰에서 한국인의 개고기 식용문화를 콕 짚어서 시종일관 한국인은 개고기를 먹는 야만인이므로 존중할 수 없다고 말했다. 그의 이러한 태도는 이전부터 있어왔기에 한국인들에게는 그다지 새삼스럽게 느껴지진 않았다.

손석희는 '인도에서는 소를 먹지 않는다고 해서 다른 나라 사람들이 소를 먹는 것에 대해 반대하지 않는다, 문화적 차이에 대해 인정할 생각은 없는가'라고 질문했다. 이에 브리지트 바르도는 '소는 먹히기 위해 태어난 동물이지만 개는 그렇지 않다'고 답했다.

일 년 후 한 계간지에 실린 대담에서 기호학자 움베르토 에코는 이 논쟁에 대해 '어떤 동물을 잡아먹느냐에 대한 문제는 문화인류학적, 보다 넓게는 문화 간 번역의 문제'라고 하면서 "다른 문명권에서 개고기를 먹는 사실에 혐오감을 느낀다고 해도 관용(똘레랑스tolerance)을 가져야 한다"고 말했다. 만약 그렇지 못하다면, 특정 문화권의 식습관을 자신에 기준에 비춰 야만으로 치부한다면 그것은 인종차별적인 행동이라고도 밝혔다.

그가 남긴 작품들의 밑바탕에도 하나로 규정될 수 없는 다양한 인간들에 대한 이해와 존중이 깔려 있다. 그래서 그는 '세상의 바보들에게 웃으며 화를 낼지언정' 아무리 바보 같은 말을 뱉는다고 해도 그들의 입을 틀어막는 데에는 단호하게 반대했다.

유럽에서 손꼽히는 지식인이자 기호학을 넘어 수많은 분야를 넘나드는 박람강기로 유명하지만 그렇다고 움베르토 에코가 언제나 진지한 자세로 인간을 들여다보기만 했던 학자는 아니었다. 그는 평생 유쾌함과 웃음을 잃지 않았고, 앞서 언급한 책제목 '세상의 바보들에게 웃으면서 화내는 방법'에서 볼 수 있는 것처럼 유머가 풍부했다.

언젠가 그는 소설에 성적인 장면이 너무 없는 것 아니냐는 질문을 받고는 쓰는 것보다 하는 것을 더 좋아하기 때문이라고 재치 있게 답변하기도 했다.

또 언젠가는 한 언론인이 5만 권에 달하는 장서가 보관된 그의 서재를 방문한 다음 이렇게 물었다고 한다. "이 많은 책들을 다 읽으셨나요?" 에코의 서재를 방문하는 사람들이 숱하게 던지는 진부한 질문이었는데, 에코는 이렇게 답했다고 한다. "내일부터 다 읽을 겁니다."

웃음과 유쾌함은 유연한 사고에서 나온다. 또한 내면이 깊고 단단해 상황에 쉽게 흔들리지 않는 여유에서 나오는 유쾌함은 불안하지 않다. 중택태는 우리에게 그러한 지혜를 알려준다.

중택태의 직관

중택태는 소녀의 웃음을 의미하는 괘다. 밝고 즐거움이 있다. 말을 많이 하는 직업에는 유리한 바가 있다. 이 운에서 일반인들에게는 말을 많이 할 일, 웃는 일들이 많이 생긴다. 그런데 한편으로는 구설수라는 의미가 있다. 말로 인한 화를 주의해야 한다. 이 괘는 전반적으로 지나치게 가볍다. 기분 내키는 대로 행동하면 당장은 편할지 모르지만 실수하기 쉽다. 경거망동해 후회할 일을 남겨서는 안 될 것이니, 밝고 가벼운 분위기는 즐기더라도 의외의 실수를 주의해야 한다.

59장

오늘 곤궁한 곳을 떠났기에
내일 갈 곳을 격정할 수 있는 것이다

☰
☵

풍수환.
구름은 바람이 불면 흩어진다.
마음의 먹구름도 마찬가지다

풍수환風水渙은 상괘가 바람에 해당하며, 하괘는 물에 해당한다. 팔괘의
자연명으로 풍괘가 위에 있고 수괘가 아래에 있으니 풍수이며, 그 의미
에 해당하는 환渙이 합쳐져 풍수환이라는 괘명을 갖게 되었다. 환渙은 어
질다, 흩어진다, 풀어진다는 의미를 갖고 있다.

환괘는 바람이 물 위를 떠도는 형상이다. 선왕은 그것을 보고 하늘에
제사를 지내고 종묘사직을 바로 세웠다. 물이 바람을 따라 흩어지는 것
처럼 산개하는 백성들, 민초들의 마음을 하나로 모으기 위해서 하늘에
제사를 지내는 것이다.

뇌수해와 풍수환의 의미가 비슷하지만 뇌수해는 다리를 묶고 있던
끈을 끊어내고 떠나는 것이고, 풍수환은 뭉쳐 있던 것이 사방으로 점점

넓게 퍼져나간다는 의미가 강하다. 그러므로 뇌수해는 보다 강한 단절이 필요한 것이고, 풍수환은 문제를 풀어나가면서도 상대적으로 집중력이 더 요구되는 것이다.

중택태 다음에 풍수환이 오는 까닭은 기쁨은 발산해 흩어지는 성정을 갖고 있기 때문이다. 음양오행의 이치에서 우울한 것은 무겁고 뭉쳐지는 기질로 보고, 기뻐하는 것은 가볍고 발산하는 기질로 본다. 풍수환은 먼 하늘의 구름이 뭉쳐졌다가 흩어지는 것과 같은 자연의 이치를 보여준다. 풍수환괘의 직관은 다음과 같다.

"새로운 바람이 불어 답답함이 풀릴 것이다. 묵은 문제가 해결되었다고 모든 것이 끝나는 것은 아니니 집중력을 잃지 말라."

떠나면 문제에서 벗어나지만
곧 다른 문제가 생기기 마련이다

풍수환은 퍼져나가는 것인데, 방만하게 되는 것을 의미하기도 한다. 사람이 즐거움에 빠지다 보면 돌아올 줄을 모르고 한 방향으로만 나아가게 되는 경우가 많다. 이때 물질적인 이익에만 경도되는 것은 결국 스스로를 황폐하게 만들 수 있다.

그러한 의미에서 '도도새'의 비극은 우리에게 시사하는 바가 크다. 도도는 인도양의 모리셔스 섬에 서식했던 새로 본래 크고 강한 날개를 갖고 있었다고 한다. 그런데 섬에는 천적이 될 만한 포유류가 없었던 데다 나무에서 떨어진 과일만으로도 충분히 먹고 살 수 있게 되면서 날개는 점차 퇴화되었다.

1505년 섬에 들어온 포르투갈인들에게 천적 없이 살아온 도도는 너무나 손쉬운 사냥감이었다. 무분별한 포획으로 도도는 100년 만에 희귀종이 되었고, 결국 1681년 멸종하고 말았다.

물론 이것이 도도새의 잘못은 아니지만, 그럼에도 어떤 교훈을 찾을 수 있을 것이다. 인간은 본성을 찾아 스스로 절제하고, 삶의 균형을 찾을 수는 있는 존재다. 그렇지 않고 도처에 굴러다니는 먹이를 취하고 쉬운 길로만 걸으면서 욕망을 따라 한없이 퍼져나가면 언젠가 날개를 잃고, 나아가 더 소중한 것도 잃게 될 것이다.

또한 하나의 문제가 풀렸다고 해서 영원히 다시 문제가 일어나지 않는 법도 없다. 춘추전국시대 연나라의 태자 단은 진시황에 대한 복수심으로 똘똘 뭉친 사람이었다. 그는 형가라는 대담하기 이를 데 없는 자객을 구해 진시황을 죽이려고 했다. 형가는 짐짓 진나라에 충성을 맹세할 것처럼 가슴 속에는 비수를 숨긴 채 연나라의 지도를 들고 진시황 앞에 나아갔지만 암살에 실패하고 죽음을 맞이한다. 성공하든 실패하든 죽을 수밖에 없는 목숨이었지만, 그는 죽을 때에도 여유롭게 웃었다고 한다.

형가가 연나라를 떠나올 때 상복을 입은 태자와 연나라 대신들의 배웅을 받으면서 역수易水라는 강가에까지 이르렀다. 태자 단과 헤어질 때 길에서 제사를 지내고 물길을 따라 떠나게 되었는데, 이때 고점리라는 친구가 악기를 연주하고 형가는 노래를 불렀다고 한다.

"바람은 쓸쓸하게 불고, 역수는 차갑구나. 장사^{††}는 한 번 가면 다시 돌아오지 못하리."

복수를 시작하는 태자 단에게는 그 상황이 먹구름이 풀려나가는 것 같은 기세였지만 형가의 입장에서는 죽음이라는 인생의 막바지를 향해 달려 나가는 것이었다. 풍수환괘는 그런 것이다. 중택태에서부터 풀려 나가기 시작한 기운이 절벽을 향해서 달리는 줄도 모르고 계속 퍼져나 가는 것이다. 하나의 묵은 문제를 해결하면 그것으로 끝나는 것이 아니 라 새로운 한계를 맞이할 준비를 해야 한다.

현재의 상황에 만족할 수 없고, 나를 붙잡고 있는 문제가 있다면 지금 여기에서 떠나기 마련이다. 떠나는 것으로 묵은 문제는 해결되기 때문 이다. 하지만 그것이 불러올 한계를 내다보며 떠나면서도 돌아갈 곳을 꼼꼼하게 살필 수 있는 지혜를 가져야 하고, 최소한 새로운 상황을 맞아 들일 마음의 채비는 해야 한다.

1970년대 당시 한국에서는 많이 노동자들이 해외로 나갔다. 건설회 사들이 중동에 진출하면서 건설 역군들 또한 한국을 나섰다. 그전에는 간호사와 광부로 일하기 위해 독일로 떠나기도 했다. 그때 외국으로 나 간 노동자들은 한국에 남아 있는 것보다 큰돈을 벌 수 있었다. 하지만 오 랫동안 가족들과 떨어져 지내느라 한국으로 돌아온 다음에는 적응하느 라 어려움을 겪거나 심지어 가정이 파탄나는 경우도 적지 않았다.

언젠가부터 조기 유학이 유행하고 있다. 학생들에게는 한국에 묶여 있는 것보다 좋은 기회일지도 모르겠으나 이른바 '기러기 아빠'들이 늘 어나면서 가정적으로나 사회적으로는 심각한 문제가 발생하기도 한다.

새로운 곳으로 떠나는 것이 하나의 묵은 문제를 해결할 수 있다는 측면
에서는 희망적이지만, 그것이 초래할 문제들까지 내다보고 신중하게
삶을 관리할 수 있어야 한다. 그것이 풍수환괘가 우리에게 알려주는 지
혜다.

풍수환의 직관

풍수환은 바람에 구름이 흩어진다는 의미를 갖고 있다. 흩어진다는 것
은 여러 가지로 해석할 수 있는데, 답답한 고민이 흩어져서 해소된다는
의미가 있고, 멀리 흩어지듯 어디론가 떠나게 된다는 의미도 있다. 이별
이나 군중이 흩어짐을 의미하기도 한다. 답답할 정도로 뭉쳐 있던 것이
드디어 하나의 계기를 만나 흩어지게 되는 것인데, 좋은 의미일 수도 있
고 나쁜 의미일 수도 있다. 물리적인 흩어짐이 집중력의 약화로 이어져
서는 안 된다. 변화에 적응하되 바른 뜻은 초지일관해야 한다. 사적인 일
보다 공적인 일에 길하다.

60장

끊긴 다리를 새로 놓고 건널지, 그대로 머무를지를 선택하라

☵

수택절.
방만한 생활이 지속되다 결국 한계를 맞이하다

수택절水澤節은 상괘가 물에 해당하며, 하괘는 연못에 해당한다. 팔괘의 자연명으로 수괘가 위에 있고 택괘가 아래에 있으니 수택이며, 그 의미에 해당하는 절節이 합쳐져 수택절이라는 괘명을 갖게 되었다. 절節은 마디, 절제, 끊어진다는 의미를 갖는다.

절괘는 연못 위에 물이 있는 형상이다. 물이 연못으로 흘러와 멈춘 것이다. 군자는 이 모습을 보고 제도를 정비하고, 덕행을 깊게 생각한다.

풍수환 다음에 수택절이 오는 까닭은 이산離散, 나눠지고 흩어지는 것도 극에 이르게 되면 절도를 만나 멈추게 되기 때문이다. 언제까지나 흩어지기만 할 수 없으니 이산이 심화되면 딱 부러지는 절도가 생겨나 하나의 마디를 짓게 되는 것이 자연의 이치다. 수택절괘의 직관을 정리하자면 다음과 같다.

"방종한 생활 끝에 병을 얻었다. 쾌락의 끝에는 고통이 있다고 했으니 지금부터라도 절제의 미덕을 익혀라."

우환 속에서 살고
안락 속에서 죽는다

순임금은 들판에서 몸을 일으켰으며, 부열이라는 이름난 재상은 성벽을 쌓다가 발탁되었으며, 교격은 생선을 절이다가 등용되었으며, 관중은 옥중에서 천거되었고, 손숙오는 바다에서, 백리해는 시장에서 등용되었다.

하늘이 장차 사람에게 큰 임무를 맡기려 할 적에 반드시 그 마음과 뜻을 괴롭게 하고, 그 뼈와 근육으로 힘쓰게 하며, 그 몸을 굶주리게 하고 궁핍하게 하며, 그가 하려는 바를 거스르고 어지럽게 한다. 그 마음을 움직이고 성품을 인내하게 만들어, 하지 못하던 것을 능히 할 수 있게 만들기 위해서다.

사람은 늘 잘못을 행한 후에 능히 고칠 수 있고, 마음에 곤란을 겪고 생각이 부서진 뒤에야 새롭게 시작할 수 있으니, 얼굴색에 징조가 나타나고 말소리로 드러난 이후에야 깨닫게 되는 것이다.

안으로 법도 있는 집안과 바른 말하는 신하가 없으며 밖으로는 근심이 되는 적국이 없다면, 그 나라는 항상 망하는 법이다. 이러하니 우환 속에서 살고, 안락 속에서 죽는다는 법을 알게 될 것이다.

《맹자》〈고자장구〉 하편에 실린 이야기다. 수택절괘는 어지러운 삶을 살다가 강력한 장벽을 만나는 것을 의미한다. 그 강력한 장벽은 우환이 된다. 한편으로 길이 끊겼으니 고통스럽지만 새로운 생을 시작하는 계기가 마련될 수도 있다. 이처럼 수택절은 고난으로써 분발과 성장의 발판을 마련하려는 것을 가르쳐주는 괘다.

우환 속에 살고 안락 속에 죽는다는 것은 인생의 측면을 정확하게 보여주는 문구다. 인생에 완전한 안락은 없으니 적절한 우환은 삶의 동력으로 삼아야 한다. 즉 이 괘의 핵심은 우환보다 성인聖人이 강조하는 절도에 있다.

다음의 창업주 이재웅은 1997년 한국 최초로 한메일이라는 이메일 서비스를 시작했고, 1999년 다음 카페와 같은 커뮤니티 서비스를 발판으로 다음을 한국의 대표적인 포털사이트 가운데 한 곳으로 성장시켰다.

이재웅 대표는 IT 벤처기업의 창업가답게 변화와 도전만 이야기할 것 같지만 그의 삶을 들여다보면 그렇지 않다. 그의 아버지가 이야기하는 이재웅은 늘 걱정에 빠져 사는 사람이다. 중고등학생 때에는 불이 났을 때 빨리 대피하기 위해 극장에 가면 먼저 비상구부터 찾았다고 했다. 어느 날에는 이렇게 걱정이 많아 걱정이라는 말까지 했다고 한다. 하지만 이런 걱정이 있었기 때문에 늘 고민하고 철저히 준비하면서 다음을 한국의 대표적인 포털사이트 가운데 한 곳으로 성장시킬 수 있었다. 이해진 네이버 창업자 역시 마찬가지다. 네이버를 시작했던 초창기에 모니터를 보면서 오타 하나 하나까지 짚어내면서 직원들에게 수정을 직접 주문했다고 한다.

적절한 두려움은 우리가 건강하게 살아갈 수 있는 원동력이 된다. 성공한 삶을 꾸려나가기 위해서도 두려움을 바탕으로 한 절도와 기본기가 필요하다.

40대가 되면 타고난 건강체질조차 몸 여기저기가 쑤시기 시작한다. 쇳덩어리로 만들어진 기계도 쓰다 보면 고장이 나는데 하물며 사람의 몸인들 40년을 썼으니 멀쩡하기를 바랄 수 없을 것이다. 서구화된 식습관과 과도한 음주와 흡연, 스트레스로 인해서 40대와 50대에 각종 혈관 질환으로 돌연사하는 비중도 매우 높아졌다.

대다수 평범한 사람들은 40대나 50대에 한 번쯤 크게 몸이 아프게 되는 경험을 하게 된다. 이때 어떤 선택을 하느냐가 두 종류의 인생을 만드는 듯하다. 즉 절제하면서 철저하게 건강을 관리해 인생을 평온하게 보내는 길과, 건강이 조금 호전되면 다시 까맣게 잊고 이전의 생활습관으로 돌아가 노년까지 나쁜 생활습관을 이어가면서 자신과 가족들을 고통스럽게 만드는 길이다.

알콜중독에서 빠져나오지 못하다가 큰 병을 얻은 영수는 시골에 있는 치료센터에 들어간다. 그곳에서 영수는 요양원 스텝인 은희를 만나 사랑을 나누고 건강도 되찾는다. 그러나 우연히 얻어 마신 맥주 한 잔을 계기로 그는 다시 술을 마시기 시작한다. 그렇게 은희의 만류에도 불구하고 그는 서울로 돌아와 자신을 저주하면서 술을 계속 마신다. 영화 〈행복〉의 줄거리지만, 주인공의 행태가 우리 삶과 동떨어진 은막 속의 드라마만은 아닐 것이다.

자신을 망치는 악습을 바꾸는 것은 어렵고 또 어렵다. 그러나 죽을 것 같은 큰 고통을 겪고도 예전의 삶으로 다시 돌아간다면 앞으로 죽을 때까지 바로잡기는 더 어렵다고 볼 수 있다. 큰 고통을 겪고 난 이후 악습으로 돌아가느냐 삶의 방향을 바꾸느냐, 바로 여기에서 인생의 길이 나뉘는 것이다.

건강 문제뿐만 아니라 살다 보면 누구나 벽에 부딪히는 것과 같은 한계와 마주하는 고통을 겪는다. 살아가는 한 그러한 고통은 누구도 피할 수 없다. 다만 그 이후가 중요하다. 그것을 새로운 인생의 기회로 삼을 것인지, 아니면 똑같은 잘못을 반복하며 고통에 머무를지는 자신의 선택에 달려 있다. 수택절괘는 우리에게 절제의 길을 선택하라고 권유할 뿐이다. 삼가는 자세를 지켜나가면 안녕이 이어지기 때문이다.

수택절의 직관

수택절은 길을 떠났는데 도중에 길이 끊겨서 난감해진 것과 같은 운이다. 하는 일이 도중에 막혀서 답답해진다. 한편으로는 절도와 절제를 의미하기도 한다. 이 운에는 자기관리를 철저히 하라는 의미가 있다. 경제적으로도 아껴야 하고, 방탕한 생활을 해서는 안 된다. 답답한 중에서도 이러한 절도를 지켜 성실함을 유지한다면 외나무다리나마 놓을 수 있는 기회가 생길 수 있다. 지금 당장은 인내심이 필요하다.

61장

사랑은 쪼개진 거울도
다시 하나로 만들 수 있다

☰

풍택중부.
연인이 함께 우산을 쓰고 길을 걸으니
소나기도 즐거운 추억이다

풍택중부風澤中孚는 상괘가 바람에 해당하며, 하괘는 연못에 해당한다. 팔괘의 자연명으로 풍괘가 위에 있고 택괘가 아래에 있으니 풍택이며, 그 의미에 해당하는 중부中孚가 합쳐져 풍택중부라는 괘명을 갖게 되었다. 중부中孚는 깊은 믿음, 마음 한 가운데서부터 우러나는 믿음이다.

중부괘의 형상을 보면 연못 위에 바람이 이는 것이니 잔잔한 물결에 파문이 일어난다. 바람이 물을 움직여서 감동시키니 서로 마음이 통하는 것이다. 군자는 이 모습을 보고 형벌을 경감시킨다. 죄수의 마음마저 잘 이해하는 바가 있기 때문이다.

택산함과 풍택중부는 모두 사랑을 의미하지만, 택산함의 주된 가치가 감정적인 교류라면 풍택중부는 보다 전체적이면서 신실한 사랑을 의미하는 경향이 있다. 풍택중부는 어려운 시기를 함께 헤쳐 왔거나 오랜 고난 끝에 만나는 형국이기에 당기는 힘이 더 강하기 때문이다.

수택절 다음에 풍택중부가 오는 까닭은 절도가 있으면 마음 깊은 곳으로부터 신뢰를 받기 때문이다. 절은 외부에서든 자신이 정한 것이든 규칙을 따르는 것이다. 따라서 절도, 절제가 상대적이고 이성적인 것이라면 중부는 감성적이고 절대적인 신념, 믿음이다. 풍택중부괘의 직관을 정리하자면 다음과 같다.

"사랑의 힘으로는 못할 것이 없으니 서로 의논하고 화합하면 어려운 일도 즐기면서 헤쳐나갈 것이다."

서로 사랑한다면
언젠가 반드시 다시 만날 수 있다

춘추오패 가운데 하나였던 진나라 목공穆公의 이야기다.

목공이 하루는 신하들과 함께 사냥을 나갔다. 산 중에서 신하들과 주연을 벌이던 중 산적떼가 목공 일행의 말인 줄 모르고 매어뒀던 말 한 마리를 몰래 잡아먹는 사건이 벌어진다. 관리들은 이들을 모두 처형해야 한다고 했으나 도량이 크기로 유명했던 목공은 이 이야기를 듣고 껄껄 웃으면서 배포 좋게 말한다.

"말고기를 먹고 술을 마시지 않으면 사람의 건강을 해치게 된다."

여기서 '식마육불음주상인食馬肉不飮酒傷人'이라는 고사가 생겨났다. 목공은 말을 훔쳐 먹은 산적들에게 오히려 술을 내려서 거하게 잔치를 즐길 수 있도록 했다. 훗날 목공이 배신자인 진혜공과 전쟁을 벌이다 포로가 되어 죽을 지경에 처했다. 그때 웃통을 벗은 수백 명의 장정들이 홀연히 나타나 목공을 구했는데, 그들이 바로 당시 말을 훔쳐 먹었던 산적떼였다고 한다.

군신 상하의 애정이 시간을 두고 실현되는 것을 여기서 찾을 수 있다. 관용과 사랑의 힘은 목숨을 살릴 정도로 크다. 도량이 큰 군자는 공감하고, 감동을 건넬 줄 안다. 그래서 죄인의 마음마저 잘 이해하는 바가 있다. 그리고 그렇게 베푼 사랑은 언젠가 자신에게 돌아온다. 풍택중부는 이처럼 공감과 사랑의 힘을 알려주는 괘다.

파경중원破鏡重圓이라는 말이 있다. 깨진 거울이 다시 원만하게 둥글게 되었다는 말이다.

위진 남북조시대 진나라가 멸망하게 되었을 때의 일이다. 진나라의 서덕언이라는 사람이 수나라 대군이 강기슭에 당도하자 청동거울을 깨뜨린 다음 반쪽을 건네며 아내에게 이렇게 말했다.

"사태가 위급하니 헤어질 수도 있겠군요. 당신은 재주와 미모가 뛰어나니 눈에 띄면 반드시 적의 손에 넘어가겠지만 대신 대갓집에서 살게 될 것입니다. 헤어지면 다시 만날 수 없겠지만 혹시라도, 혹시라도 다시 만나게 되면 그때엔 이 거울을 증표로 삼지요."

진나라는 멸망했고 아내는 서덕언의 말대로 낙창공주에 봉해져 수나라 건국공신 양소의 집에 들어가 살게 되었다. 서덕언은 목숨을 건져 장

안으로 가 거울 장수를 통해 자신이 갖고 있는 거울에 시를 적어서 아내에게 보냈다. 서덕언의 아내는 거울을 건네받은 후 식음을 전폐하고 며칠을 울기만 했다. 다행히 양소는 덕이 있는 사람이라 사연을 듣고는 부부가 다시 만날 수 있도록 배려해줬다. 이 이야기가 깨진 거울이 다시 만난다는 파경중원破鏡重圓의 유래다.

사랑하는 이와 주파수가 달라지지 않는다면 헤어지더라도 언젠가는 다시 만날 수 있다. 그래서 때로 거친 세상을 만나 마음이 깨지고 조각이 난다고 하더라도 우리는 다시 본래의 마음으로 돌아올 수 있어야 한다. 관용할 줄 알고, 공감할 줄 아는 우리의 바탕을 지켜 나간다면 언제고 사랑의 세계로 들어가고, 헤어졌던 연인과 다시 만날 수 있을 것이다.

그리고 수택절이라는 절제를 통해 삶의 토대와 울타리를 만들었다면, 여기에서 그치지 않고 타인을 인정하고 사랑하는 풍택중부의 마음으로까지 나아가야 한다.

풍택중부의 직관

풍택중부는 어머니가 자식을 안고 젖을 먹이는 것과 같은 깊은 애정을 의미하는 괘다. 사랑하는 남녀가 입을 맞추는 형상으로 표현하기도 한다. 괘의 모양도 상하가 밀접하게 밀착되어 있다는 느낌을 준다. 이 운은 신뢰할 수 있는 사람의 도움으로 큰일을 해낼 수 있고, 서로 간의 애정을 바탕으로 평안을 얻는 것을 말한다. 화합으로 인해 발전하니 일이 잘 풀린다고 해서 자만하지 말고, 처음 가졌던 진실한 마음을 잊지 말아야 한다. 변하지 않는 마음으로 성심성의를 다하면 행복의 길로 나아갈 수 있을 것이다.

62장

날은 저물고 갈 길이 멀어도
거꾸로 걸어서는 안 된다

☳

뇌산소과.
대의를 위해서 한 일이 약간 지나친 모양새가 되다

뇌산소과雷山小過는 상괘가 우레에 해당하며, 하괘는 산에 해당한다. 팔괘의 자연명으로 뇌괘가 위에 있고 산괘가 아래에 있으니 뇌산이며, 그 의미에 해당하는 소과小過가 합쳐져 뇌산소과라는 괘명을 갖게 되었다. 소과小過는 작은 허물, 약간 지나치다는 뜻이다.

소과괘는 산 위에 천둥소리가 울리는 형상이니 그 소리가 다소 지나치게 크게 울려 퍼진다. 군자는 이 괘를 보고 공손함이나 상례喪禮에서 호곡號哭(목놓아 슬피 우는 것)하는 것이나 검소하게 하는 데 있어서 다소 지나친 모습을 보인다. 하지만 좋은 마음으로 하는 일이 약간 과한 것이니, 다른 일과 달리 예법에 있어서는 조금 지나쳐도 괜찮다는 것을 의미한다.

풍택중부 다음에 뇌산소과가 오는 까닭은 믿음이 있으면 반드시 결단을 내려 행동으로 옮기게 되고, 과감하게 움직이다 보면 약간 지나칠 수 있기 때문이다. 같은 지나침을 의미하는 택풍대과가 자신의 욕심이나 오만으로 인해서 큰 실수를 벌이는 것이라면, 뇌산소과는 좋은 일을 하려다가 혹은 적어도 대의나 명분이 있는 일을 하려다 약간 과하게 행동하는 것을 말한다. 뇌산소과괘의 직관을 정리하자면 다음과 같다.

"조금 지나쳤다. 알아차렸을 때 얼른 제자리로 돌아가면 허물은 없을 것이다."

목표에만 집착해 오늘을 희생하면
언젠가 그 대가를 치르게 된다

《사기》〈오자서열전〉에 있는 글이다.

오자서는 오나라의 힘을 빌려 초나라를 침공한 다음 자신의 아버지와 형을 죽인 초나라 평왕에게 복수하기 위해서 평왕을 찾았으나 그는 이미 죽은 후였다. 오자서는 평왕의 묘를 파서 그 시신을 꺼낸 다음 삼백 대의 매를 때렸다. 그러자 오자서의 친구 신포서는 오자서의 행동이 지나치다고 비난했다.

"그대의 복수는 지나치다. 사람은 그 세력이 강할 때 하늘도 이길 수 있을 듯하나, 하늘의 뜻이 정해지면 능히 사람을 무너뜨린다는 말을 들은 바가 있다. 그대는 본래 평왕의 신하로 평왕을 섬겼거늘 지금 그 시신을 욕보이고 있으니 이것은 천리를 해치는 일이다."

이 말을 전해들은 오자서가 답했다.

"날은 저물고 갈 길은 멀어서 거꾸로 걷고, 거슬러 행했다."

부모와 형제를 생각하는 효제孝悌의 마음이 지나쳤다. 목표에 지나치게 연연하다 보면 도리를 거스른 행동을 하게 된다. 목표에 대한 열정이 강한 사람들은 현대와 같은 승자독식의 사회에서 영웅 대접을 받으며 뭇 사람들의 추앙을 받는다. 하지만 많은 경우 그들은 좀 더 빨리, 좀 더 확실하게 승리하기 위해 목표에 도달하기까지 많은 잘못을 저지른다. 그리고 그것은 그 사람의 상황도 어렵게 만들고, 나아가 우리 사회의 부담으로 작용하기도 한다.

그렇기 때문에 결과보다 과정과 절차를 중시하는 분위기가 하나의 문화로 자리 잡아야 한다. 그래야 결과에만 매몰되어 도리를 지나치는 일이 벌어지지 않기 때문이다. 뇌산소과는 우리에게 그러한 교훈을 알려주는 괘다.

결과에 집착하는 것도 문제지만 조급한 것 또한 문제다. 뜻이 아무리 좋아도 주위의 동태를 살피지 않고 자기 생각에만 빠져서 무작정 재촉하고 서두르면 역시 소과의 위험에 빠지기 쉽다. 역사를 책장 넘기듯이 하려 했다는 평가를 받은 조광조 역시 이러한 덫에 걸렸다.

조광조는 도학 정치의 이상을 실현하고자 했지만 끝내 실패하고 말았다. 현실을 읽을 줄 모르고 이상에만 빠져 지나치게 성급하게 개혁을 추진했기 때문이다. 중종의 신임을 얻어 무소불위의 권력을 휘두르던 시절, 소격서 혁파나 과거제도를 고대 중국의 방식으로 복원하는 것 등과 같이 현실을 외면하고 명분에만 연연하는 개혁을 실시하는 약점을 보이기도 했다.

그러다 조광조는 중종반정의 공신들이 개혁에 걸림돌이 된다고 판단해 공신으로 선정된 76인에 대해 공훈을 삭제할 것을 제기하는 위훈삭제운동을 펼쳤다. 대의를 추구한 일이었겠지만 그 일을 계기로 조광조는 훈구세력들의 미움을 샀고, 모함을 받아 자신은 물론 사림 일파가 제거되는 사건으로 비화되었다. 이른바 기묘사화다.

훗날 명분과 이상에만 빠져 현실을 도외시하는 급진적인 정책을 추진될 때마다 유학자들 사이에서 '기묘의 일을 잊었습니까'라는 말이 나올 정도로 조광조의 실수는 두고두고 타산지석이 되었다. 뇌산소과는 조광조의 실패에서 배우고, 경각심을 가질 것을 말한다.

욕망이 아닌 대의를 위한 이상이라 할지라도 무위의 도를 바탕으로 하지 않고 내가 주인공이 되어서 반드시 해내야 한다는 집착에만 빠지게 되면 지혜가 흐려진다. 목표에만 집착해 지금 여기, 오늘을 희생하는 삶은 일탈을 가져올 수밖에 없다. 언젠가는 반드시 일상을 파괴한 대가를 치르게 되기 때문이다. 오늘이 행복해야 일생이 행복할 수 있다는 지혜는 평범하지만 위대하다. 미래를 위한 욕망 때문에 오늘 하루를 지나치게 살지 말고, 충만하고 자족하는 삶을 살아야 한다. 그것이 뇌산소과의 지혜다.

뇌산소과의 직관

뇌산소과는 약간의 지나침이 있다는 의미를 가진 괘다. 과유불급이라는 말처럼 지나쳐서 실수가 있다는 말이다. 약간의 허물이 생기는 운이다. 그러한 허물은 본인이 지나쳐왔기 때문이니, 다시 돌아가서 본래의 자리를 찾아야 한다. 혼자서 모든 것을 해결하려고 하면 더욱 깊게 늪에 빠질 수 있으니 적극적으로 주위 사람들, 현인들의 도움을 청해야 한다. 지금이라도 지난 과오를 반성하고 겸허한 태도로 도움을 청하면 답을 구할 수 있을 것이다.

63장

결함을 인정해야
완벽을 추구할 수 있는 것이다

☰☷

수화기제.
모든 것이 제자리를 찾아 안정되어 있다

수화기제^{水火旣濟}는 상괘가 물에 해당하며, 하괘는 불에 해당한다. 팔괘의 자연명으로 수괘가 위에 있고 화괘가 아래에 있으니 수화이며, 그 의미에 해당하는 기제^{旣濟}가 합쳐져 수화기제라는 괘명을 갖게 되었다. 기제^{旣濟}는 이미 완성하고 성취한 것을 뜻한다.

기제괘의 형상은 물이 불 위에 있는 것이다. 음양의 배합이 잘 들어맞는다. 효의 배열을 봐도 모든 음효와 양효가 각기 자신의 자리를 얻었고 중정, 응, 비 등이 모두 잘 맞는다. 중정은 2효와 5효가 각기 음효와 양효인 것이며, 응은 상괘와 하괘의 서로 대응되는 효(1효와 4효, 2효와 5효, 3효와 6효)가 음양이 서로 다른 것이며, 비는 2효와 3효처럼 서로 인접한 효의 음양이 다른 것이다.

군자는 이 괘를 보고 앞으로 환란이 닥쳐오지 않을까 방비를 게을리 하지 않는다. 모든 것이 너무 완벽하므로 앞으로 허물어질 것을 대비하는 것이다.

뇌산소과 다음에 수화기제가 오는 까닭은 조금의 지나침이 있으면 일을 성취하기 때문이다. 제는 물을 건넌다는 의미이니 어려움을 거쳐 원하던 목적지에 도착한 것을 말한다. 능력이 있는 자가 의지를 갖고 밀어붙여서 강을 지니처 피안의 세계에 도착한 것이다. 이 괘의 의미는 많은 것을 생각하게 한다. 완전함으로 가는 길에는 소과와 같은 허물과 그것을 고치는 과정이 따를 수밖에 없다는 통찰을 갖게 하기 때문이다.

다음에 나오는 64번째, 마지막괘인 수화미제에서도 이야기하겠지만, 잠깐 완전한 시간을 누릴 수는 있어도 그것이 오래 가지는 않는다. 완벽을 뜻하는 수화기제괘의 앞과 뒤에는 모두 인간과 세계의 불완전성을 깊이 고찰하게 만드는 괘가 배치되어 있다. 절대라는 것, 완전무결이라는 것은 관념으로만 존재할 뿐이다. 허물과 조정을 반복하며 굽이굽이 흐르는 것, 그것이 인간이고 그것이 세상사의 진면목이다. 수화기제괘의 직관을 정리하자면 다음과 같다.

"음양이 각자 자신의 자리를 얻었으니 지극히 완성된 우주의 이치를 본다. 모든 것이 제자리에 있어 아름답다. 새로운 결핍이 시작될 것을 두려워 말라."

완전한 것은 없으며
완전에 가까운 것도 영원하지 않다

사서오경 가운데 하나인 《예기》 〈예운편〉에는 다음과 같이 유가의 이상 세계인 대동사회大同社會에 대한 이야기가 나온다.

> 큰 도가 행해지면 천하가 공정해질 것이다. 현명하고 능력 있는 사람을 지도자로 선출해 국정을 맡게 하고, 신의로 서로 친목을 두텁게 하고, 나의 부모만을 부모로 생각하지 않고, 나의 자식만 자식으로 여기지 않는다. 노인은 하늘로부터 받은 수명을 다해 편안하게 여생을 마치고, 젊은 이들은 각자 자신들의 적성에 맞는 일자리를 얻는다. 아이는 바르게 자라고, 홀아비, 과부, 고아, 병자가 버림받는 일이 없으며, 사회의 재화를 공연히 썩히지 않는다. 간교한 권모술수는 없어지고 도둑이 없으니 집집마다 문을 잠그는 일이 없다. 이것이 바로 대동사회다.

모든 것이 제자리에서 타고난 분수에 맞게 소임을 다하고, 서로 믿고 서로 위하는 사회인 것이다. 이렇게 모든 것이 제자리를 찾은 이상적인 상황이 바로 수화기제다. 하지만 무릉도원 같은 이상적인 세계는 현실에 존재하기 어렵다. 조금 더 나은 세상은 있지만 결함이 전혀 없는 세계는 없다. 단지 우리는 그곳을 향해 나아갈 뿐이다.

오히려 세상 사람들의 결함과 완전하지 못함을 인정하지 못하고 관념적인 절대성을 강권하려는 시도가 성공할 때, 꿈꾸던 천국이 아니라

지옥이 펼쳐지는 것을 우리는 역사를 통해서 누차 경험했다.

근대 유럽과 아메리카 지역을 횡행했던 마녀사냥에는 복합적인 이유가 있었지만, 기본적으로는 자신들만의 절대 선을 수호한다는 명분에서 행해진 악행이었다. 노동자의 천국을 만들기 위해 국가가 사회 전체를 통제한 공산주의 국가 실험의 실패도 비슷한 맥락에서 이해할 수 있다.

16세기 프랑스의 대표적인 종교 개혁가 칼뱅은 신정정치라는 미명하에 스위스 제네바 의회를 장악하고, 계율을 어기는 자를 처벌하는 종교국과 도덕경찰을 만들어 시민들을 지독하게 통제했다. 거리에서 주먹질한 사람이 교수형에 처해졌고, 세례식에서 웃음을 보인 자는 감옥에 갇혔다.

칼뱅은 선한 의지로 세상을 바로잡으려 했지만 그 결과 제네바의 시민들은 지옥을 경험해야 했다. 예배 도중 졸기만 해도 구속이 되었고 모든 술집이 철거되었으며 일상생활 하나하나까지 통제되었다. 칼뱅이 통치를 시작한 지 5년 동안 제네바에서 10명이 단두대에서 목이 잘렸고, 13명이 교수형에 처해졌으며, 35명이 화형을 당했다. 숱한 사람이 추방되고, 갇힌 사람이 너무 많아 감옥이 부족할 지경이었다.

우리는 결함이 있기 때문에 인간일 수 있다. 이러한 인간의 성질을 무시하고 절대적 이상세계를 명분으로 삼아 인간이 가진 저마다의 결함을 모두 단죄하려고 했을 때 어떤 일이 벌어졌는지에 대한 역사적인 사례는 차고도 넘친다.

이상향이 무소불위의 권력을 휘두를 수 있는 독선, 독단의 근거가 되어서는 안 된다. 이렇게 대화와 타협 없이 자신만의 생각으로 다른 사람을 규정하고 벌하려 들지 않는다면, 더 나은 세상을 만들기 위해 서로 힘을 보다 쉽게 합칠 수 있을 것이다. 모두가 만족할 수 있는 세상은 불가능에 가깝지만, 한편으로 그것을 향해 끊임없이 나아가는 것에 인간의 위대함이 있다.

이상향을 가리키는 '유토피아utopia'는 그리스어 토포스topos(장소)와 오우ou(부정)를 합친 조어로 여기에 없는 세상이란 뜻이다. 16세기에 토마스 모어가 플라톤의 영향을 받아서 쓴《유토피아》는 인간이 꿈꾸는 수화기제와 같은 이상국가를 보여준다. 그가 그려낸 유토피아는 물자가 풍부하고 필요한 만큼 공평하게 분배되기 때문에 부자도 없고, 가난한 사람도 없는 세상이다. 지역에 필요한 모든 물자를 균등하게 나누니 지역 격차도 없다. 하루에 여섯 시간만 일을 하는데 오전에 세 시간 일을 하고, 점심 먹고 두 시간을 쉰 후에 다시 세 시간을 일하면 그날의 노동은 끝난다. 나머지 시간은 자유롭게 보낸다. 식료품은 환자들에게 최우선으로 분배되고, 모든 시민들이 일을 하되 나라에서 꼭 필요한 일만 한다.

사실 모어가 그려낸 세계에는 당대 세계에 대한 비판이 많이 들어가 있다. 당시 부자나 귀족, 사제들은 일을 하지 않고도 놀고먹었으며, 귀족들이 거느린 군대도 일을 하지 않아 생산에 종사하는 인구가 적었기 때문에 노동자들은 하루에 12시간이나 일을 해야만 했다.

현대사회 역시 모어가 살던 시대가 가지고 있던 문제점이 완전히 해소되지는 않았다. 격차가 없고, 약자가 우선적으로 보호받고 여유를 즐길 수 있는 사회, 이러한 이상 사회를 향해 나아가는 것은 동서고금을 막론하고 인류의 꿈이다.

수화기제의 상황은 음양이 모두 제자리를 갖춰 모든 것이 만족스러운 형국이지만, 언제까지나 영속될 것을 기대하기는 어렵다. 다가올 결핍을 기꺼이 맞이하고 다시 떠날 준비를 해야 한다.

수화기제의 직관

수화기제는 모든 것을 완벽히 갖춘 괘다. 음양이 각자 제자리를 찾았으니 더할 나위 없는 만족이 있다. 하지만 모든 것은 완성되면 다시 변화가 일어나는 법이다. 궁한 것도 극에 이르면 변해서 통한다고 하지만, 왕성한 것도 극에 이르면 변해서 새로운 문제가 던져지는 법이다. 따라서 지금 만족스러운 시기라고 해서 자만하지 말고 앞으로 다가올 변화에 대비해야 한다. 불만족과 결핍이 생길 것이며, 그로 인해서 또 다른 세계로 떠나게 될 것이다.

64괘의 시작이었던 건곤이 우주의 자원이라면, 수화기제와 함께 다음에 이어질 화수미제는 우주의 지극한 이치를 보여준다. 수화기제에까지 이르러 하나의 완성을 이루었고, 그것을 통해서 깨우침을 얻은 자가 다시 맞게 될 출발점은 그 이전과 분명히 다를 것이다.

64장

최고의 안정은 떠나고
떠나는 그 자체에 있다

≣

화수미제.
오래 안정되었던 삶에 조금씩 균열이 생기면서
새로운 변화가 시작되다

화수미제火水未濟는 상괘가 불에 해당하며, 하괘는 물에 해당한다. 팔괘의 자연명으로 화괘가 위에 있고, 수괘가 아래에 있으니 화수이며, 그 의미에 해당하는 미제未濟가 합쳐져 화수미제라는 괘명을 갖게 되었다.

미제未濟는 아직 가지런하게 정리되지 않은 것 즉 제화濟化되지 못한 것이니 일을 완전히 마치지 못했음을 의미한다.

미제괘의 형상을 보면 불이 물 위에 있으니 음양의 배합이 맞지 않는다. 효의 배열을 보면 양효와 음효가 모두 상대편 자리에 있다. 1, 3, 5효 자리는 양이고, 2, 4, 6효 자리는 음인데 반대로 되어 있는 것이다. 하지만 비나 응은 잘 맞는 편이라 비록 모든 것이 제자리를 못 찾고 있지만, 내부적인 응집력은 강한 편이다. 군자는 이 괘를 보고 신중하게 만물을 분별해 마땅히 거주할 곳을 찾는다. 만물이 제 위치에 있지 않으므로 올바른 자리를 찾아 새롭게 음양의 배합을 시작하는 것이다.

수화기제 다음에 화수미제가 오는 까닭은 만물이 완전함에 머무는 것이란 불가능하기 때문이다. 이로써 끊임없이 변화하는 역의 철리哲理가 완성된다. 화수미제괘의 직관을 정리하자면 다음과 같다.

"더 이상 안주할 수 없으니 새로운 세계를 찾아 떨치고 일어난다. 다시 변화를 맞을 준비를 하라."

완벽한 안정이란 죽음뿐이다

당시대 심기제가 쓴《침중기枕中記》에 나오는 이야기다.

당나라 현종 때의 일이다. 한단이라는 지방에 있는 한 주막에 여옹呂翁이라는 도사가 쉬고 있었다. 이때 노생이라는 젊은이가 주막에 들어와 여옹에게 신세한탄을 하면서 부귀영화를 누리고 싶다는 속내를 털어놓았다.

주막 주인이 밥을 짓고 있는데 노생은 졸음이 쏟아져 여옹에게 베개를 빌려 달라고 하자 여옹은 양쪽에 구멍이 뚫린 청자青瓷로 된 베개를 건넸다. 노생이 그 베개를 베고 누웠는데, 양쪽의 구멍이 점점 커지기 시작했다. 노생이 신기하게 여기면서 구멍 속으로 들어가 보니 대궐 같은 집이 있었다.

노생은 그 곳에서 최씨의 딸을 아내로 맞이했고, 마음을 다 잡고 공부에 열중해 진사 시험에 급제했다. 그렇게 나선 벼슬길이 순탄하게 풀려노생의 지위는 어사대부에까지 이르렀다. 간신들의 모함을 받아서 좌천되기도 했으나 한때였고, 다시 복귀해 재상에 올랐다. 그렇게 승승장구하는가 싶었지만 노생은 역모에 휩쓸려 투옥되었고, 고통스러운 수감생활을 견디지 못하고 자결하려는데 아내가 뜯어말리는 바람에 겨우 중단했다.

다행히 무고함이 밝혀져 황제의 신임을 받고 재상으로 복귀했고, 다섯 아들에 열 명의 손자를 두고 50여 년간 부귀를 누리고 편안한 죽음을 맞이했다. 이렇게 갖은 희로애락을 느끼면서 다사다난한 삶을 살았다고노생이 자신의 삶을 되돌아보던 차 퍼뜩 깨고 보니 주모가 끓이던 밥이아직도 다 익지 않았다.

노생은 도사에게 "어떻게 이 모든 것이 다 꿈일 수가 있습니까" 하고물으니 여옹은 웃으면서 "인생만사도 다 이와 같다네"라고 대답했다고한다. 여기서 한단지몽邯鄲之夢이라는 말이 나왔다.

삶은 한바탕 꿈이며, 우리는 다시 꿈을 꾸기 위해서 떠난다. 영원히안주할 수 있는 곳은 없으니 우리는 늘 떠나는 존재다.

카카오브레인의 대표이사이자 카카오 이사회의 의장인 김범수는 매우 도전적인 사업가다. 그는 늘 지금의 성공에 안주하지 않고, 새로운 도전을 향해 떠났다.

삼성SDS에 입사해 적지 않은 기간을 직장인으로서 근무했으나 안정된 직장생활을 떠나 한게임 커뮤니케이션이라는 회사를 세웠다. 화투나

포커와 같이 현실에서 인기 있는 게임을 그대로 옮겨놓은 한게임은 크게 성공했다. 이후 이해진의 네이버와 결합해 유료 아이템 사업을 시작했고 경제적으로도 큰 성공을 거두게 된다.

여기서 안주하지 않고 그는 '배는 항구에 있을 때 가장 안전하지만 그 것이 배의 존재 이유는 아니다'라고 하면서 네이버를 떠나 새로운 벤처기업을 세운 뒤 다양한 서비스를 선보였다.

새로운 기업들에서는 가시적인 성과를 거두지 못했지만 모바일 문자 서비스를 런칭한 다음 시장의 반응이 좋은 것을 보고는 다른 서비스 모두를 중단하고 오직 모바일 문자 서비스에만 몰두했다. 그 서비스가 오늘날 이른바 '국민 메신저'로 불리는 카카오톡이다.

늘 승부사적인 결단을 내리며 세상을 게임처럼 여행한 김범수는 변화가 더 안전하다는 것을 알고 몸소 실천한 인물이다. 우리는 우리의 가슴을 뛰게 만드는 승부사들을, 손짓 하나와 붓질 하나조차 남들과 다른 고수들을 접하고 나면 그들의 모습에서 자연스럽게 다음과 같은 가르침을 듣게 된다.

"떠나고 또 떠나라. 그것이 최고의 안정이고 즐거움이다."

물론 그런 고수들조차 한결같은 마음을 잃는다면 언젠가 수뢰준, 택수곤, 중수감, 수산건에 해당하는 4대 난괘에 빠질 수 있겠지만, 어쩌겠는가? 완전무결하지 못한, 불구不具한 것이 인간 존재의 특성인 것을. 그런 때가 오면 또 다시 본성을 돌이켜 허물을 고쳐나가면 되는 것이다.

우리 몸도 마찬가지다. 영원한 안정은 환상일 뿐이다. 세포가 정상적으로 기능하기 위해서는 자신의 내부 환경을 최적의 상태로 유지해야 하는데, 이것을 항상성이라고 한다. 이 항상성의 상태라는 것은 마치 연못의 백조처럼 겉으로는 태연하지만, 내적으로는 끝없이 주위의 변화를 감지하고 내부의 환경을 재조정하는 노력을 지속하는 것이다. 세포가 완전한 안정을 얻는 것은 세포막이 터져서 세포의 수명이 다했을 때에만 가능하다. 즉 완전한 안정은 죽음밖에 없는 것이다.

우리 존재의 본질은 이렇게 변화하는 자체, 즉 역^易이다. 그렇기 때문에 영원한 안주란 없다. 우리는 오직 변화 자체에 안주할 수 있을 뿐이다. 따라서 우리는 또 이곳을 떠난다. 유토피아가 아니라 새로운 꿈을 꾸기 위해 떠난다. 이것이 주역의 마지막 괘, 화수미제가 우리에게 들려주는 이야기다.

화수미제의 직관

화수미제는 모든 효가 자신의 자리에 있지 못하고 있다. 제화되지 않은 것이다. 모든 것이 불안한 상황이다. 현실적으로 이 괘를 얻으면 지금의 불만족을 개선하기 위해, 혹은 새로운 꿈을 찾아 먼 길을 떠나는 것을 의미한다. 미제가 64괘 가운데 마지막 괘인 이유가 있다. 인간 자체가 끊임없이 불완전함을 개선시켜 나가며 변화하고 발전하는 존재이기 때문이다. 가까운 효끼리는 음양의 조화가 잘 되어 있다. 미완성 상태지만 그릇이 훌륭하니 앞으로 발전할 여지는 충분하다.

먼 길을 떠나는
이를 위해

이 책을《주역》의 입문서 정도로 읽어도 좋다.《역경》을 깊이 있게 공부하기 위한 책으로서는 적합하지 않다. 앞으로 기회가 되면《주역》의 깊이 있는 원리를 설명한 원고를 정리해 볼 의향도 있다. 처음부터 그런 책을 써볼까도 했으나 그 일은 하도낙서河圖洛書에서부터 시작해서《황제내경》, 음양오행학을 연결하는 방대한 작업이 될 것 같았다. 혹은 철학적인 방향으로, 즉 유학을 중심으로 해서 성리학, 도교와도 연결되는 철학적인 면을 취하자면《계사전》을 중심으로 해서 글을 풀어나갈 수도 있었다. 하지만 어느 쪽이든《주역》에 익숙하지 않은 이들이 흥미를 가지기에는 쉽지 않겠다는 판단이 들었다.

그래서 먼저 가장 실용적이면서도 쉽게《주역》에 입문할 수 있는 방식으로 이 책을 정리하기 시작했다. 그래서 초보자들에게도 친숙하고 실용적인 접점으로 '직관'을 정해 이야기를 풀어나갔다. 사실 취미 차원으로 《주역》을 공부한다면 여기서 더 나아갈 필요는 없다. 이 책만으로도 어느 정도 역의 이치는 알 수 있고, 역의 기원에도 가장 부합하는 유용한 이익과 지혜를 얻을 수 있기 때문이다.

다만 《주역》과 관련해 더 먼 길을 떠나려는 분들에게 먼저 항해를 해본 사람으로서, 감히 사족을 덧붙이려고 한다.

본래 여러 종교에 관심이 많아 관련 서적들을 탐독한 끝에 《주역》뿐만 아니라 운명학에도 깊은 관심을 갖고 공부했다. 누가 시키는 사람도 없었고, 그런 가풍도 없었다. 오히려 수험생활을 성실히 해나가야 하는 학생 신분으로 '불온서적'만 읽는다며 부모님께 자주 꾸중을 들었고, 공부하던 관련 서적들 또한 숱하게 불태워졌다. 누구도 달갑게 바라보는 사람이 없었지만, 정말로 순수하게 재미있었기 때문에 멈출 수 없었다.

이렇게 운명학을 공부해나가다 보니 이러한 학문들도 결국에는 도학道學과 연결될 수밖에 없다는 것을 깨달았다. 도학은 우도右道를 말한다. 좌도左道는 온갖 도술을 비롯한 일반인들이 가지기 힘든 특별한 능력이나 지혜를 익히는 것이고, 우도는 각종 종교에서 공통적으로 제시하는 바와 같이 오로지 마음을 닦고 진리를 구하는 것이다.

《역경》은 두 가지 성격을 모두 갖고 있지만, 역점이 좌도라면 유불선, 사서삼경의 진리와 같은 도학은 우도다. 모든 좌도는 결국 우도를 지향하고 우도로 소급하게 되어 있다. 그렇지 않다면 좌도를 제대로 공부하지 않은 것이다.

삶의 진리란 너무나 단순하고 일상적이어서 오히려 알기 어려운 것이다. 우리가 구하는 모든 것, 우주라는 보물은 우주에 숨어 있다. 일상으로 돌아와 미세한 변화를 관찰하고 연출한다. 《계사전》 또한 이렇게 알려준다.

"역의 이치는 단순하기에 사람과 친밀하다. 따르기 쉽기에 공덕이 있다. 친밀하기 때문에 장구하며 공덕이 있기에 장대한 것이다."

친밀하다는 것은 삶 전반에 두루 퍼져 있다는 것이고, 공덕이 있다는 것은 삶의 어려움에서 벗어나게 할 유용함이 있다는 것이다. 이것이 영속적이면서 전체를 포괄하는, 장구장대한 역의 본질이다. 진리의 특성을 매우 명료하게 정리한 글이기도 하다.

《계사전》의 이 구절을 다시금 곱씹으며 글을 마친다.

흐름에 맞게 나를 지켜내는

인생의 공식 64

1판 1쇄 발행 2019년 4월 6일
1판 3쇄 발행 2021년 4월 26일

지은이 장 경
펴낸이 고병욱

책임편집 허태영 **기획편집** 김경수
마케팅 이일권 한동우 김윤성 김재욱 이애주 오정민
디자인 공희 진미나 백은주 **외서기획** 이슬
제작 김기창 **관리** 주동은 조재언 **총무** 문준기 노재경 송민진

펴낸곳 청림출판(주)
등록 제1989-000026호

본사 06048 서울시 강남구 도산대로 38길 11 청림출판(주) (논현동 63)
제2사옥 10881 경기도 파주시 회동길 173 청림아트스페이스 (문발동 518-6)
전화 02-546-4341 **팩스** 02-546-8053

홈페이지 www.chungrim.com
이메일 cr2@chungrim.com

ⓒ 장경 2019

ISBN 978-89-352-1268-2 03140